공인노무사 테마민법

기본기와 실전을 동시에

공인노무사 테마민법

김성훈 지음

좋은땅

　사무실 직원들의 자격증 도전을 적극 응원하는 나에게 이를 돕기 위해 책을 만들고 강의를 해 주는 기쁨은 대체할 것이 없다. 앞서 공인중개사 준비를 하던 사무장을 위해 근무시간 후 포인트 레슨을 해 주고, 그 자료를 모아 민법교재로 출판한 적이 있다(실전 테마민법). 그 직원은 합격 후 현재 투자용 부동산 중개를 전문으로 하는 사무실을 운영 중이다.

　이 교재는 최근 공인노무사에 도전한 직원을 위해 만들었다. 맞춤형 강의는 출판 후 유튜브 (김변서당, @law-school)를 통해 업로드 할 예정이다. 오롯이 직원 교육이 목적이므로 판매수익이나 상업적 목표와는 거리가 멀다. 따라서 이 책은 시중의 일반적 교재의 편제와 달리 법률자격증에 처음 도전하는 직원의 수험효율성에 맞추어 제작되었다. 가성비가 떨어지거나 실무상 의미가 낮은 현학적 이론은 과감히 배제 했다. 불확실한 만점이 아니라 확실한 합격점을 확보할 수 있도록 신중히 내용을 선별해 테마를 구성하였다.

　민법은 결코 만만한 과목이 아니다. 법률자격증에서 민법은 과락을 면하는데 급급한 과목으로 인식되는 것이 현실이다. 민법의 양과 난이도에 질려 수험을 포기하는 경우도 있다. 최근 공인노무사 시험에서 민법은 25문제에서 40문제로 늘어났다. 난이도 역시 단편적 지식을 묻는데 그치는 것이 아니라 실질적인 법률소양을 확인하는 방향으로 진화될 것이다. 따라서 그 어떤 과목보다 목표와 전략이 선명해야 한다. 막연한 불안감에 양을 늘리고 불필요한 내용까지 섭렵(?) 하느라 시간과 에너지를 투입하는 시행착오는 특히 경계해야 한다. 이 책을 만든 목적이다.

　부디 이 진심이 하늘에 닿아, 이 책으로 인연이 된 분들이 민법에 대한 자신감을 얻고 좋은 열매를 맺기를 소망한다.

2024. 8. 30. 남양주 정약용도서관에서

목차

제1편

민법과 권리

I. 산소 같은 민법

민법은 일반 사람의 삶에 기본이 되는 체계를 정리한 것이다.

인간의 삶을 분해해 보면 재산적인 요소와 신분적 요소가 유동적으로 변화하며 상호 작용을 하고 있다. 우리는 누군가의 자녀로 태어나 성장하며 결혼을 하고 또 누군가의 부모가 되기도 한다. 누군가를 양육하기도 하고 돌봄을 받기도 한다. 사람은 태어나 죽는 동안 이러한 신분의 변화 속에 산다. 또 한편, 다른 사람과 수많은 재산적 이해관계를 만들고 해소하기를 반복한다. 편의점에서 음료수를 사 먹는 행위는 그 음료수를 판매하는 편의점 사장과 나의 사회경제적 이해관계가 형성되는 것이다. 버스나 지하철을 타고 목적지로 가는 것도 그 이용료를 지급하고 이용한다는 점에서 같다. 내가 살 집을 매수하거나 임차하는 행위는 삶의 중요한 부분을 이루는 합의가 필요하다. 이렇게 사람의 사회경제적 이해관계는 자유의사로 발생하기도 하지만 우연한 사건에 의해서도 발생한다. 예를 들어 자동차 운전을 하다가 교통사고가 발생하는 경우 사고 당사자 사이에서는 의도치 않은 이해관계가 발생한다.

이렇게 사람은 좋든 싫든 신분적 또는 재산적 이해관계의 소용돌이 속에 살고 있다. 비록 선명하게 보이지 않겠지만 여러분은 오늘도 수많은 이러한 이해관계의 변화를 겪고 있다. 마치 공기와 같이 여러분을 둘러싼 이러한 이해관계를 '법률관계'라 한다. 민법은 이러한 여러분의 신분적, 재산적 이해관계를 정리한 법이다. 마치 보이지 않지만 우리의 호흡을 제공하는 산소와 같은 존재다.

그렇다보니 민법의 역사는 매우 길다. 사람이 존재하는 순간부터 민법적 고민은 시작 되었다고 봐도 무방하다. 수천 년간 많은 사람의 이성과 경험과 갈등이 담긴 하나의 질서로서 민법은,

세계의 역사와 철학, 정치, 경제, 종교, 문화 등이 녹아 들어간 방대한 결정체가 되었다. 민법 공부가 모든 법의 시작인 이유, 그리고 양이 방대하여 어렵게 느껴지는 이유이다.

민법을 공부함으로써 여러분은 여러분의 일상과 사회에 일어나는 수많은 이해관계를 분석적으로 볼 수 있는 눈을 갖게 될 것이다. 막연했던 것이 구조적으로 보이며 통상의 상황을 벗어난 문제에 대한 해결능력을 갖게 될 것이다. 꼭 자격증 공부가 아니더라도 민법을 공부하는 것은 일상과 생업에 있어 매우 유익한 도구를 제공할 것이다.

II. 법률관계(권리의무관계)

앞서 설명한 바와 같이 여러분은 신분적, 재산적 이해관계를 만들고 해소하기를 반복한다. 여기서 '이해관계'는 법률관계이다. 즉 법률관계는 법적인 의미가 있는 이해관계를 말한다.

법률관계의 한쪽은 '권리'가, 다른 한쪽은 '의무'가 있다. 권리와 의무는 동전의 양면처럼 붙어 있으나 권리만 있는 경우와 의무만 있는 경우도 있다. 대체로 권리와 의무가 대응관계가 있으니 권리의무관계 즉 법률관계를 그냥 권리관계라 칭하기도 한다.

결국 우리의 일상은 신분적 권리관계와 재산적 권리관계의 변화의 연속이라 보면 된다. 민법은 이들을 다루는 법이다. 즉, 민법은 권리관계의 변화를 다루는 법이다. 권리관계의 변화를 권리변동이라 한다. 변동은 발생, 변경, 소멸을 합친 말이다.

III. 법률효과

법은 저마다의 목적이 있다. 예를 들어 형법은 범죄자의 처벌을 목적으로 한다. 이렇게 법이 가진 고유의 목적을 '법률효과'라 한다. 법률효과는 그 법이 발동하는 조건이 된다. 그 태생적 목표 이외에 그 법은 적용되지 않으며 법마다 철학과 용어가 다르다. 이것이 섞이지 않는 것도 중요하다. 민법을 공부하면서 형법의 이론이나 용어와 혼동하는 경우가 많은데 이를 조심할 필요가 있다. 민법에서 '위법'과 형법에서의 '위법'은 다른 개념이다. 같은 언어라도 형법에서 사용하는 의미와 민법에서 사용하는 의미는 다른 것이다. 일상에서 쓰는 용어가 법마다 다른 개념이 되는 경우도 있다. 민법에서 '선의'란 착하다는 도덕적 의미가 아니라 어떤 사실을 '모른다'는 뜻이다. 반대로 민법에서 '악의'는 어떤 사실을 '안다'라는 의미이다. 민법에서 '능력'이라는 말은 무엇을 할 수 있다는 의미가 아니라 '지위' 또는 '자격'을 말한다. 어떤 법을 공부한다는 것은 그 법에서 사용하는 언어의 개념을 익히는 것이다. 용어의 개념은 그 법이 추구하는 법률효과 즉 그 법의 존재 목적에서 나온다.

민법의 법률효과는 권리변동이다. 민법은 권리변동(권리의 발생, 변경, 소멸) 이외에는 관심이 없다. 이것에 연동해 권리를 갖는지(권리주체), 무엇에 대해 권리를 갖는지(권리객체)를 논하게 된다. 이 목적에 집중해 민법의 논리와 용어의 개념을 익혀야 한다. 그렇지 않으면 아무리 시간을 투입해도 헛공부가 될 수 있다. 여러분은 민법을 공부함에 있어 항상 '권리'에 민감하길 바란다. '권리'라는 단어에 가슴이 뛰길 바란다. 민법이라는 숲에서 '권리'라는 멧돼지를 사냥한다는 마음을 갖기 바란다. 권리가 발생하고, 변경되며, 소멸하는 전 과정에 집중하고, 그 틀에서 생각하고 표현하기 바란다.

IV. 민법의 법률상 지위

민법은 공법이 아닌 사법이다. 행정법은 공법으로서 국가와 국민 사이의 법률관계를 규율한다. 반면 민법은 사인 사이의 법률관계 즉 사법관계를 다룬다. 사인 중에서도 회사 등 특수하고 전문적인 주체가 아닌 일반 사인간의 법률관계를 규율하는 일반사법에 속한다. 사법관계의 실체는 재산관계와 가족관계이다. 그리고 민법은 절차법이 아닌 실체법이다. 민사에 관한 절차법은 민사소송법이다.

공인노무사 테마민법

민법은 법률의 형식으로만 존재하는 것은 아니다. 명령, 규칙, 조례 등의 다양한 성문법 형태로 존재할 수도 있지만, 관습법이나 경험칙(조리) 등의 불문법 형태로도 작동할 수 있다[1]. 다만 성문법 국가인 우리나라에서 판례의 법률적 구속력은 없으나 사실상 중요한 법규범으로 행사하고 있음은 부정하기 어렵다.

우리 민법은 근대시민혁명의 산물이다. 근대민법은 '사적자치(계약자유) 원칙', '과실책임의 원칙'을 근본으로 한다. 시민들이 중세 봉건주의 억압에서 벗어나면서 자유로운 의사표시에 의한 자기책임적 경제활동을 보장받으려는 희망이 반영된 것이다.

그런데 사람에 대해 일률적으로 자유를 보장한 결과 자본주의의 부작용이 나타났다. 구체적이고 개별적 상황을 고려하지 않은 결과 실질적 형평과 정의에 어긋난 상황이 발생하여 이를 해소할 필요성이 대두된 것이다. 개인주의적 근대민법의 기본원리는 공동의 행복과 이익을 추구하는 방향으로 수정 보완되게 되었다. 이러한 보완은 민법 자체에서 특별규정으로 하는 경우도 있으나, 별도 특별법 제정으로 분리되어 나오는 경우도 있다. 예를 들어 민법의 임대차 규정 중 주택과 상가는 특별법으로 분리 되었고(주택임대차 보호법, 상가건물 임대차 보호법) 고용계약은 근로기준법으로 분화되었다.

따라서 우리 민법은 기본적으로 개인의 자유의사를 중시하는 근대민법의 원리를 중심으로 하면서 약자보호와 실질적 평등을 위한 강행규정이 보완되어 있다.

V. 공부방법론

민법을 공부한다는 것은 결국 사법적 권리의 변동을 감지하고 분석하며 적용하는 것을 말한다. 따라서 공부의 전 과정에 걸쳐 여러분은 어떤 권리가 어떻게 발생하고 변경되고 소멸하였는

---

[1] 제1조(법원) 민사에 관하여 법률에 규정이 없으면 관습법에 의하고 관습법이 없으면 조리에 의한다.

지 집중해야 한다. 망망대해 같은 민법 공부에서 길을 잃지 않는 유일한 방법이다.

아래는 우리가 공부할 민법의 지도이다. 길을 잃지 않게 자주 확인하자.

민법총론	권리주체	자연인, 법인	테마 3
	권리객체	물건, 급부, 권리	테마 4
	권리변동 (법률행위)	법률행위(의사표시) 일반	테마 6
		법률행위 목적	테마 7
		법률행위 하자	테마 8
		법률행위 확장(대리)	테마 9
		법률행위 무효와 취소	테마 10
		법률행위 부관(조건, 기한)	테마 11
		소멸시효	테마 17
물권법	8물권	점유권, 소유권 용익물권(지상권·지역권·전세권) 담보물권(유치권·질권·저당권)	시험 제외
채권법	채권총론	채권일반	테마 12, 13, 14, 15, 16
	채권각론	법률행위에 의한 채권 발생 / 계약 / 계약총론	테마 18, 19, 20, 21, 22, 23, 24
		법률행위에 의한 채권 발생 / 계약 / 계약각론 (15개 전형계약)	테마 25, 26, 27, 28
		법률규정에 의한 채권 발생 / 사무관리	테마 29
		법률규정에 의한 채권 발생 / 부당이득	테마 30
		법률규정에 의한 채권 발생 / 불법행위	테마 31
가족법		친족법, 상속법	시험 제외

1. 민법의 법률효과는 범죄자의 처벌이다.[1]

2. 민법은 국가와 국민간의 법률효과를 다루는 법이므로 분류상 공법에 속한다.[2]

3. 우리나라는 성문법 국가이므로 민사에 관한 재판을 할 때 법전으로 존재하는 민법을 기준으로만 재판이 이루어진다.[3]

---

1) X : 사법적 권리의 변동, 즉 권리의 발생, 변경, 소멸이 민법의 법률효과다.
2) X : 민법은 사인과 사인간의 법률관계(권리의무관계)를 다루므로 사법(私法)에 속한다. 따라서 민법에서 변동되는 권리는 사적 권리 즉 사권(私權)에 대한 것이다.
3) X : 민법은 성문법인 민법전뿐 아니라 관습법이나 일반상식(조리)의 형태로 존재할 수 있다. 이는 모두 재판의 기준으로 삼을 수 있다(민법 제1조).

민법은 권리변동에 관한 법이다. 민법은 누구에게(권리주체) 어떤 권리가(권리객체) 발생, 변경, 소멸하는지에 대한 내용으로 가득하다. 권리와 동전의 양면 관계에 있는 용어는 '의무'이다. 따라서, 권리에 관해 설명하는 것은 자연스럽게 그 뒷면에 있는 의무에 관한 설명을 포함하는 것이다. 이러한 권리와 의무의 상호관계를 '법률관계'라고 칭한다. 우리 민법은 권리를 중심으로 규정되어 있어 편의상 법률관계는 권리관계로 표현할 때가 많다.

법률관계는 사람과 사람의 관계, 사람과 재화(물건)의 관계, 사람과 장소와의 관계 등으로 나타난다. 그런데 결국 재화와 장소는 모두 사람과 관계되므로 사람과 사람과의 관계로 귀결된다. 즉 법률관계는 법에 의하여 두둔되고 보호되는 자와 법에 의해 구속되는 자와의 관계로 나타난다. 전자의 지위를 '권리자'라 하고 후자의 지위를 '의무자'라고 한다.

I. 분류

'권리(權利)'는 "일정한 이익을 누릴 수 있도록 법이 인정한 힘"을 말한다. 여기서 말한 '이익'은 경제적 이익(재산권)이 될 수도 있고, 인격적 이익(인격권) 또는 신분적 이익(신분권)이 될 수도 있다.

1. 내용에 따른 분류

민법상 권리(權利) - 내용에 따른 분류			
재산권		비재산권	
물권	채권	인격권	가족권

가. 재산권

1) 물권 - 물건[1]에 대한 권리

물권은 물건에 대한 직접 지배권을 말한다. 이렇게 물권이 가진 성격(절대적, 배타적, 지배적)으로 인해 민법 세계에 미치는 영향이 매우 크므로 물권은 국가가 직접 정하거나(법률) 확인(관습법)해 준다. 따라서, 물권은 개인이 임의로 만들거나 소멸시킬 수 없는 것이 원칙이다(물권법정주의).

반면 채권은 사람의 의사(계약)에 따라 무한히 만들어 낼 수 있다는 점에서 본질적 차이가 있다. 법정주의와 대비되는 개념이 자유주의이다. 채권을 만들어 내는 가장 큰 원인은 법률행위이며 법률행위의 왕은 '계약'이다.

민법에는 8개의 물권이 규정되어 있고(점유권, 소유권, 지상권, 지역권, 전세권, 유치권, 질권, 저당권), 관습법상 인정되는 물권도 있다(법정지상권, 분묘기지권 등). 이렇게 성문법과 관습법 등에 의해 확립된 물권 외에는 임의로 물권을 창설하지 못한다.

〈민법상 8물권〉

점유권			
본권	소유권(사용, 수익, 처분권능)		
	제한 물권	용익물권	지상권
			지역권
			전세권
		담보물권	유치권
			질권
			저당권

---

1) 예외적으로 '권리'도 물권의 객체가 될 수 있다. 대표적인 것이 '권리질권'.

2) 채권(債權) - 사람 행동에 대한 권리

채권이란, 특정인이 특정인에 대해 특정한 행위를 요구하는 권리를 말한다. 여기서 '특정한 행위(債)'가 채권의 객체가 되며, 이를 '급부'라 한다.

사람은 소유의 대상이 아니다. 사람은 민법상 권리의 주체이지 권리의 객체가 될 수 없다. 즉 사람 자체를 물권의 객체로 삼을 수 없고, 다만 권리의 객체를 보유한 사람에게 일정한 행위(또는 협조)를 요구할 수 있을 뿐이다.

채권의 채(債)라는 글자는 사람(人)과 책임(責)으로 구성되어 있다. 사람이 지켜야 할 책임을 말하며 그 책임이란 일정한 행위를 말한다. 따라서 채권이란 사람의 특정한 행위를 요구하는 권리라 할 수 있다. 이렇게 채권은 특정한 의무를 요구받는 사람이 정해져 있다. 그래서 이러한 표준적 채권을 사람을 지정한 채권이라는 의미로 '지명채권(指名債權)'이라 한다. 지명채권이 채권의 기본형이다. 채권의 개념 그대로를 반영한 용어이기 때문이다. 앞으로 그냥 '채권'이라 하면 지명채권을 말한다.

- 금전채권 : 특정인에게 금전의 지급이라는 행위를 요구하는 권리.
- 강의채권 : 학원에게 돈을 지급한 경우 강의 행위를 요구하는 권리.
- 도급채권 : 특정인에게 일정한 일을 하는 행위를 요구하는 권리.
- 소유권이전등기채권 : 매도인에게 부동산 등기이전 행위를 요구하는 권리.

특히 처음 민법을 접하면 혼동하는 것이 금전채권이다. 실무상 가장 흔한 채권이다. 그럼에도 이를 돈에 대한 소유권(물권)으로 보는 경향이 있다. 채권은 물건(돈)에 대한 권리가 아니다. 사람에 대한 권리이며 사람의 행위를 요구하는 청구권이다. 따라서 금전채권은 돈에 대해 직접 가진 권리가 아니라 사람에게 돈을 주는 행위를 요구하는 행위청구권 즉, 채권인 것이다. 이 문장을 이해하는 것이 채권법 공부의 절반이다.

3) 수험관련

민법 공부는 재산권에 집중된다. 다만 공인노무사 시험에서 물권법은 제외되므로 우리 시험과 관련해서는 채권법 위주로 공부할 것이다. 그런데, 재산권인 물권과 채권은 서로 연동되어 있어 물권을 배제하고 채권만 학습한다는 것을 쉽게 상정하기 어렵다. 과연 그런 형태의 학습이 가능한 것인가 의문이다. 채권을 학습하기 위해서는 필연적으로 물권에 대한 이해가 수반되어야 하기 때문이다. 그래서 출제 대상 여부와 관계없이 본 교재에서는 필요한 범위에서 물권법 내용을 언급할 것이다.

2. 작용(효력)에 따른 분류

1) 지배권, 청구권

물권, 인격권 등은 권리객체에 직접 영향력을 갖는 지배권에 속하며, 채권과 같이 일정한 행위를 요구하는 권리는 청구권에 속한다. 주의할 것은 청구권의 형태지만 형성권인 권리가 있다. 각종 증감청구권, 매수청구권, 소멸청구권, 공유물분할청구권 등이다. 형성권에 대해서는 아래 4항에서 구체적으로 설명한다.

2) 항변권

청구권 행사에 대해 그 작용을 막는 효력을 가지는 권리를 항변권이라 한다. 청구권의 행사를 일시적으로 막는 연기적 항변권(동시이행의 항변권, 최고검색의 항변권)과 영구적으로 막을 수 있는 영구적 항변권(상속인의 한정승인 항변권)이 있다.

3) 형성권

일방적 의사표시로 법률효과를 발생(권리변동)시킬 수 있는 권리를 형성권 또는 가능권이라 한다. 형성권에 대해서는 별도 목차로 정리한다.

3. 기타 분류

한편 권리행사에 특정 상대방이 없는 대세적 권리를 절대권, 특정인을 의무자로 하는 대인권적 성격을 가진 권리를 상대권이라 한다.

4. 형성권

민법상 권리를 작용(효력)에 따라 분류했을 때 형성권이라는 독특한 권리가 있다.

형성권 행사는 상대방의 동의나 도움이 필요 없다. 형성권 행사를 폭탄 투하에 비유할 수도 있겠다. 폭탄을 던지듯 형성권을 행사하면 그 즉시 효과가 발생한다. 상대방은 그 효과를 그대로 받아들여야 하고, 그 효과는 형성권을 행사한 당사자도 거둘 수 없다. 이미 폭탄이 터진 다음에 시간을 되돌릴 수 없는 것과 같다.

형성권을 '행사'한다는 것은 의사표시의 영역이다. 즉 형성권을 가진 자의 독자적인 의사표시(형성권 행사)를 통해 법률효과가 발생하므로 형성권 행사는 '단독행위'가 된다. 청약과 승낙이라는 두 개의 의사표시가 만나야 법률효과(채권발생)가 발생하는 '계약'이라는 법률행위와 달리 형성권 행사가 단독의 의사표시(형성권 행사)만으로 법률효과가 발생하므로 매우 이례적이고 강력한 권리가 되는 것이다.

형성권을 별도의 목차로 설명하는 것은 형성권에 대한 이해가 민법 지식 향상에 많은 도움이 되기 때문이다. 우리 민법 여러 곳에 형성권이 분포되어 있는데 이를 발견할 때마다 여기 설명한 내용을 대입하면 일일이 따로 공부하는 수고를 덜 수 있다. 다만 형성권의 이해는 여러 복합적인 법리를 먼저 습득해야 한다. 따라서 여기서는 그냥 이런 것이 있구나 정도로 이해하고 넘어가고, 민법 전체를 한 바퀴 돌고 다시 이곳으로 와서 정리하기 바란다. 그때 형성권 내용이 이해되면 공부가 제대로 되었다는 증명이 되는 것이다. 즉, 형성권에 대한 공부는 민법 공부가 제대로 되었는지 검증할 수 있는 리트머스와 같은 것이다.

가. 개념

형성권은 일방적인 의사표시로 법률효과를 발생시킬 수 있는 권리이며 다른 용어로 '가능권'이라 한다. 법률효과는 민법의 궁극적인 목적인데, 이러한 엄청난 결과를 단독의 의사표시로 유발할 수 있는 막강한 권리인 것이다. 채권의 경우 상대방의 자발적인 이행이나 협조가 있어야 하지만 형성권은 그것이 필요 없다. 마치 핵폭탄을 들고 다니는 것과 같다. 그래서 누가 어떤 경우에 이러한 권리를 갖는지 매우 엄격하게 검토해야 하고 그 사용과 소멸에 대해 매우 진지하게 접근할 필요가 있다.

나. 형성권 법정주의(법정형성권 원칙, 약정형성권 예외)

이러한 파괴력 때문에 형성권의 발생은 법이 엄격하게 규정하고 있다. 누구에게 어떤 형성권이 있는지를 판단하기 위해서는 해당 법률을 정확히 찾아 그 요건이 충족되었는지 살펴야 한다. 법정해제권, 취소권 등이 대표적이다.

다만 형성권을 법이 정해 두었다는 것은 상대방의 동의 없는 상태에서는 법의 엄격한 규정을 따라야 한다는 의미이다. 만약 상대방과의 합의나 약속이 있다면 그것에 의해 형성권을 취득하는 것은 자유이다(계약자유의 원칙). 이러한 약속에 의해 만들어진 형성권을 약정형성권이라 한다. 약정해제권이 이에 해당한다. 약정형성권을 함부로 남발하는 것은 미래의 법률 지위를 불안하게 하므로 주의해야 한다.

다. 제척기간

이처럼 형성권은 일방적인 의사표시로 법률관계에 영향을 주므로 이를 가진 사람에 의해 불안한 상태가 지속될 수 있다. 따라서 법은 형성권에 대해 일정한 수명(권리의 존속기간)을 지정해 두었는데 이를 '제척기간'이라 한다. 제척기간은 권리의 수명이므로 그 수명이 다하면 이유를 불문하고 소멸한다. 제척기간은 법이 정한 권리의 수명이므로, 법원은 당사자의 주장이 없더라도 이를 직권으로 고려해서 판단할 수 있다.

이와 관련해 제척기간과 유사해 보이지만 전혀 다른 개념의 소멸시효에 대한 이해가 필요하다. 소멸시효와 제척기간의 차이는 [테마 17]에서 공부한다.

라. 조건, 기한에 배타적

형성권 행사에 조건이나 기한을 붙이는 것이 금지된다. 형성권은 법이 엄격히 정해 놓은 모습 그대로 행사해야 한다. 조건과 기한을 붙이면 법이 정해 둔 형성권의 모습을 법이 인정하지 않는 모습으로 훼손할 우려가 있고, 이 경우 상대방은 심각한 위험에 노출될 수 있다. 조건과 기한에 대해서는 [테마 11]에서 공부한다.

마. 주체의 종속성

형성권은 사람의 피부와 같아서 이를 그 사람과 분리하여 이전할 수 없다. 이를 '일신전속성'이라 한다. 예를 들어 계약 당사자로서 상대방의 채무불이행으로 법정해제권을 보유하게 되었다면, 이러한 해제권의 행사는 당사자가 해야 한다. 해제권만 분리해 다른 사람에게 양도하는 것은 금지된다.

바. 상대방 있는 단독행위

공인노무사 테마민법

형성권의 행사는 일방적 의사표시에 의한다. 상대의 동의나 승낙이 필요 없다. 따라서 형성권의 행사는 단독행위이다. 형성권은 상대의 의사와 무관하게 일방의 행사로 법률효과를 발생시키는 강력한 힘이 있다.

사. 불가분성

형성권은 쪼갤 수 없다. 형성권이 행사는 당사자가 여럿인 경우 무두로부터 모두에게 해야 한다. 해제권의 불가분성은 특별한 규정이 있다[2].

아. 종류

해제(지)권, 취소권, 상계권, 선택권, 환매권, 예약완결권, 포기권, 각종 매수청구권, 각종 증감청구권, 각종 소멸청구권, 공유물분할청구권 등이 있다. 공부하면서 찾게 되는 형성권을 이곳에 추가하면 효율적 공부가 될 것이다. 보물을 찾아 상자에 넣는 기분을 맛보기 바란다.

II. 권리의 행사와 의무의 이행

1. 권리행사

가. 지배권

권리객체를 지배해서 사실상 이익을 누리는데 물권의 경우 사용·수익·처분을 하는 권능을 누리는 것이다.

---

2) 제547조(해지, 해제권의 불가분성) ① 당사자의 일방 또는 쌍방이 수인인 경우에는 계약의 해지나 해제는 그 전원으로부터 또는 전원에 대하여 하여야 한다. ② 전항의 경우에 해지나 해제의 권리가 당사자 1인에 대하여 소멸한 때에는 다른 당사자에 대하여도 소멸한다.

나. 청구권

상대방에 대해 행위를 청구하거나 그 결과를 수령하는 방식으로 행사한다.

다. 형성권

일방적 의사표시로 하는데 반드시 재판으로 해야 하는 경우도 있다([테마 14] 채권자 취소권 참조).

라. 항변권

청구권자의 이행청구에 대한 거절의 형식으로 행사한다.

2. 신의성실원칙

권리행사는 그 누구를 해하는 것이 아니라는 생각이 지배하였으나 이와 같은 절대적 자유에는 공적 원리로 수정이 가해지기 시작했는데 우리 민법에도 신의성실원칙으로 반영되었다[3].

III. 권리경합

한 사람이 여러 개의 권리를 가진 것을 경합이라고 한다. 상대방이 계약을 위반했을 때 채무불이행에 의한 손해배상청구권과 불법행위에 의한 손해배상청구권을 동시에 갖게 되는데 이러한 경우를 권리경합이라 하며 권리자는 이를 선택적으로 또는 동시에 사용할 수 있다. 통정허위표시에 의한 무효 주장과 사해행위취소를 동시에 하는 경우도 권리경합에 속한다.

---

3) 제2조(신의성실) ① 권리의 행사와 의무의 이행은 신의에 좇아 성실히 하여야 한다. ② 권리는 남용하지 못한다.

주의할 것은, '법조경합'이라는 개념이다. 모순적인 표현이지만 '법조경합'은 권리경합이 아니다. 가짜 경합이다. 겉으로 보기에는 경합으로 보이지만 사실은 경합이 아니다. 두 개로 보이지만 하나라는 의미이다. 주로 특별법과 일반법이 동시에 적용되는 경우 발생하는데, 이 경우 특별법만 적용되고 일반법은 배제되므로 법률효과는 한 개만 있다. 겉으로는 두 개처럼 보일 뿐이다.

1. 절대권이란 특정인에게 절대적으로 행사할 수 있는 권리이다. [1]

2. 형성권의 행사는 상대방의 동의가 있어야 한다. [2]

3. 금전채권이란 금전을 직접적으로 지배할 수 있는 권리를 말한다. [3]

4. 사람은 권리의 객체로 할 수 없지만 사람의 행동은 권리의 객체로 삼을 수 있다. [4]

5. 민법상 재산권은 물권과 채권이 있다. [5]

6. 물권의 객체는 물건이지만 예외적으로 권리가 물권의 객체가 되는 경우가 있다. [6]

---

1) X : 절대권은 그 누구에게나 행사할 수 있는 권리라는 의미이다. 상대권의 반대말이다.
2) X : 형성권 행사는 일방적으로 할 수 있는 것이 특징이다.
3) X : 채권은 행위요구권이다. 소유권 등 물권이 직접지배권인 것과 다르다. 따라서 금전채권은 상대방에게 돈을 나에게 주는 행위를 요구하는 정도의 권리이지 돈에 대한 지배권이 아니다. 돈에 대한 지배권은 물권인 소유권자에게 있다.
4) O : 사람의 행위를 객체로 삼는 권리가 채권이다.
5) O : 다만 민법을 벗어나면 다양한 재산권이 있다(예, 지적재산권).
6) O : 질권은 물권이지만 물건뿐 아니라 권리도 객체가 될 수 있다.

민법의 세계에서 '능력'이라는 말은 '자격' 또는 '지위'를 말한다. 민법은 권리에 대한 법이므로, 민법세계의 사람은 권리의 주인이다. 권리의 주인이라는 의미로 민법에서는 '권리능력'이라는 표현을 사용한다. 따라서 권리능력이란 권리의 주인이 될 수 있는 사람(人)에 대한 이야기다.

민법에는 두 사람이 살고 있다. 남자와 여자도 아니요, 흑인과 백인도 아니다. 그 두 사람은 자연인(自然人)과 법인(法人)이다. 자연인은 생물학적 사람이 민법에 들어온 것이고, 법인은 민법에서 만들어 낸 사람이다.

이 둘은 민법의 세계에서 자연스레 공존하며 동등한 지위를 가지고 살고 있다. 다만, 자연인은 그 탄생과 사망이 자연현상에 맡겨져 있지만, 법인은 그 출생(설립)부터 사망(해산)에 이르기까지 모든 과정을 법으로 정해 두어야 한다. 또한 민법의 세계에서 사람으로 활동해야 하므로 머리와 팔다리 등 활동을 위해 필요한 신체기관도 법으로 모두 만들어야 한다.

민법상 권리능력자 두 사람 이외에 강아지나 고양이, 소나무, 외계인, 기타 모든 물체는 사람이 아니라 물건이다. 물건은 권리의 객체일 뿐 권리의 주체가 될 수 없다.

사람도 사망하면 권리능력을 상실하여 물건이 되며, 그가 보유했던 권리는 법이 강제로 일정한 권리능력자에게 상속시킨다. 고도의 우수한 외계인도 민법의 세계에서는 물건이다. 강아지에게 재산을 증여한다는 자연계의 이벤트가 있을 수 있으나 물건(강아지)은 권리능력이 없기 때문에 상속권이라는 권리를 가질 수 없다.

권리능력 없는 물건의 법률행위는 민법상 아무런 효력이 없다(무효).

I. 권리능력

자연인이란 출생과 성장과 사망이 자연적으로 일어나는 생물학적 사람을 민법 세계의 권리주체로 등장시킨 것이다. 자연인은 출생부터 사망까지 권리능력을 가진다. 즉, 생존하는 동안 민법 세계의 주인공이 된다[1].

1. 태아 - 출생 관련 쟁점

자연인은 출생을 통해 권리능력을 갖게 된다. 그런데 자연인은 완성체로 태어나는 것이 아니라 출생 전 태아 단계를 거친다. 이러한 태아 단계에서 만약 법률문제가 발생하면 어떻게 처리할까? 이에 대해 원칙적으로 태아를 민법상 사람으로 인정하는 것은 아니지만 상속[2]이나 불법행위[3]에서는 사람처럼 간주하여 보호하는 입장을 취하고 있다.

2. 부재 - 생존 관련 쟁점

민법은 권리의무 변동에 관한 법이다. 그래서 자연인이 장기간 사라져 그 사람의 권리가 방치되는 경우 민법은 이 상황을 예민하게 받아들인다. 따라서 권리능력자의 부재로 재산관리가 되지 않는 경우를 대비한 규정을 민법에 두고 있다[4].

---

1) 제3조(권리능력의 존속기간) 사람은 생존한 동안 권리와 의무의 주체가 된다.
2) 제1000조(상속의 순위) ③ 태아는 상속순위에 관하여는 이미 출생한 것으로 본다.
3) 제762조(손해배상청구권에 있어서의 태아의 지위) 태아는 손해배상의 청구권에 관하여는 이미 출생한 것으로 본다.
4) 제22조(부재자의 재산의 관리) ① 종래의 주소나 거소를 떠난 자가 재산관리인을 정하지 아니한 때에는 법원은 이해관계인이나 검사의 청구에 의하여 재산관리에 관하여 필요한 처분을 명하여야 한다. 본인의 부재 중 재산관리인의 권한이 소멸한 때에도 같다. ② 본인이 그 후에 재산관리인을 정한 때에는 법원은 본인, 재산관리인, 이해관계인 또는 검사의 청구에 의하여 전항의 명령을 취소하여야 한다.

3. 실종과 사고 - 사망 관련 쟁점

우리 법제는 사망에 대해 심장정지설을 따르고 있다. 따라서 심장이 정지된 경우에 사람은 권리능력을 상실하여 권리주체에서 권리객체(물건)로 법적 지위가 변경된다. 그렇다면 기존 권리능력자일 때 재산권과 신분권을 어떻게 처리할지 여기에 민법은 관심이 있다. 우리 민법은 상속으로 이 문제를 처리한다.

그런데 사람의 심장이 정지되었는지 알 수 없는 경우, 또는 상속관계 있는 사람 사이에 심장정지 시차를 확인할 수 없는 경우(이 시차는 상속순위에 영향을 준다.) 등 자칫 권리처리에 법적 공백이 발생할 수 있는 경우가 있다. 이에 대한 법률 규정을 두고 있다.

가. 실종선고[5]

장기간 생사가 확인되지 않아 권리가 방치된 경우, 일정한 요건하에 법원의 결정으로 사망한 것으로 간주하는 실종선고 제도가 있다. 즉 제도적으로 사람의 심장이 정지된 것으로 간주해 방치된 권리관계를 정리하는 것이다.

나. 동시사망 추정[6]

제24조(관리인의 직무) ① 법원이 선임한 재산관리인은 관리할 재산목록을 작성하여야 한다. ② 법원은 그 선임한 재산관리인에 대하여 부재자의 재산을 보존하기 위하여 필요한 처분을 명할 수 있다. ③ 부재자의 생사가 분명하지 아니한 경우에 이해관계인이나 검사의 청구가 있는 때에는 법원은 부재자가 정한 재산관리인에게 전2항의 처분을 명할 수 있다. ④ 전3항의 경우에 그 비용은 부재자의 재산으로써 지급한다.

5) 제27조(실종의 선고) ① 부재자의 생사가 5년간 분명하지 아니한 때에는 법원은 이해관계인이나 검사의 청구에 의하여 실종선고를 하여야 한다. ② 전지에 임한 자, 침몰한 선박 중에 있던 자, 추락한 항공기 중에 있던 자, 기타 사망의 원인이 될 위난을 당한 자의 생사가 전쟁종지 후 또는 선박의 침몰, 항공기의 추락 기타 위난이 종료한 후 1년간 분명하지 아니한 때에도 제1항과 같다.
제28조(실종선고의 효과) 실종선고를 받은 자는 전조의 기간이 만료한 때에 사망한 것으로 본다. → 상속진행.
제29조(실종선고의 취소) ① 실종자의 생존한 사실 또는 전조의 규정과 상이한 때에 사망한 사실의 증명이 있으면 법원은 본인, 이해관계인 또는 검사의 청구에 의하여 실종선고를 취소하여야 한다. 그러나 실종선고 후 그 취소 전에 선의로 한 행위의 효력에 영향을 미치지 아니한다. ② 실종선고의 취소가 있을 때에 실종의 선고를 직접원인으로 하여 재산을 취득한 자가 선의인 경우에는 그 받은 이익이 현존하는 한도에서 반환할 의무가 있고 악의인 경우에는 그 받은 이익에 이자를 붙여서 반환하고 손해가 있으면 이를 배상하여야 한다.

6) 제30조(동시사망) 2인 이상이 동일한 위난으로 사망한 경우에는 동시에 사망한 것으로 추정한다.

상속관계에 있는 아버지와 아들이 같은 비행기 사고로 사망했다고 하자. 과학적으로 그 두 사람 사이에 사망 시기(심장정지 시점)는 다를 것이지만 확인할 방법이 없다. 그런데 두 사람 중 누가 먼저 사망했는지는 권리변동에 있어 매우 중요한 의미를 갖는다. 만약 아버지가 먼저 사망했다면 그 순간 법률 규정에 의한 권리변동 즉 상속이 일어나는데, 아버지를 피상속인으로 하는 상속인은 배우자와 자녀들이 될 것이다. 그런데 만약 아들이 먼저 사망하였다면 경우에 따라 아들의 재산이 아버지에게 상속된 후 그 재산이 아버지 기준의 상속인들에게 상속이 된다.

이러한 복잡한 문제를 해소하기 위해 동일한 사고로 사망한 상속관계의 사람들은 동시사망으로 추정하여 상호간에 상속 문제가 발생하지 않도록 규정 하였다.

4. 주소[7]

출생, 부재, 실종, 민법상 경제활동 등은 주소를 기준으로 판단한다. 주소는 특히 절차법에서 송달장소로 매우 중요하다. 이른바 '주민등록지'는 공법상 개념으로서 민법상 생활이 근거를 의미하는 '주소'와 다른 개념이다. 주민등록지라도 생활의 근거가 되지 않으면 민법상 주소가 아니다. 주민등록지는 1개만 있지만 주소는 여러 개 있을 수 있는 이유이기도 하다. 생활의 근거지가 여러 곳이면 주소도 여러 개가 된다. 실무상으로 주소는 송달장소의 의미가 있다. 법적절차에 관한 우편물을 받을 수 있는 장소로서의 의미가 있다.

II. 의사능력[8]

자, 권리능력이 있으면 권리를 가질 자격이 된다. 그렇지만 자격이 된다는 것과 실제 가져도

---

7) 제18조(주소) ① 생활의 근거되는 곳을 주소로 한다. ② 주소는 동시에 두 곳 이상 있을 수 있다.
제19조(거소) 주소를 알 수 없으면 거소를 주소로 본다.
제20조(거소) 국내에 주소 없는 자에 대하여는 국내에 있는 거소를 주소로 본다.
제21조(가주소) 어느 행위에 있어서 가주소를 정한 때에는 그 행위에 관하여는 이를 주소로 본다.
8) 민법상 명문 규정은 없으나 법률행위를 법률요건으로 인정한 이상 당연히 인정되는 개념이다. 최근 법무부 민법개정안에는 의사능력을 명문화하는 규정이 포함되었다.

공인노무사 테마민법

문제가 없다는 것은 다른 개념이다.

5살 아기도 1억 원 상당의 주택을 소유할 수 있다. 이는 권리능력에 관한 문제이며 사람(자연인)인 이상 권리를 가질 자격이 되니까 5살 아기에게 권리(소유권)를 인정하는 것은 문제가 없다.

그렇지만 위 소유권과 관련된 제반 법률관계를 그대로 인정해도 되는지는 별개의 문제이다. 이 아기가 옆집 아저씨에게 그 주택을 증여하는 경우 이를 모두 인정할 수 있을까? 깊은 고민이 되는 지점이다. 따라서 권리능력은 인정하되 의사결정과 표시에 있어서는 일정한 제한을 둘 필요가 있다. 이때 등장하는 개념이 의사능력이다.

'의사능력'이란 일정한 법률효과를 위한 생각과 판단을 할 수 있는 자격을 말한다. 갓난아기나 만취한 사람은 의사판단과 의사결정을 할 능력이 없다. 이들의 법률행위를 민법의 세계에서 그대로 인정하는 것은 적절치 않다(무효). 갓난아기가 자동차 계약서에 서명하더라도 이 계약은 민법의 세계에서는 무효가 된다.

그렇다면 10살 아이는? 18살은? 어떤 나이부터 갓난아기와 다르게 판단할까? 30살이지만 지능이 낮은 사람은? 35살이고 지능도 높지만 술에 만취되어 판단능력이 없는 사람은? 갓난아기와 다르다고 판단할까? 이렇게 의사능력 여부에 대한 판단은 단순한 문제가 아니다. 의사능력을 판단하는 객관적이고 명백한 기준이 없기 때문이다. 따라서 의사능력은 의사표시 당시 그 당사자를 '관찰'하여 소급적으로 판단하게 된다. 아직 의사결정을 할 수 없는 미숙한 나이인지, 음주나 정신질환에 의해 의사결정을 할 수 없었는지 구체적인 관찰절차를 따른다. 이렇게 개별 사안에 대해 의사결정 당시 당사자의 상태를 살펴 그 의사표시의 효력을 논하는 것이 의사표시 영역이다. 획일적 기준이 없다는 점이 행위능력과 다른 가장 큰 차이점이다.

III. (법률)행위능력[9]

1. 개념

의사능력이 있다 하더라도 법률행위에 따라 그대로 효력을 인정하는 것이 곤란한 경우가 있다. 예를 들어 15세 미성년자가 자신이 먹을 과자를 용돈으로 사는 것은 굳이 민법의 세계에서도 문제 삼을 이유가 없다. 그러나 천만 원짜리 오토바이를 구입하는 계약은 경우가 다르다. 중학생에게 천만 원의 채무를 부담시키는 것이 적절하지 않다는 것이다. 따라서 비록 의사능력은 있지만 일정한 나이에 이르기까지는 그 법률행위를 법정대리인의 관리하에 둘 필요가 있다.

한편, 비록 성년이지만 질병이나 고령 등으로 사무처리 능력에 장애가 발생하여 단순히 의사능력의 영역에만 맡기는 것이 부적절한 경우가 있을 수 있다. 이 경우 법원과 법정대리인에 의해 제도적 관리가 필요할 수 있다.

위와 같이 법률행위에 일정한 제한을 둘 필요가 있는 사람들의 법률행위에 대해서는 일단 유효로 하되 취소권을 주어 법률행위를 무효로 돌릴 수 있는 선택권을 부여하고 있다.

이렇게, 그의 법률행위가 일단은 유효하지만 나중에 취소될 수 있는 상태(유동적 유효)인 사람을 제한능력자(과거에는 '행위무능력자'라 하였다.)라 한다. 우리 민법은 법률행위능력(줄여서 '행위능력'.)이 있는 사람의 행위만을 확정적 유효로 본다. 따라서 제한능력자와 체결한 법률행위는 취소될 수 있는 불안전성을 내포하고 있다. 이는 전적으로 제한능력자를 보호하기 위한 제도이며, 상대방은 계약의 취소 가능성이라는 불안함을 감수하게 된다.

2. 제한능력 공시의 필요성

---

9)   민법에서 '능력'이라 함은 주로 행위능력을 말한다.

공인노무사 테마민법

이러한 이유로 법률행위 능력은 일반 거래 질서에 중대한 영향을 미친다. 따라서 이를 일일이 관찰하여 거래한다면 일반인의 경제활동은 매우 경색될 것이다. 거래 상대방은 당사자의 행위 능력 여부에 따라 장래 취소될 수 있다는 불안감에 시달려야 한다. 이를 해소하기 위해 행위능력은 누구나 쉽게 알 수 있도록 미리 그 기준과 공시 방법을 정해 외부에 알리게 되어 있다. 획일적 기준이나 공시 방법이 없는 의사능력과 근본적 차이이다. 즉, 의사능력은 관찰에 의해 정하지만, 행위능력은 국가가 획일적 기준을 정해 이를 공시한다.

미성년자(우리 민법은 19세부터 성년이 된다고 규정한다[10]. 다만 미성년자도 혼인을 하면 성년자로 간주한다.), 피성년후견인과 피한정후견인(과거 한정치산자, 금치산자)이 우리 민법상 제한능력자이다.

미성년자 여부는 주민등록증이나 기본증명서 등 여러 공적장부에 나타난 생일로 확인할 수 있고 피후견인은 법원의 심판에 의해 개시되며 공시된다. 아무리 지능이 월등해도 법이 정한 성년(19세)에 이르지 못하면 제한능력자다. 성년인 사람이 아무리 정신적으로 문제가 있어도 법원의 제한능력 선고를 통하지 않고는 완전한 능력자다. 제한능력은 법적 제도에 의해 공식적으로 특정되는 것이므로, 단지 자연적 관찰에 의해 개별적으로 확인하는 의사능력과 근본적 차이가 있다.

3. 법정대리인의 필요성

제한능력 제도는 제한능력자를 보호하기 위한 것이다. 우리 법은 법률행위가 유리하면 그대로 인정하고, 불리하면 취소하여 무효로 돌릴 수 있는 지위를 부여한다. 이렇게 제한능력자의 법률행위에 대해서는 일정한 관리가 필요하며, 이를 위해 제한능력자에게는 반드시 법정대리인이 필요한 것이다.

---

10) 제4조(성년) 사람은 19세로 성년에 이르게 된다.

가. 미성년자의 법정대리인

원칙적으로 미성년자의 법정대리인은 친권행사자이다. 미성년자의 부모는 미성년자에 관해 친권을 갖는다[11]. 미성년자가 성년이 되면 친권은 사라진다. 즉 친권이란 미성년자가 성년이 될 때까지 잠시 가지게 되는 관리권이라 할 수 있다. 친권의 내용으로 보호교양권(제913조), 거소지정권(제914조) 등이 있다.

부모 모두에게 친권이 있더라도 이를 행사하는 사람이 부모 모두가 되는 것은 아니다. 부모가 혼인 중에는 공동으로 행사하지만 법원에 청구해 한 명이 할 수 있다. 이혼할 때는 협의로 정하거나 법원에 의해 결정된다. 따라서 친권자와 친권행사자가 반드시 일치하는 것은 아니다. 우리 법은 '친권행사자'를 미성년자의 '법정대리인'으로 삼고 있다[12].

법정대리인은 미성년자의 재산에 관한 법률행위에 대해 재산관리권과 대리권을 갖고[13], 미성년자의 법률행위에 대한 동의권과 취소권을 갖는다[14].

한편, 미성년자에 대하여 친권자가 없거나 친권자가 법률행위의 대리권 및 재산관리권을 행사할 수 없는 때에는 후견인이 법정대리인이 된다[15].

---

11) 제909조(친권자) ① 부모는 미성년자인 자의 친권자가 된다. 양자의 경우에는 양부모(養父母)가 친권자가 된다. ② 친권은 부모가 혼인중인 때에는 부모가 공동으로 이를 행사한다. 그러나 부모의 의견이 일치하지 아니하는 경우에는 당사자의 청구에 의하여 가정법원이 이를 정한다. ③ 부모의 일방이 친권을 행사할 수 없을 때에는 다른 일방이 이를 행사한다.
12) 제911조(미성년자인 자의 법정대리인) 친권을 행사하는 부 또는 모는 미성년자인 자의 법정대리인이 된다.
13) 제920조(자의 재산에 관한 친권자의 대리권) 법정대리인인 친권자는 자의 재산에 관한 법률행위에 대하여 그 자를 대리한다. 그러나 그 자의 행위를 목적으로 하는 채무를 부담할 경우에는 본인의 동의를 얻어야 한다.
14) 제5조(미성년자의 능력) ① 미성년자가 법률행위를 함에는 법정대리인의 동의를 얻어야 한다. 그러나 권리만을 얻거나 의무만을 면하는 행위는 그러하지 아니하다. ② 전항의 규정에 위반한 행위는 취소할 수 있다.
     제6조(처분을 허락한 재산) 법정대리인이 범위를 정하여 처분을 허락한 재산은 미성년자가 임의로 처분할 수 있다.
     제7조(동의와 허락의 취소) 법정대리인은 미성년자가 아직 법률행위를 하기 전에는 전2조의 동의와 허락을 취소할 수 있다.
     제8조(영업의 허락) ① 미성년자가 법정대리인으로부터 허락을 얻은 특정한 영업에 관하여는 성년자와 동일한 행위능력이 있다. ② 법정대리인은 전항의 허락을 취소 또는 제한할 수 있다. 그러나 선의의 제3자에게 대항하지 못한다.
15) 제928조(미성년자에 대한 후견의 개시) 미성년자에게 친권자가 없거나 친권자가 제924조, 제924조의2, 제925조 또는 제927조 제1항에 따라 친권의 전부 또는 일부를 행사할 수 없는 경우에는 미성년후견인을 두어야 한다.

나. 피후견인의 법정대리인 - 후견인

후견인은 피후견인의 법정대리인이 되고(제938조 제1항), 피후견인의 재산관리권과 대리권을 갖는다[16].

1) 피성년후견인[17]

질병, 장애, 노령 등으로 인한 정신적 제약으로 사무처리 능력이 지속적으로 결여된 사람을 말하며, 법정대리인(성년후견인)은 피성년후견인의 법률행위를 취소할 수 있다[18].

2) 피한정후견인[19]

질병, 장애, 노령 등으로 인한 정신적 제약으로 사무처리 능력이 부족한 사람을 말하며, 법률행위의 범위를 정해 한정후견인의 동의를 받아야 하고, 동의받지 않은 행위에 대해 법정대리인(한정후견인)은 취소할 수 있다[20].

---

16) 제949조(재산관리권과 대리권) ① 후견인은 피후견인의 재산을 관리하고 그 재산에 관한 법률행위에 대하여 피후견인을 대리한다. ② 그러나 피후견인의 행위를 목적으로 하는 채무를 부담할 경우에는 본인의 동의를 얻어야 한다.

17) 제9조(성년후견개시의 심판) ① 가정법원은 질병, 장애, 노령, 그 밖의 사유로 인한 정신적 제약으로 사무를 처리할 능력이 지속적으로 결여된 사람에 대하여 본인, 배우자, 4촌 이내의 친족, 미성년후견인, 미성년후견감독인, 한정후견인, 한정후견감독인, 특정후견인, 특정후견감독인, 검사 또는 지방자치단체의 장의 청구에 의하여 성년후견개시의 심판을 한다. ② 가정법원은 성년후견개시의 심판을 할 때 본인의 의사를 고려하여야 한다.
제11조(성년후견종료의 심판) 성년후견개시의 원인이 소멸된 경우에는 가정법원은 본인, 배우자, 4촌 이내의 친족, 성년후견인, 성년후견감독인, 검사 또는 지방자치단체의 장의 청구에 의하여 성년후견종료의 심판을 한다.

18) 제10조(피성년후견인의 행위와 취소) ① 피성년후견인의 법률행위는 취소할 수 있다. ② 제1항에도 불구하고 가정법원은 취소할 수 없는 피성년후견인의 법률행위의 범위를 정할 수 있다. ③ 가정법원은 본인, 배우자, 4촌 이내의 친족, 성년후견인, 성년후견감독인, 검사 또는 지방자치단체의 장의 청구에 의하여 제2항의 범위를 변경할 수 있다. ④ 제1항에도 불구하고 일용품의 구입 등 일상생활에 필요하고 그 대가가 과도하지 아니한 법률행위는 성년후견인이 취소할 수 없다.

19) 제12조(한정후견개시의 심판) ① 가정법원은 질병, 장애, 노령, 그 밖의 사유로 인한 정신적 제약으로 사무를 처리할 능력이 부족한 사람에 대하여 본인, 배우자, 4촌 이내의 친족, 미성년후견인, 미성년후견감독인, 성년후견인, 성년후견감독인, 특정후견인, 특정후견감독인, 검사 또는 지방자치단체의 장의 청구에 의하여 한정후견개시의 심판을 한다. ② 가정법원은 한정후견개시의 심판을 할 때 본인의 의사를 고려하여야 한다.
제14조(한정후견종료의 심판) 한정후견개시의 원인이 소멸된 경우에는 가정법원은 본인, 배우자, 4촌 이내의 친족, 한정후견인, 한정후견감독인, 검사 또는 지방자치단체의 장의 청구에 의하여 한정후견종료의 심판을 한다.

20) 제13조(피한정후견인의 행위와 동의) ① 가정법원은 피한정후견인이 한정후견인의 동의를 받아야 하는 행위의 범위를 정할 수 있다. ② 가정법원은 본인, 배우자, 4촌 이내의 친족, 한정후견인, 한정후견감독인, 검사 또는 지방자치단체의 장의 청구에

3) 피특정후견인[21]

질병, 장애, 노령 등으로 인한 정신적 제약으로 일시적 또는 특정 사무에 관한 후견이 필요한 사람을 말한다.

4. 제한능력자[22]의 법률행위 처리 방법

가. 취소권 발생

제한능력자의 법률행위는 제한능력자 본인이나 대리인이 취소할 수 있다. 제한능력자 본인도 해당 법률행위를 벗어나기 위해 단독으로 취소권을 행사할 수 있다는 점을 명심하자[23]. 이와 달리 취소권 포기의 효과가 있는 추인권은 취소권자가 취소 원인을 벗어야만 가능하다[24].

취소권이 행사되면 계약은 소급하여 무효가 된다. 이미 주고받은 것이 있다면 무효의 효과로서 부당이득이 되어 상대방에게 모두 반환해야 한다. 그러나 이러한 반환에 있어 제한능력자에게 부여하는 혜택이 있다. 제한능력자는 받은 것을 모두 반환할 필요가 없이 현존이익만 반환한다[25]. 즉, 이미 유흥비 등으로 소비해 버린 것이 있다면 반환할 필요가 없다. 제한능력자를 두텁

의하여 제1항에 따른 한정후견인의 동의를 받아야만 할 수 있는 행위의 범위를 변경할 수 있다. ③ 한정후견인의 동의를 필요로 하는 행위에 대하여 한정후견인이 피한정후견인의 이익이 침해될 염려가 있음에도 그 동의를 하지 아니하는 때에는 가정법원은 피한정후견인의 청구에 의하여 한정후견인의 동의를 갈음하는 허가를 할 수 있다. ④ 한정후견인의 동의가 필요한 법률행위를 피한정후견인이 한정후견인의 동의 없이 하였을 때에는 그 법률행위를 취소할 수 있다. 다만, 일용품의 구입 등 일상생활에 필요하고 그 대가가 과도하지 아니한 법률행위에 대하여는 그러하지 아니하다.

21) 제14조의2(특정후견의 심판) ① 가정법원은 질병, 장애, 노령, 그 밖의 사유로 인한 정신적 제약으로 일시적 후원 또는 특정한 사무에 관한 후원이 필요한 사람에 대하여 본인, 배우자, 4촌 이내의 친족, 미성년후견인, 미성년후견감독인, 검사 또는 지방자치단체의 장의 청구에 의하여 특정후견의 심판을 한다. ② 특정후견은 본인의 의사에 반하여 할 수 없다. ③ 특정후견의 심판을 하는 경우에는 특정후견의 기간 또는 사무의 범위를 정하여야 한다.

22) 미성년자, 피성년후견인, 피한정후견인.

23) 제5조(미성년자의 능력) ① 미성년자가 법률행위를 함에는 법정대리인의 동의를 얻어야 한다. 그러나 권리만을 얻거나 의무만을 면하는 행위는 그러하지 아니하다. ② 전항의 규정에 위반한 행위는 취소할 수 있다.

24) 제144조(추인의 요건) ① 추인은 취소의 원인이 소멸된 후에 하여야만 효력이 있다. ② 제1항은 법정대리인 또는 후견인이 추인하는 경우에는 적용하지 아니한다.

25) 제141조(취소의 효과) 취소된 법률행위는 처음부터 무효인 것으로 본다. 다만, 제한능력자는 그 행위로 인하여 받은 이익이 현존하는 한도에서 상환(償還)할 책임이 있다.

공인노무사 테마민법

게 보호하는 것이다. 따라서 제한능력자의 상대방은 거래 시 상대방의 무능력 여부를 잘 살펴야 하고, 이런 이유에서 국가는 제한능력자를 획일적 기준으로 정해 공시하는 것이다.

나. 추인 - 취소권 포기

취소할 수 있는 법률행위는 제한능력자와 법정대리인이 취소할 수 있다. 그런데 추인하면 취소권이 소멸하므로 추인은 곧 취소권 포기가 된다[26]. 따라서 제한능력자가 추인하는 경우에는 취소의 원인이 소멸한 후에 해야 하는데[27], 제한능력자가 취소 원인을 벗는다는 것은 제한능력을 벗어나 능력자가 되는 것이므로 미성년자는 성년이 되고, 피후견인은 후견 종료가 된 경우를 말한다.

다. 제한능력자 상대방의 권리

제한능력자와 거래한 상대방은 제한능력자가 언제들 취소할 수 있는 유동적 상태를 감수해야하고, 만약 취소되는 경우 현존이익 반환만 받을 수 있는 불안한 지위에 놓이게 된다. 이러한 불확실한 상태를 마냥 기다리게 하는 것은 가혹하다. 따라서 상대방이 먼저 법률관계를 확정적으로 정리할 수 있는 절차를 마련해 두었다.

1) 최고권(확답 촉구권)[28]

---

26) 제143조(추인의 방법, 효과) ① 취소할 수 있는 법률행위는 제140에 규정한 자(취소할 수 있는 법률행위는 제한능력자, 착오로 인하거나 사기·강박에 의하여 의사표시를 한 자, 그의 대리인 또는 승계인만이 취소할 수 있다.)가 추인할 수 있고 추인 후에는 취소하지 못한다. ② 전조의 규정(취소할 수 있는 법률행위의 상대방이 확정한 경우에는 그 취소는 그 상대방에 대한 의사표시로 하여야 한다.)은 전항의 경우에 준용한다.

27) 제144조(추인의 요건) ① 추인은 취소의 원인이 소멸된 후에 하여야만 효력이 있다. ② 제1항은 법정대리인 또는 후견인이 추인하는 경우에는 적용하지 아니한다.

28) 제15조(제한능력자의 상대의 확답을 촉구할 권리) ① 제한능력자의 상대방은 제한능력자가 능력자가 된 후에 그에게 1개월이상의 기간을 정하여 그 취소할 수 있는 행위를 추인할 것인지 여부의 확답을 촉구할 수 있다. 능력자로 된 사람이 그 기간 내에 확답을 발송하지 아니하면 그 행위를 추인한 것으로 본다. ② 제한능력자가 아직 능력자가 되지 못한 경우에는 그의 법정대리인에게 제1항의 촉구를 할 수 있고, 법정대리인이 그 정하여진 기간 내에 확답을 발송하지 아니한 경우에는 그 행위를 추인한 것으로 본다. ③ 특별한 절차가 필요한 행위는 그 정하여진 기간 내에 그 절차를 밟은 확답을 발송하지 아니하면 취소한 것으로 본다.

상대방은 1개월 이상의 기간을 정하여 취소할 수 있는 법률행위를 추인할 것인지 여부의 확답을 촉구할 수 있다. 그 기간 내에 확답을 발송하지 않으면 추인한 것으로 간주한다. 확답 촉구는 제한능력자 본인이나 법정대리인에게 할 수 있으나 제한능력자에게 하는 경우에는 능력자가 된 후에 촉구 절차를 진행해야 한다. 왜냐하면 확답하지 않으면 추인간주 되는데 추인은 취소권을 포기하는 것이므로 제한능력자 보호에 공백이 발생하기 때문이다.

2) 철회권과 거절권[29]

계약의 경우 상대방이 선의(제한능력자임을 몰랐을 경우)인 경우에는 제한능력자가 추인하기 전까지 스스로 의사표시를 철회하여 법률행위의 구속에서 벗어날 수 있다. 자신이 의사표시를 한 것이 아니라 제한능력자의 단독행위가 있은 경우에는 이를 거절할 수 있다. 철회와 거절은 해당 법률행위가 계약인지 제한능력자의 단독행위인지에 따른 용어의 차이다.

3) 사술에 의한 취소권 소멸[30]

제한능력 제도는 제한능력자를 보호하기 위한 제도인데, 제한능력자가 이 제도를 악용한 경우에는 보호 필요성이 낮아지므로 취소권이 발생하지 않는다.

라. 취소에 관한 일반규정 적용

우리 민법상 '취소'가 여러 곳에 등장하는데 그중 제한능력자의 취소권은 민법 제140조부터 제146조의 일반 규정이 적용된다. 통상적으로 '취소'라 함은 이것을 말한다. 그 이외에 취소에 대해서는 해당 규정을 통해 습득하면 된다.

---

29) 제16조(제한능력자의 상대방의 철회권과 거절권) ① 제한능력자가 맺은 계약은 추인이 있을 때까지 상대방이 그 의사표시를 철회할 수 있다. 다만, 상대방이 계약 당시에 제한능력자임을 알았을 경우에는 그러하지 아니하다. ② 제한능력자의 단독행위는 추인이 있을 때까지 상대방이 거절할 수 있다. ③ 제1항의 철회나 제2항의 거절의 의사표시는 제한능력자에게도 할 수 있다.
30) 제17조(제한능력자의 속임수) ① 제한능력자가 속임수로써 자기를 능력자로 믿게 한 경우에는 그 행위를 취소할 수 없다. ② 미성년자나 피한정후견인이 속임수로써 법정대리인의 동의가 있는 것으로 믿게 한 경우에도 제1항과 같다.

IV. 책임능력(불법행위능력)

책임능력이란, 법률행위 영역이 아닌 불법행위 영역에 있어 배상책임을 누가 부담하는지에 관한 이야기다. 예를 들어 갓난아기가 자동차 구입계약을 하는 것은 법률행위의 영역으로서 의사능력, 행위능력의 문제이다. 그러나 갓난아기가 다른 사람에게 가해행위를 하여 피해를 입힌 경우는 법률행위가 아닌 사건의 영역이다. 이 경우 배상책임을 부담하는 자격을 책임능력이라 한다.

자기 책임 원칙에 따르면 불법행위에 대해서는 행위자 본인이 책임을 져야 한다. 따라서 행위자가 곧 책임능력자다. 그런데 갓난아기에게 배상책임을 지우면 피해자 보호가 어렵다. 갓난아기가 배상할 능력이 없을 것이며 부모는 법적 책임을 회피하면 그만이기 때문이다. 따라서 우리 민법은 행위자 책임의 일정한 예외를 두고 있는바, 행위자의 배상능력 문제로 피해자 보호가 충분하지 못한 경우 이를 보완하는 규정들을 마련하고 있다[31].

---

31) 제753조(미성년자의 책임능력) 미성년자가 타인에게 손해를 가한 경우에 그 행위의 책임을 변식할 지능이 없는 때에는 배상의 책임이 없다.
제754조(심신상실자의 책임능력) 심신상실 중에 타인에게 손해를 가한 자는 배상의 책임이 없다. 그러나 고의 또는 과실로 인하여 심신상실을 초래한 때에는 그러하지 아니하다.
제755조(감독자의 책임) ① 다른 자에게 손해를 가한 사람이 제753조 또는 제754조에 따라 책임이 없는 경우에는 그를 감독할 법정의무가 있는 자가 그 손해를 배상할 책임이 있다. 다만, 감독의무를 게을리 하지 아니한 경우에는 그러하지 아니하다. ② 감독의무자를 갈음하여 제753조 또는 제754조에 따라 책임이 없는 사람을 감독하는 자도 제1항의 책임이 있다.

1. 정신병 증세가 매우 심하여 도저히 법률행위를 할 수 없는 성인은 제한능력자이다. [1]

2. 제한능력자의 법률행위는 무효이다. [2]

3. 5살 아기가 법률행위를 하였다면 이는 무효 사유이자 동시에 취소할 수 있다. [3]

4. 성년은 행위능력자이지만 의사무능력자일 수 있다. [4]

5. 15세의 지능이 월등히 뛰어나고 사정상 소년가장으로 살아온 사람은 행위능력자이다. [5]

6. 20세 대학생의 부모는 그 누구도 친권자가 아니다. [6]

7. 미성년자는 자신의 법률행위를 법정대리인의 동의 없이 자유롭게 취소할 수 있다. [7]

8. 미성년자의 법정대리인은 미성년자를 대리하여 미성년자를 당사자로 하는 계약을 체결할 수 있다. [8]

9. 제한능력자의 상대방은 자신이 거래한 사람이 제한능력자라는 사실을 몰랐을 경우에만 철회권을 행사할 수 있다. [9]

10. 미성년자의 상대방이 2개월 이내에 추인 여부를 말해 달라고 촉구하였으나 미성년자의 법정대리인이 이에 대해 침묵한 상태에서 2개월이 지났다면 추인을 거절한 것으로 본다. [10]

11. 부모가 아닌 사람은 미성년자의 법정대리인이 될 수 없다. [11]

---

1) X : 행위능력은 '상태'가 아니라 '공시'가 핵심이다. 법원에 의해 피후견인이 개시되어 공시되기 전에는 제한능력자가 될 수 없다.

2) X : 제한능력자의 법률행위는 제한능력자에게 유리하면 그 법률효과를 취하고 불리하면 배척할 기회를 준다. 이것이 '취소'이다. 제한능력자의 행위는 '취소'사유이다.

3) O : 의사무능력이자 동시에 19세 미만 미성년자이기 때문에 무효와 취소를 선택적으로 주장할 수 있다. 이렇게 여러 법률효과를 중복하여 주장할 수 있는 경우를 '권리경합'이라 한다.

4) O : 미성년을 벗어났으면 행위능력자가 되지만 정신병을 앓거나 술에 만취하는 등 의사표시 당시 의사표시 능력이 상실된 경우라면 의사무능력자가 될 수 있다.

5) X : 행위능력 여부는 공시에 따라 판단된다. 미성년자는 아무리 똑똑해도 제한능력자다. 미성년자라는 용어 자체가 제한능력자라는 의미이다. 똑똑하다고 나이가 바뀌는 것이 아니지 않는가? 행위능력은 공시된 기준에 맞는지 여부만 판단한다. '공시'가 중요한 거지 '현실'이 중요한 것이 아니다. 현실이 중요한 것은 '의사능력'이다.

6) O : 20세 대학생은 완전한 행위능력자다. '친권'이라는 것은 미성년자의 관리자일 뿐이다. 그 이상도 이하도 아니다. 따라서 19세 이상인 성년자에게 친권자라는 개념은 존재하지 않는다.

7) O : 제한능력자의 취소권은 제한능력자를 보호하기 위한 장치이다. 따라서 취소권 행사는 제한능력자 본인이 자유롭게 할 수 있으며 법정대리인의 동의는 필요 없다. 취소권 행사로 인해 제한능력자가 받는 불이익이 전혀 없기 때문이다.

8) O : 미성년자를 포함한 제한능력자의 법정대리인은 제한능력자의 법률행위를 대리할 수 있다. 그 효과는 제한능력자가 받는다.

9) O : 선의(제한능력자라는 사실을 몰랐던) 상대방에게 계약에서 벗어날 수 있는 철회권이 인정된다.

10) X : 추인한 것으로 본다.

11) X : 미성년자의 친권행사자는 법정대리인이 되고 친권행사자는 부모쌍방 또는 일방이 되는 것이 원칙이다. 그러나 부모가 어떤

12. 미성년자가 친권자의 동의 없이 다른 사람의 대리인이 되는 경우 그 대리행위는 취소할 수 있다. [12]

13. 제한능력자는 자신의 행위를 자유롭게 추인할 수 있다. [13]

14. 미성년자 상대방의 확답촉구권은 미성년자가 성년이 되기 전에는 법정대리인에게만 할 수 있다. [14]

15. 부재자에 대해 법원의 실종선고가 내려진 경우 실종기간이 만료한 시점에 사망한 것으로 추정한다. [15]

16. 부재자에 대해 법원의 실종선고가 내려진 경우 법원의 선고 시점에 사망한 것으로 간주한다. [16]

17. 17세 A는 자신이 가진 자전거를 자전거 가게에 가서 20만 원에 팔았다. A는 자전거 판 돈 20만 원 중 15만 원을 가지고 친구들과 흥청망청 유흥비로 썼다. 다음날 A는 자전거 판 것을 후회하고 자전거 가게에 가서 자전거 매매계약을 취소하고 자전거를 돌려 달라고 했다. 그러자 자전거 가게 주인은 20만 원을 돌려 달라고 했고, A는 사용하고 남은 5만 원만 반환하면 자전거를 돌려받을 수 있다. [17]

이유로 없거나 친권자로 부적절한 경우에는 법원의 결정으로 법정대리인이 선임되는데 이를 '후견인'이라 한다.

12) X : 대리행위는 완전히 유효하다(제117조).

13) X : 추인권은 취소권 포기의 효과가 있다. 취소권행사는 제한능력자 보호를 위한 것이므로 제한능력자가 단독으로 행사할 수 있지만, 이러한 취소권을 포기하는 것은 제한능력자를 위험에 빠지게 할 수 있다. 따라서 제한능력자는 단독으로 추인할 수 없고, 다만 제한능력자가 취소원인을 벗은 경우(능력자가 된 경우)에는 법정대리인의 개념이 없어지고 단독으로 추인할 수 있다.

14) O : 추인의 효과가 발생할 수 있기 때문에 제한능력자 보호를 위해 제한능력자에 대한 최고는 능력자가 된 이후에 하도록 규정되어 있다.

15) X : '추정'이 아니라 '간주'한다. 추정은 반대증거로 번복되지만 간주는 법적으로 단정(의제)해 처리해 버리므로 번복하려면 일정한 절차에 따라 법적효과를 제거해야 한다.

16) X : 사망간주 시점은 실종기간 만료 시이다. 실종기간이 다 차는 시점에 사망한 것으로 보아 재산과 신분적 법률효과를 정리한다.

17) O : A는 미성년자로서 자전거매매 계약을 취소할 수 있다. 이렇게 취소되면 계약은 무효가 되어 서로 받은 것이 있다면 부당이득으로 상대방에게 반환해야 한다. 이때, 미성년자의 반환범위에 특칙이 있다. 미성년자는 제한능력자이므로 그 취소로 부당이득을 반환하는 경우에는 '현존이익'만 반환하면 된다. 쓰고 남은 돈만 반환하면 된다는 것이다. 미성년자에 대한 강력한 특혜이다. 이러한 손실을 피하려면 거래 상대방이 제한능력자인지 확인할 필요가 있고, 그래서 국가는 제한능력자를 획일적 기준으로 정해 공시하고 있다.

참고로, 만약 A가 유흥비로 사용하지 않고 '생활비'로 사용했다면 얼마를 반환해야 하나? 이 경우에는 20만 원 전액을 반환해야 한다. '현존이익'이란 소비해 사용하고 남은 경우를 말하는데, 유흥비는 소비해 사라진 돈이 맞지만 생활비는 생활비로 사용 했어야 할 다른 돈이 절약된 것으로 보기 때문에 현존이익이 남은 것으로 본다.

[테마 3-2]   법인

I. 법인의 종류

법인은 민법의 세상에서 법이 인위적으로 만들어 낸 사람이다[1]. 법이 법인의 머리와 팔다리, 내장기관까지 만들고[2] 또 사망에 해당하는 청산절차까지 상세히 규정해야 한다[3].

따라서 법인에 대한 규정은 매우 방대하다(제31조~제97조). 이렇게 각 규정에 따른 설립절차를 거친 후 법인등기를 하면 법인이 탄생한다. '법인등기'는 사람으로 비유하면 '출생'과 같은 것이다. 법인의 실체가 있더라도 '법인등기'를 하지 않으면 출생하지 않은 것이므로 민법상 '사람'이 아니다[4]. 사단법인의 실체가 있으나 등기만 하지 않은 형태가 있다. 이를 '비법인사단' 또는 '권리능력 없는 사단'이라 하는데 마치 자연인의 태아와 같은 지위이다. 이에 대해서는 별도로 설명한다.

---

1) 제31조(법인성립의 준칙) 법인은 법률의 규정에 의함이 아니면 성립하지 못한다.
2) 제57조(이사) 법인은 이사를 두어야 한다.
   제58조(이사의 사무집행) ① 이사는 법인의 사무를 집행한다. ② 이사가 수인인 경우에는 정관에 다른 규정이 없으면 법인의 사무집행은 이사의 과반수로써 결정한다.
   제59조(이사의 대표권) ① 이사는 법인의 사무에 관하여 각자 법인을 대표한다. 그러나 정관에 규정한 취지에 위반할 수 없고 특히 사단법인은 총회의 의결에 의하여야 한다. ② 법인의 대표에 관하여는 대리에 관한 규정을 준용한다.
   제60조(이사의 대표권에 대한 제한의 대항요건) 이사의 대표권에 대한 제한은 등기하지 아니하면 제3자에게 대항하지 못한다.
   제61조(이사의 주의의무) 이사는 선량한 관리자의 주의로 그 직무를 행하여야 한다.
   제62조(이사의 대리인 선임) 이사는 정관 또는 총회의 결의로 금지하지 아니한 사항에 한하여 타인으로 하여금 특정한 행위를 대리하게 할 수 있다(포괄위임 금지).
   제63조(임시이사의 선임) 이사가 없거나 결원이 있는 경우에 이로 인하여 손해가 생길 염려 있는 때에는 법원은 이해관계인이나 검사의 청구에 의하여 임시이사를 선임하여야 한다.
   제64조(특별대리인의 선임) 법인과 이사의 이익이 상반하는 사항에 관하여는 이사는 대표권이 없다. 이 경우에는 전조의 규정에 의하여 특별대리인을 선임하여야 한다.
   제66조(감사) 법인은 정관 또는 총회의 결의로 감사를 둘 수 있다.
3) 제77조(해산사유) ① 법인은 존립기간의 만료, 법인의 목적의 달성 또는 달성의 불능 기타 정관에 정한 해산사유의 발생, 파산 또는 설립허가의 취소로 해산한다. ② 사단법인은 사원이 없게 되거나 총회의 결의로도 해산한다.
4) 제33조(법인설립의 등기) 법인은 그 주된 사무소의 소재지에서 설립등기를 함으로써 성립한다.
   제34조(법인의 권리능력) 법인은 법률의 규정에 좇아 정관으로 정한 목적의 범위내에서 권리와 의무의 주체가 된다.

공인노무사 테마민법

자연인에 남자와 여자가 있다면, 법인에는 사단법인과 재단법인이 있다. 사단법인은 법인의 구성이 자연인(사람의 단체)인 경우를 말한다. 재단법인은 법인의 구성이 재산(재산의 집단)인 경우를 말한다[5].

사단법인이 영리성을 가지면 '회사(영리사단법인)'라고 하는데 회사는 민법이 아닌 상법의 적용을 받는다(자연인도 상인인 경우에는 민법이 아닌 상법을 적용받는다. 상법은 민법의 특별법이다.)[6]. 법인이 영리성을 가진다는 말은 법인의 수익을 구성원이 나누어 가진다는 의미이지 법인 자체가 영리활동을 한다는 의미가 아니다. 즉, 법인이 영리활동을 하더라도 그 수익을 구성원에게 배당하지 않으면 비영리법인이다. 이러한 의미에서 구성원이 없이 재산이 권리주체인 재단법인은 반드시 비영리법인이다. 영리활동을 하더라도 그 수익을 배당할 구성원이 존재하지 않기 때문이다. 여기서 구성원이란 법인이 계약상 사용하는 직원을 이야기 하는 것이 아니다. 주주 등 법인을 구성하는 구성요소를 말한다.

II. 법인의 능력

위와 같은 권리능력, 의사능력, 행위능력은 자연인에 관하여 그 구별에 의미가 있다. 생명체인 자연인은 출생에서부터 사망에 이르기까지 생물학적인 성장을 하고 질병이 들기도 하고, 교육을 받기도 하고, 불의의 사고를 당하기도 하는 등 많은 변수 속에 살아가기 때문에, 통일된 법적 지위를 인정할 수가 없는 것이다.

---

5) 제43조(재단법인의 정관) 재단법인의 설립자는 일정한 재산을 출연하고 제40조 제1호 내지 제5호의 사항을 기재한 정관을 작성하여 기명날인하여야 한다.
제47조(증여, 유증에 관한 규정의 준용) ① 생전처분으로 재단법인을 설립하는 때에는 증여에 관한 규정을 준용한다. ② 유언으로 재단법인을 설립하는 때에는 유증에 관한 규정을 준용한다.
제48조(출연재산의 귀속시기) ① 생전처분으로 재단법인을 설립하는 때에는 출연재산은 법인이 성립된 때로부터 법인의 재산이 된다. ② 유언으로 재단법인을 설립하는 때에는 출연재산은 유언의 효력이 발생한 때로부터 법인에 귀속한 것으로 본다.
6) 제32조(비영리법인의 설립과 허가) 학술, 종교, 자선, 기예, 사교 기타 영리 아닌 사업을 목적으로 하는 사단 또는 재단은 주무관청의 허가를 얻어 이를 법인으로 할 수 있다.
제39조(영리법인) ① 영리를 목적으로 하는 사단은 상사회사설립의 조건에 좇아 이를 법인으로 할 수 있다. ② 전항의 사단법인에는 모두 상사회사에 관한 규정을 준용한다.

그런데, 법인의 경우 사정이 다르다.

법인은 법이 만든 인공사람(人)이다. 따라서, 성장이라는 단계를 거치지 않고 탄생 즉시 성장은 완성한다. 술을 먹지도 않고 잠을 자지도 않으며 학교에 다니지 않아도 된다. 즉, 법인은 탄생 즉시 모든 능력을 동등한 수준으로 갖게 된다[7].

법인의 권리능력 = 의사능력 = 행위능력 = 책임능력

결국 법인은 등기함으로써 권리능력을 취득하고 해산함으로써 권리능력을 상실한다. 마치 자연인이 출생과 사망 사이에 권리능력을 갖는 것과 같다.

사람의 출생과 관련해 아직 태아인 상태에서의 권리능력이 문제가 되듯이, 법인에서는 아직 등기하지 않은 '비법인사단' 상태의 권리능력이 쟁점이 된다.

사람이 사망과 관련해 실종선고나 동시사망 추정 등의 쟁점이 있듯이, 아직 등기는 있으나 청산과정이 완료되지 않은 법인의 권리능력도 쟁점이 된다.

III. 비법인사단

법인등기를 하지 않았지만 법인에 준하는 조직체계(대표자, 의결기관, 집행기관, 소유재산의 존재)를 갖추고 법률행위를 하는 경우가 있다. 교회, 종중, 동호회, 재건축조합, 집합건물의 관리단, 기타 등기만 하지 않았을 뿐 독자적 활동이 가능한 정도의 체계를 갖춘 사람의 단체이다. 이를 "비법인 사단" 또는 "권리능력 없는 사단"이라 한다.

비법인 사단은 법인등기를 통해 보장되는 법적 지위를 제외하면 재산을 보유할 수도 있고[8]

---

7) 제34조(법인의 권리능력) **법인은 법률의 규정에 좇아 정관으로 정한 목적의 범위 내에서 권리와 의무의 주체가 된다.**
8) 부동산등기법 제26조(법인 아닌 사단 등의 등기신청) ① 종중(宗中), 문중(門中), 그 밖에 대표자나 관리인이 있는 법인 아닌 사

소송주체도 되는 등[9] 상당한 범위에서 법인에 준하는 권리주체가 된다. 참고로 비법인사단의 소유 관계는 "총유"이다[10]. 총유는 지분의 개념이 없고 사단의 구성원 지위를 얻고 잃는 것에 따라 그 재산에 대한 권리를 갖는 형태이다. 따라서 비법인사단인 교회가 분열되더라도 교회 소속과 무관하게 전체 교인들이 총유적으로 권리를 갖는다. 분열된 교회의 각 교인수가 크든 적든 원래 교회 재산에 대해 모든 교인은 원래 용도로 이용이 가능한 것이다.

비법인사단은 완전한 조직과 기능을 갖추어 실체가 있는 단체를 말한다. 법인등기를 하지 않았다는 점 말고는 완전한 법인과 아무런 차이가 없다. 다만, 법인은 법인등기를 하지 않으면 권리 능력자가 되지 못하므로 이 원칙을 고수하면 엄연히 실체가 있는 단체의 경제 및 법률 활동을 외면해야 하는 문제가 있다. 이에 권리능력의 예외를 두어 법적 규율을 하는 것이다. 법인의 규정 중 등기와 관련된 것 외에는 비법인사단에 그대로 적용 가능하다. 특히 아래 설명하는 법인의 불법행위 능력은 그대로 비법인사단에도 적용된다.

비법인사단과 외형상 유사해 보이는 형태로 '조합'이 있다. 조합은 민법상 전형계약 중 하나 즉 계약의 일종이다[11]. 구성원 사이에 공동사업을 경영하는 목적하에 상호 계약을 체결한 것이다. 이러한 조합은 구성원 상호간의 계약관계에 지나지 않아 대외적으로 단체성을 강하게 갖는 것은 아니다. 따라서 조합에 대해서는 권리능력이 인정되지 않는다는 점에서 비법인사단과 차이가 있다.

단(社團)이나 재단(財團)에 속하는 부동산의 등기에 관하여는 그 사단이나 재단을 등기권리자 또는 등기의무자로 한다. ② 제1항의 등기는 그 사단이나 재단의 명의로 그 대표자나 관리인이 신청한다.

9) 민사소송법 제52조(법인이 아닌 사단 등의 당사자능력) 법인이 아닌 사단이나 재단은 대표자 또는 관리인이 있는 경우에는 그 사단이나 재단의 이름으로 당사자가 될 수 있다.

10) 제275조(물건의 총유) ① 법인이 아닌 사단의 사원이 집합체로서 물건을 소유할 때에는 총유로 한다. ② 총유에 관하여는 사단의 정관 기타 계약에 의하는 외에 다음 2조의 규정에 의한다.
제276조(총유물의 관리, 처분과 사용, 수익) ① 총유물의 관리 및 처분은 사원총회의 결의에 의한다. ② 각 사원은 정관 기타의 규약에 좇아 총유물을 사용, 수익할 수 있다.
제277조(총유물에 관한 권리의무의 득상) 총유물에 관한 사원의 권리의무는 사원의 지위를 취득상실 함으로써 취득상실 된다.

11) 제703조(조합의 의의) ① 조합은 2인 이상이 상호출자 하여 공동사업을 경영할 것을 약정함으로써 그 효력이 생긴다. ② 전항의 출자는 금전 기타 재산 또는 노무로 할 수 있다.

IV. 청산법인

1. 법인 해산

법으로 만든 사람인 법인을 법적으로 소멸시키는 것을 해산이라 한다[12]. 법인이 해산하면 법인을 구성하던 사람과 재산의 처리문제가 남는다. 이를 '청산'이라 한다. 따라서 원래 법인은 그 존재목적을 잃지만 청산절차를 진행하기 위한 범위에서는 업무를 진행할 수 있는 지위를 줄 필요가 있다.

청산절차는 ① 법인 해산등기와 신고 → ② 현존사무의 종결 → ③ 채권의 추심 → ④ 채무의 변제 → ⑤ 잔여재산의 인도 또는 파산 신청 → ⑥ 청산종결의 등기와 신고 순서로 이루어진다.

2. 청산법인

법인이 해산한 후 청산을 위해 존속하는 법인의 상태를 청산법인이라 한다. 파산으로 해산하는 경우를 제외하고는 이사가 청산인이 된다[13]. 파산으로 해산하는 경우에는 '채무자 회생 및 파산에 관한 법률'이 정하는 절차에 따르고 그 외에는 민법을 따른다. 청산인의 권한은 해산 법인의 후속조치를 위한 범위에 국한된다[14].

청산이 종결되면 청산종결등기를 한다[15]. 그런데 청산종결등기를 한 후에도 청산사무가 아직 남아 있는 경우가 문제 되는데, 해산법인은 청산의 목적 범위 내에서 권리의무가 있으므로 청산

---

12) 제77조(해산사유) ① 법인은 존립기간의 만료, 법인의 목적의 달성 또는 달성의 불능 기타 정관에 정한 해산사유의 발생, 파산 또는 설립허가의 취소로 해산한다. ② 사단법인은 사원이 없게 되거나 총회의 결의로도 해산한다.
13) 제82조(청산인) 법인이 해산한 때에는 파산의 경우를 제하고는 이사가 청산인이 된다. 그러나 정관 또는 총회의 결의로 달리 정한 바가 있으면 그에 의한다.
14) 제87조(청산인의 직무) ① 청산인의 직무는 다음과 같다.
1. 현존사무의 종결 2. 채권의 추심 및 채무의 변제 3. 잔여재산의 인도
② 청산인은 전항의 직무를 행하기 위하여 필요한 모든 행위를 할 수 있다.
15) 제94조(청산종결의 등기와 신고) 청산이 종결한 때에는 청산인은 3주간 내에 이를 등기하고 주무관청에 신고하여야 한다.

공인노무사 테마민법

종결등기를 했다 하더라도 아직 청산사무가 남아 있다면 이를 처리하기 위한 범위에서 법인은 권리능력이 있다[16]. 소송에서의 당사자 능력과 청산인의 의무도 존속한다.

V. 법인의 불법행위능력

1. 개요

법으로 만든 사람, 즉 법인이 자연인처럼 불법행위를 할 수 있을까? 물리적으로는 불가능하겠지만 그렇다고 이를 인정하지 않으면 법인으로 인해 불측의 손해를 입은 다른 권리주체를 어떻게 보호할 것인지(누구에 대한 어떤 권리를 부여할 것인지) 문제될 수 있다. 따라서 이에 대한 논쟁이 있을 수 있지만 우리 민법은 이에 대해 별도의 규정을 두어 해결하고 있다[17]. 법인 자체가 불법행위를 한다기보다 법인의 기관이 불법행위를 한 경우 법인에게도 책임을 지도록 정리한 것이다. 법인이 기관을 통해 한 행위로 인해 피해를 입은 사람은 그 행위자인 기관뿐 아니라 법인에게도 권리를 가질 수 있는 일정한 요건을 규정하였다.

2. 요건

가. 대표기관의 행위일 것

이사, 임시이사, 특별대리인, 청산인, 직무대행자의 행위라야 한다. 감사나 사원총회는 기관이 아니므로 사용자책임이 적용된다. 임의대리인도 대표기관이 아니므로 그 행위가 법인의 불법행위가 되는 것이 아니라 사용자책임만 문제된다.

---

16) 제81조(청산법인) 해산한 법인은 청산의 목적 범위 내에서만 권리가 있고 의무를 부담한다.
17) 제35조(법인의 불법행위능력) ① 법인은 이사 기타 대표자가 그 직무에 관하여 타인에게 가한 손해를 배상할 책임이 있다. 이사 기타 대표자는 이로 인하여 자기의 손해배상책임을 면하지 못한다. ② 법인의 목적 범위외의 행위로 인하여 타인에게 손해를 가한 때에는 그 사항의 의결에 찬성하거나 그 의결을 집행한 사원, 이사 및 기타 대표자가 연대하여 배상 하여야 한다.

나. 직무관련성

기관의 행위가 업무관련성이 있는 경우라야 법인의 책임을 물을 수 있다. 외형상 기관의 직무수행행위라고 볼 수 있는 행위 및 직무행위와 사회관념상 견련성을 가지는 행위를 포함한다. 이른바 '외형이론'이라 하여 대표자 개인의 사리도모를 위한 것이거나 법률의 규정에 위배된 것이라도 모두 직무에 관한 행위에 포함된다고 하여 넓게 해석하는 것이 판례의 입장이다.

다. 불법행위

기관의 행위가 일반불법행위(제750조)[18]의 요건을 갖추어야 한다. 제35조 제1항은 제750조의 특별규정이다.

라. 상대방의 선의 무중과실

이는 규정에는 없으나 판례가 요구하는 요건으로서 상대방을 보호하고자 하는 취지상 더 이상 보호가치가 없는 경우에는 그 직무관련성을 부정함이 타당하다.

4. 기관 개인의 책임

가. 법인의 불법행위가 성립하는 경우

기관도 자기의 손해배상책임을 면하지 않고 법인과 부진정연대채무[19] 관계가 된다. 따라서 법인이 배상한 경우 선관주의 위반을 이유로 기관에 대한 구상권 행사가 가능하다[20].

---

18) 제750조(불법행위의 내용) 고의 또는 과실로 인한 위법행위로 타인에게 손해를 가한 자는 그 손해를 배상할 책임이 있다.
19) 수인의 채무자가 동일한 내용의 급부에 대해 각자 독립하여 급부 전부를 이행할 의무를 부담하고, 어느 1인이나 수인이 급부 전부를 이행하면 모든 채무자의 채무가 소멸하는 다수 당사자 채권관계로서 민법상 연대채무에 속하지 않는 것을 말한다.
20) 제65조(이사의 임무해태) 이사가 그 임무를 해태한 때에는 그 이사는 법인에 대하여 연대하여 손해배상의 책임이 있다.

나. 법인의 불법행위가 성립하지 않는 경우

대표기관만이 일반원칙에 따라 책임을 진다. 민법은 의결에 찬성한 사원과 이사, 그리고 집행한 이사 기타의 대표기관은 연대하여 배상책임을 지는 것으로 규정하였다(제35조 제2항).

1. 민법과 권리

2. 법률행위

3. 채권총론

4. 채권각론

5. 수험조언

[테마 3-2] 연습문제(O, X)

1. 법인은 권리능력, 의사능력, 행위능력, 책임능력이 모두 동일하다. [1]
2. 재단법인은 절대 영리법인이 될 수 없다. [2]
3. 이사의 대표권에 대한 제한은 등기하지 않으면 제3자에게 대항하지 못한다는 규정(제60조)은 비법인사단에도 유추적용 한다. [3]
4. 비법인 사단의 이사는 자신의 대표권 행사를 포괄적으로 수행할 대리인을 선임할 수 있다. [4]
5. 법인의 불법행위책임에 관한 민법 제35조 제1항은 비법인사단에도 적용된다. [5]
6. 청산종결등기가 행해졌더라도 청산사무가 아직 남아 있다면 그 범위에서 법인의 권리능력은 존속한다. [6]
7. 법인의 불법행위가 성립하는 경우 기관은 배상책임을 면한다. [7]
8. 법인의 불법행위가 성립하기 위해서는 상대방에게 중과실이 없어야 한다. [8]

---

1) O : 자연인과 달리 생물학적 성장과 상태가 없기 때문에 모든 능력이 동일하다.
2) O : '영리'성을 가진다는 것은 법인의 이익을 구성원이 나눠 갖는 것(배당)을 말한다. 재단법인의 구성은 사람이 아니라 재산 자체이므로 법인의 이익을 나눠 가질 구성원이 없으므로 태생적으로 영리성을 가질 수 없다. 법인이 채용해 사용하는 직원과 구성원의 개념을 혼동하지 말아야 한다. 직원에게 급여를 주는 것은 법인의 활동의 일환이지 이익배당이 아니다.
3) X : 법인에 대한 규정 중 '등기'에 관련된 규정은 비법인사단에 적용될 수 없다. 비법인사단은 등기하지 않은 사단법인을 말하기 때문이다.
4) X : 포괄위임은 금지되고 특정한 행위에 대해서만 위임이 가능하다(민법 제62조 유추적용).
5) O
6) O
7) X : 법인과 부진정연대채무 관계가 된다.
8) O : 법인의 불법행위 책임은 법인과 거래한 상대방 보호를 위한 제도이므로, 상대가 보호가치가 없는 경우(중과실)까지 적용하는 것은 형평에 어긋난다.

공인노무사 테마민법

권리 대상으로 삼는 것을 권리객체라 한다. 예를 들어, 소유권이라는 물권은 물건(부동산, 동산)을 객체로 한다. 저당권은 부동산을 객체로 하고 질권은 동산을 대상으로 함이 원칙이지만 다른 권리를 권리 대상으로 삼을 수도 있다. 채권의 객체는 급부라고 하여 사람의 행위를 대상으로 한다. 정리하자면 권리의 객체는 크게 물건, 급부, 권리가 된다.

I. 물건

1. 물건의 정의

물건은 "유체물 및 전기 기타 관리할 수 있는 자연력"을 말한다[1]. 유체물의 반대말은 무체물로서 모양과 형태가 없어 만지지 못하는 것은 물건이 아니다. 다만, 무체물 중에서 전기 등 관리할 수 있는 자연력은 법률관계에 있어 일정한 가치가 있고 관리의 필요성이 있으므로 예외적으로 물건으로 인정한다.

물건은 독립성이 있어야 한다. 물건에 대한 직접적이고 배타적이고 절대적인 지배권인 물권은 그 특성상 하나의 물건에 하나만 있어야 하므로(하나의 물건에 두 지배자가 있을 수 없다 - 일물일권주의) 그 독립성이 희미하면 곤란하다. 따라서, 물건의 독립성은 곧 물권의 성립에 결정적 영향을 미친다. 그러나, 물건의 일부분에도 경제적 필요성이 있고 그 구분을 명확히 할 수 있는 방법이 있다면 물권의 성립도 가능하다. 예를 들면, 부동산의 일부에 대한 전세권(기타 용익물권)이 가능하고, 나무에 달린 열매나 산에 자라는 수목의 집단은 명인방법이라는 관습 또는 특별법에 의해 별도의 권리의 객체가 될 수 있다.

---

1) 제98조(물건의 정의) 본법에서 물건이라 함은 유체물 및 전기 기타 관리할 수 있는 자연력을 말한다.

1. 민법과 권리   2. 법률행위   3. 채권총론   4. 채권각론   5. 수험조언

물건의 집합(집합물)도 마찬가지로 하나의 권리객체로 삼을 수 있다. 대표적인 것이 공장저당법에 따른 공장저당권이다. 공장을 이루는 토지나 건물, 기계 등 여러 물건의 집합체를 마치 하나의 물건처럼 간주하여 저당권을 설정할 수 있게 한 것이다.

2. 물건의 종류

물건에는 부동산과 동산이 있다[2].

누군가 당신에게,
"물건이 무엇입니까?"라고 물어본다면,
"동산과 부동산을 말합니다."라고 대답하면 된다.
"그러면 '동산'은 무엇입니까?"라고 물어본다면,
"물건에서 부동산을 제외하면 모두 동산입니다."라고 대답하면 된다.
"그렇다면, '부동산'은 무엇입니까?"라고 물어본다면,
"토지 및 그 정착물입니다."라고 대답하면 된다.

부동산은 주로 가치가 크면서도 이동성이 적어 공시(등기부에 등기)하기가 쉽다는 장점 때문에 동산과 관리 방법을 달리 한다. 다만, 동산 중에서도 가치가 크고 이동성이 적은 경우(선박, 자동차 등) 부동산과 유사하게 관리(공적장부에 등록)하는 경우가 있다.

토지와 그 정착물은 하나의 '부동산'이다. 토지에 나무가 있고 그 나무에 나뭇잎이 붙어 있다면 그 나무와 나뭇잎은 별개의 물건이 아니라 토지의 연속인 부동산이다.

다만, 정착물이라 하더라도 토지에 부합하지 않고 별개의 독립적 물건이 되는 예외들이 있다. 농작물, 건물, 명인방법 갖춘 과실 등이다.

---

2) 제99조(부동산, 동산) ① 토지 및 그 정착물은 부동산이다. ② 부동산 이외의 물건은 동산이다.

3. 부동산의 개수

가. 토지

토지를 독립성을 갖춘 물건으로 판단해 한 개, 두 개 이렇게 세려고 하면 부자연스러운 점이 있다. 땅은 국경을 초월해 연결되기도 하고 섬처럼 고립되어 있기도 하다. 어쩌면, 토지라는 것은 인간이 있기도 전에 이미 있던 것으로서 인간이 권리의 객체로 삼겠다는 생각 자체가 무리한 것인지도 모르겠다. 신의 영역에 인간이 깃대를 꽂으려는 시도일지도 모른다. 그래서 부자연스러운 것일 수 있다.

아무튼, 인간은 토지를 소유하고 싶다. 그렇다면 토지를 관리하기 위한 별도의 아이디어를 생각해야 한다. 토지의 개수를 합리적이고 타당하게 셀 수 있는 방법을 고안해야 한다.

결국, 인간이 생각해 낸 방법은 다음과 같다.

광활한 토지에 가상의 선을 긋는다. 남북으로 긋고, 동서로 긋는다. 이렇게 하면 바둑판 모양의 격자가 생긴다. 이러한 격자 하나하나를 한 개의 물건으로 보는 것이다. 이렇게 가상의 선으로 잘라낸 각 토지를 "필지(筆地)"라고 하며 각 독립된 물건으로 본다. 또한 각 필지를 구별하기 위해 고유의 번호(지번, 地番)를 부여한다. 즉, 각 필지는 독립된 권리의 객체가 되며 지번으로 구별한다. 번지수 하나가 한 개의 토지를 지칭하는 것이다.

나. 정착물

토지의 정착물은 토지의 연속이지 별개의 물건이 아니다[3]. 나뭇잎이나 과일도 분리되기 전에는 토지의 정착물일 뿐이며, 독립적으로 아무런 가치도 갖지 않는다. 분리되는 순간 동산이 되어 별개의 물건이 되고 그 권리자가 누군지 비로소 따진다. 나뭇잎이 떨어지는 순간을 시적으로

---

3) 제256조(부동산에의 부합) 부동산의 소유자는 그 부동산에 부합한 물건의 소유권을 취득한다. 그러나 타인의 권원에 의하여 부속된 것은 그러하지 아니하다.

표현하면 다음과 같다.

"아, 부동산이 동산으로 변하는구나."

이처럼, 토지 정착물은 별개의 물건이 될 수 없다는 원칙에 대해 일정한 예외가 있다.

1) 건물

건물은 토지에 정착되어 있지만 별개의 물건으로 보는 대표적인 예외이다. 건물은 완벽한 모습은 아니더라도 기둥과 지붕과 주벽 정도만 있으면 독립된 물건이 되며 건축주가 원시적으로 소유권을 취득한다. 건축 수급인이(공사업자) 자신의 노력과 비용으로 건물을 신축한 경우에는 수급인이 원시적으로 소유권을 취득한다는 점은 주의한다.

건물의 일부분에 대해서도 구조상·이용상 독립된 소유권이 성립하는 경우가 있는데 이를 "구분소유권"이라고 한다. 대표적인 예가 아파트이다. 1동의 아파트가 하나의 건물이며 하나의 권리객체가 되지만, 그 부분을 '호'라는 단위로 나누어 독립된 객체로 다루고 있다.

2) 수목

남의 토지에 수목을 심으면 그 수목은 토지에 부합하여 토지소유자의 소유가 된다. 토지와 별개 소유가 아니라 토지에 결합해 버리기 때문에 심은 사람에게 별도의 권리가 인정되지 않는다. 다만, 타인 소유 토지에 대한 사용권(일정한 계약에 의해)이 있는 자는 자신이 심은 나무의 소유권을 가진다. 따라서, 토지 소유자도 훼손이나 방해를 하지 못한다.

수목을 권리객체로 삼기 위해서는 일정한 표시(공시)를 해야 하는데, 대표적인 것이 관습적으로 인정되는 명인방법이라는 방법이다. 입목에 새끼줄을 치고 푯말을 세우는 등의 방법을 통칭해 "명인방법"이라고 한다. 이름은 거창하지만 실제로는 매우 토속적인 공시방법이다. 명인방법에 의한 수목의 집단은 소유권의 객체로만 삼을 수 있는데, 입목에 관한 법률에 따라 등기한 입목은 양도나 저당권의 객체로 삼을 수 있다.

3) 분리되지 않은 열매(과실)

분리되면 분리할 당시 권리자에게 귀속된다. 토지 소유자의 권리가 되는 것이 원칙이겠지만 토지임대차 기타 계약관계에서 수목을 심었다면 그 사람이 수취권자가 된다.

분리되지 않은 열매는 토지의 일부이므로 별개 물건이 될 수 없다. 다만 계약이나 기타 방법으로 일정한 표시(명인방법)를 하는 경우 수취하지 않은 상태에서도 별개의 물건으로 간주해 거래 대상으로 삼을 수 있다.

4) 1년생 농작물

1년 주기로 수확하는 농작물에 대해 매우 독특한 판례가 있다. 아무런 권리가 없더라도 남의 토지에 심은 농작물은 항상 경작자의 소유가 된다는 것이다. 이 경우 명인방법도 필요 없다. 1년 주기 농산물이 토지에 미치는 악영향은 적은데 반해, 경작자들이 대부분 사회적 약자라는 점을 고려해 법리를 탈피해 선고한 판례로 보인다. 결국 토지소유자도 이러한 농작물을 함부로 훼손할 수 없게 된다. 오래된 판례라 같은 사안으로 재판이 진행되면 다른 판단이 나올 수도 있겠으나, 아직 유효하고 특이하여 시험에 자주 출제된다.

다. 동산

부동산 이외 물건은 동산이다. 동산 중 금전은 매우 특수한 형태의 동산이다. 동산의 일반적인 규정이 배제되는 경우가 많다. 물권적청구권이 인정될 여지가 없으며 타인의 점유에 들어간 금전은 언제나 채권적 청구의 대상이다. 점유와 소유가 일치한다는 의미이다. 또한 선의취득이나 간접점유가 인정될 여지가 없다.

4. 물건의 취득, 처분, 권리관계

가. 주물과 종물[4]

동일소유자가 물건의 일반적인 용법을 위해 자기 소유의 다른 물건을 부속시키는 경우 그 부속물을 종물이라고 한다. 흔히 드는 예가 노 젓는 배에서 배와 노의 관계이다.

종물은 주물의 효용에 관계되어 있어야 하고, 장소적으로도 밀접한 위치에 있어야 한다.

종물은 별개의 독립된 물건이다. 즉, 종물이 주물의 구성 부분이 아니다. 주물과 종물을 논하는 이유이다. 독립되기만 하면 동산인지 부동산인지는 상관없다.

소유자가 동일해야 한다. 주물종물 이론에 의해 제3자의 권리가 침해되면 안 되기 때문이다.

주물종물 관계가 되면 별개의 물건이지만 경제적으로 같이 취급된다. 즉, 주물을 처분하는 경우 종물에 대한 별도의 합의 없이도 종물도 처분된다는 특징이 있는 것이다(제100조 제2항). 처분이란 물권적 채권적 처분을 포함하여 운명을 같이하는 모든 경우를 말한다. 배에 대해서만 계약을 체결해도 노가 당연히 매매대상에 포함된다는 개념이다. 같은 원리로 주물에 저당권이 설정된 경우 종물에도 저당권의 효력이 미친다[5]. 저당권 설정 후의 종물에도 당연히 저당권의 효력이 미친다. 임의규정이므로 다른 합의가 가능하다.

---

4) 제100조(주물, 종물) ① 물건의 소유자가 그 물건의 상용에 공하기 위하여 자기소유인 다른 물건을 이에 부속하게 한 때에는 그 부속물은 종물이다. ② 종물은 주물의 처분에 따른다.
5) 제358조(저당권의 효력의 범위) 저당권의 효력은 저당부동산에 부합된 물건과 종물에 미친다. 그러나 법률에 특별한 규정 또는 설정행위에 다른 약정이 있으면 그러하지 아니하다.

유사한 법리로 권리 상호 간에도 이 같은 원리가 적용된다[6]. 예를 들면, 건물의 소유권을 취득하면 그 건물을 위한 지상권도 당연히 취득하는 경우이다[7]. 현대에 와서 주물종물 이론은 물건 자체보다는 권리 사이에서 더 의미가 크다.

나. 원물과 과실[8]

물건으로부터 생기는 경제적 수익을 과실(열매, 果實)이라고 하며, 이러한 과실을 생기게 하는 물건을 원물(元物)이라고 한다. 과실은 천연과실과 법정과실로 나뉜다.

1) 천연과실

'물건'의 용법에 따른 산출물로서 별도의 물건을 말한다. 나무의 열매, 젖소에서 나오는 우유 등이 예이다. 소유권과 관련해서는 분리할 당시 수취권자가 취득한다[9]. 수취권자로서는 소유자가 일반이지만[10], 소유권자와의 계약관계상 소유자에 우선하는 과실수취권자가 존재할 수 있다(선의점유자[11], 유치권자[12], 저당권자[13], 매도인[14] 등). 미분리 천연과실도 명인방법을 갖추면

---

6) "저당권의 효력이 저당부동산에 부합된 물건과 종물에 미친다는 민법 제358조 본문을 유추하여 보면, 건물에 대한 저당권의 효력은 그 건물에 종된 권리인 건물의 소유를 목적으로 하는 지상권에도 미치므로, 건물에 대한 저당권이 실행되어 경락인이 그 건물의 소유권을 취득하였다면 경락 후 건물을 철거한다는 등의 매각조건에서 경매 되었다는 등 특별한 사정이 없는 한, 경락인은 건물소유를 위한 지상권도 민법 제187조에 따라 등기 없이 당연히 취득하게 되고, 한편 이 경우에 경락인이 건물을 제3자에게 양도한 때에는 특별한 사정이 없는 한 민법 제100조 제2항의 유추적용에 의하여 건물과 함께 종된 권리인 지상권도 양도하기로 한 것으로 봄이 상당하다."[95다52864]

7) "신뢰관계를 파괴할 정도에 이르지 않는 특별한 사정이 존재하는 경우에는 건물을 목적으로 한 저당권의 실행에 의해 건물 소유권에 대한 종된 권리인 토지임차권을 취득한 경락인은 임대인의 동의가 없다 하더라도 그 토지임차권으로써 임대인에게 대항할 수 있다."[92다24950]

8) 제101조(천연과실, 법정과실) ① 물건의 용법에 의하여 수취하는 산출물은 천연과실이다. ② 물건의 사용대가로 받는 금전 기타의 물건은 법정과실로 한다.

9) 제102조(과실의 취득) ① 천연과실은 그 원물로부터 분리하는 때에 이를 수취할 권리자에게 속한다.

10) 제211조(소유권의 내용) 소유자는 법률의 범위 내에서 그 소유물을 사용, 수익, 처분할 권리가 있다.

11) 제201조(점유자와 과실) ① 선의의 점유자는 점유물의 과실을 취득한다.

12) 제323조(과실수취권) ① 유치권자는 유치물의 과실을 수취하여 다른 채권보다 먼저 그 채권의 변제에 충당할 수 있다. 그러나 과실이 금전이 아닌 때에는 경매하여야 한다. ② 과실은 먼저 채권의 이자에 충당하고 그 잉여가 있으면 원본에 충당한다.

13) 제359조(과실에 대한 효력) 저당권의 효력은 저당부동산에 대한 압류가 있은 후에 저당권설정자가 그 부동산으로부터 수취한 과실 또는 수취할 수 있는 과실에 미친다. 그러나 저당권자가 그 부동산에 대한 소유권, 지상권 또는 전세권을 취득한 제3자에 대하여는 압류한 사실을 통지한 후가 아니면 이로써 대항하지 못한다.

14) 제587조(과실의 귀속, 대금의 이자) 매매계약이 된 후에도 인도하지 아니한 목적물로부터 생긴 과실은 매도인에게 속한다. 매

타인의 물권이 성립할 수 있다.

2) 법정과실

'물건'의 사용대가로 받은 물건을 말한다. 부동산 임대료, 돈의 이자와 같은 것을 말한다. 노동의 대가(급여)나 권리사용의 대가(사용료)는 법정과실이 아니다. 소유와 관련해서는 존속기간의 일수의 비율로 취득한다[15]. 예를 들어 한 달 임대료가 30만 원이면 10일 사용대가는 10만 원이 되는 것이다.

II. 급부

1. 물건의 지배형태

물건의 소유자를 생각해 보자. 물건을 소유한 사람은 그 누구의 간섭 없이 자신의 물건을 직접적으로 사용하고, 이익을 얻으며, 처분할 수 있다. 나아가 이러한 권리는 자신을 제외한 이 세상 모두에게 주장할 수 있는 절대적 권리이다. 반면, 물건의 소유자가 아닌 사람이 다른 사람이 소유하고 있는 물건을 사용하기 위해서는 그 사람의 협조가 있어야 하며 때로는 그 허락에 대해 일정한 대가를 지불해야 한다.

앞의 형태를 물건에 대한 직접적 지배라고 하고, 뒤의 형태를 간접적 지배라고 한다. 간접적 지배의 핵심은 직접적 지배자의 협력행위가 필요하다는 점이다. 따라서 간접적 지배는 직접적 지배자에 대한 '요청' 또는 '청구'의 형태로 이루어진다.

수인은 목적물의 인도를 받은 날로부터 대금의 이자를 지급하여야 한다. 그러나 대금의 지급에 대하여 기한이 있는 때에는 그러하지 아니하다.
15) 제102조(과실의 취득) ② 법정과실은 수취할 권리의 존속기간일수의 비율로 취득한다.

공인노무사 테마민법

자기 물건에 대한 직접적 지배의 대표적 형태는 '소유'이며, 남의 물건에 대한 간접적지배의 대표적인 것이 '임대차'이다. 소유권은 지배권적 성격을 가지고 있고, 임차권은 청구권적 성격을 가지고 있다. 소유권은 물권이며 임차권은 채권이다. 결국, 물건을 직접 지배하는지 간접적인 배려를 통해 이용하는지는 물권과 채권에 대한 이해와 연결되어 있다.

2. '급부'에 대한 이해

물권의 객체는 물건 그 자체이다. 물건 그 자체에 대한 직접적 지배권이 곧 물권인 것이다. 반면, 채권의 객체는 '급부'라고 표현한다.

'급부'란 무엇인가?
급부란 "직접적 지배자의 협력행위"를 말한다. 즉, 급부의 본질은 상대방의 '행위'이다. 예를 들어, 금전채권이라는 채권의 객체는 '금전'인가? 아니다. 금전이라는 물건을 객체로 하려면 채권이 아닌 물권(소유권)자가 되어야 한다. 다시 말하지만, 채권의 객체는 행위이다.

그렇다면 금전채권의 객체는 무엇인가? 어떤 행위인가? 금전을 지급하는 행위(급부)이다. 즉, 금전채권자는 금전에 대한 직접적인 권리를 가지고 있지 않고 다만 금전소유자에게 금전을 지급하는 행위(급부)를 해 줄 것을 요구할 수 있을 뿐이다. 그래서 채권을 행위청구권이라고 하는 것이며, 금전소유자라는 특정인에 대해서만 청구할 수 있는 상대적 권리라고 하는 것이다.

결국, 직접적 지배인지 간접적 청구인지만 다를 뿐 권리객체의 중요 쟁점은 '물건'에 대한 이해로 모인다고 할 수 있다. 물론 채권이 물건에 대한 간접적 행위청구만을 내용으로 한다는 의미는 아니다. 물건과 무관한 행위청구권도 존재한다.

III. 권리객체로서 권리

권리가 다른 권리의 객체가 되는 경우가 있다. 대표적인 것이 권리질권이다[16].

권리는 거래의 객체가 될 수도 있다. 계약의 꽃이라 하는 '매매계약'의 객체는 물건이 아니라 '재산권'이다[17]. 권리를 거래의 대상으로 삼거나 권리의 대상으로 삼는 것에 익숙해질 필요가 있다.

---

16) 제345조(권리질권의 목적) 질권은 재산권을 그 목적으로 할 수 있다. 그러나 부동산의 사용, 수익을 목적으로 하는 권리는 그러하지 아니하다.
17) 제563조(매매의 의의) 매매는 당사자 일방이 재산권을 상대방에게 이전할 것을 약정하고 상대방이 그 대금을 지급할 것을 약정함으로써 그 효력이 생긴다.

공인노무사 테마민법

1. 물건 중 토지를 제외한 것이 동산이다.[1]

2. 노동의 대가나 권리 사용의 대가는 법정과실이 아니다.[2]

3. 어떤 할머니가 다른 사람의 토지에 무단으로 고구마를 심은 경우라도 고구마의 소유권은 할머니에게 있으므로 토지소유자가 이를 훼손할 수 없다.[3]

4. 아파트의 전유부분을 처분하면 그에 따른 대지사용권도 당연히 처분된다.[4]

5. 하나의 필지에 여러 개의 지번이 붙을 수 있다.[5]

6. 종물은 주물의 처분에 따르므로 별개의 물건이 아니다.[6]

7. 법정과실은 존속기간 비율로 취득한다.[7]

8. 건물에 대한 저당권의 효력은 건물소유를 위한 지상권에도 당연히 미친다.[8]

9. 사람의 일정한 행위도 권리의 객체로 할 수 있다.[9]

10. 주물과 종물은 소유자가 동일해야 한다.[10]

11. 부동산도 종물이 될 수 있다.[11]

---

1) X : 물건 = 부동산 + 동산. 즉, 동산은 부동산을 제외한 물건이다.
2) O : 법정과실은 '물건'의 사용대가로 받은 '물건'을 말한다. '노동'이나 '권리'는 물건이 아니므로 이에 대한 대가는 법정과실이 아니다.
3) O : 훼손하면 형사상 손괴죄, 민사상 손해배상 책임을 부담한다.
4) O : 주물종물 이론은 권리관계에도 적용된다. 공동주택의 대지사용권은 전유부분의 처분에 따르는 종된 권리이다.
5) X : 하나의 필지에 하나의 지번이 부여된다.
6) X : 별개의 물건이 아니라면 주물, 종물을 논할 필요가 없다. 별개 물건인데도 다른 물건의 처분에 따라가므로 논의의 의미가 있는 것이다.
7) O
8) O : 권리사이에 종물이론이 유추적용 된다.
9) O : 급부
10) O : 그렇지 않으면 타인의 권리를 침해할 수 있기 때문이다.
11) O : 물건이기만 하면 되고 동산과 부동산을 불문한다.

I. 권리변동의 모습

1. 권리발생

가. 절대적 발생(원시취득)

존재하지 않던 권리가 새로 만들어지는 것이며, 권리의 주체 입장에서는 원시취득이 된다. 선점, 습득, 시효취득, 선의취득, 발견, 첨부, 매매에 기한 채권 취득 등이 이에 속한다. 원시취득의 경우 취득 전의 권리에 관한 사유는 취득자의 권리에 영향을 주지 않는다. 당연히 권리가 새로 생기는 것이므로 현재의 권리자 입장에서 그 권리는 아무런 흠이 없는 무결점 순수 상태가 되어야 한다.

이와 관련해 '경매'에 의한 취득이 원시취득인지 승계취득인지에 대해 법리적 다툼이 있었는데 법원은 이에 대해 승계취득임을 확실히 하였다.

나. 상대적 발생(승계취득)

취득 전의 권리에 관한 사유(권리의 흠결이나 제한사항 등)를 포함해 권리가 그대로 승계되는 것을 말하며 다음과 같이 분류할 수 있다.

1) 이전적 승계, 설정적 승계

매매로 소유권을 취득하는 경우 소유권의 이전적 승계취득이 발생하고, 저당권 설정에 의한 저당권 취득의 경우 설정적 승계가 발생한다.

2) 특정승계, 포괄승계

특정물에 대한 매매 등 개개의 취득원인에 따라 개개의 권리가 승계되는 경우를 특정승계라 하고, 상속처럼 하나의 원인으로 다수의 권리가 승계되는 경우를 포괄승계라고 한다.

2. 권리 변경

권리가 동일성을 유지하면서 주체, 내용, 작용에 관하여 변경을 받는 것이다. 주체의 변경은 권리의 승계에 해당한다.

가. 내용의 변경

성질이 변경되는 경우(채권이 손해배상으로 변경)와 수량이 변경되는 경우(제한물권의 변경)가 있다.

나. 작용의 변경

저당권의 순위 변경(2순위에서 1순위로 순위 상승) 등이 있다.

3. 권리 소멸

권리의 발생과 대응하여 절대적 소멸과 상대적 소멸로 구분할 수 있다.
채권이 소멸시효, 변제, 혼동, 포기, 수용, 면제 등으로 소멸하는 것은 절대적 소멸이며, 주체가 변경되어 승계되는 경우 이전 권리자 입장에서는 권리의 상대적 소멸이 된다.

II. 법률요건

1. 개요

법률효과는 자동차로 비유하면 운행과 같다. 자동차에 시동을 걸고 운전을 하여 앞으로 가게 하는 것, 자동차가 원래 목적에 맞게 움직이는 것이 법률효과에 해당한다. 그렇다면 자동차를 앞으로 가게 하는 동력은 무엇인가? 바로 엔진이다. 이 엔진에 해당하는 것을 '법률요건'에 비유할 수 있다. 법률요건이라고 하면 자동차를 운행시킬 정도로 완성된 엔진을 말한다. 아무리 여러 재료를 조합했더라도 자동차를 움직일 동력을 발생시키지 못한다면 엔진이 아니다. 법률요건이 그렇다. 즉시 법률효과를 발생시킬 수 있는 상태의 완제품이 법률요건이다.

자동차를 움직이게 하는 동력으로는 내연기관과 전기자동차 두 가지가 있다. 내연기관에는 휘발유를 사용하는 가솔린엔진과 경유를 사용하는 디젤엔진이 있다. 길에 많은 자동차들이 달리고 있는데, 그 속에는 가솔린과 디젤엔진이 섞여 있는 것이다. 법률요건, 즉 법률효과를 일으키는 동력도 두 종류가 있다.

2. 법률요건의 종류 - 두 가지

가. 접근방법

법률요건은 사람의 정신작용이 들어갔는지 아닌지 여부에 따라 두 가지로 분류된다. 여기서 사람의 정신작용이란 어떤 일정한 의지(의사)를 가지고 이를 외부에 표출(표시)하는 과정 즉, '의사표시'를 말한다.

계약을 예를 들어 보자. '계약'은 '합의'의 법적 표현이다. 법률영역에서는 완전히 동일한 개념으로 보면 되고 이 책에서도 혼용해서 사용할 예정이다. 계약은 당사자가 일정한 목적을 가지고 상대와 합의를 하는 것을 말한다. 주택을 구입한다면 매수인은 주택 구입의 의사표시를 매도인은 매매대금을 목적으로 하는 의사표시를 하는 것이다. 이 둘이 일치하면 계약이 된다. 이 경우 이러한 계약에 이르는 과정은 당사자의 의사표시 즉 사람의 정신작용에 의한 것이다.

이것과 비교할 것이, 교통사고가 있다. 교통사고가 발생하면 가해자와 피해자가 정해지고 피해자는 가해자에게 손해배상청구권이라는 채권을 갖게 된다. 이러한 권리의 발생은 도로에 차를 가지고 나온 모든 사람이 어느 날 만나 합의를 했기 때문이 아니다. 이것은 그냥 우연히 일어난 사건에 해당한다. 이러한 사건을 사람의 의사표시에 맡긴다면 권리 공백이 발생할 수 있어 이에 대한 조치가 필요하다. 법률규정 등이 이를 보충하는 것이다. 이 경우 모르는 사람 사이에서도 당연히 권리가 발생하는데 이는 법률에 그러한 규정이 있기 때문이다.

이와 같이 권리변동을 시키는 법률요건은 사람의 정신작용(의사표시)에 의한 것과 그렇지 않은 것(법률규정) 2가지로 분류된다[1].

나. 법률행위

의사표시가 하나 이상 반드시 포함되어 있고 그 의사표시의 작용으로 법률효과(권리변동=권리의 발생, 변경, 소멸)가 발생하는 경우, 이를 법률행위라 한다. 사람의 의사표시로 권리변동이라는 민법의 법률효과를 발생시킨다는 것은 사람이 법을 만드는 것과 같다. 사람에게 이러한 권능이 주어진 것은 당연한 것이 아니다. 시민혁명을 통해 획득한 역사적 산물이다. 그래서 '법률행위'를 법률요건의 꽃이라고도 한다.

---

[1] 여기서 '법률규정'이라는 용어를 조금 정리하고 넘어가자. 세상의 모든 사건을 미리 법으로 정할 수는 없다. 때로는 관습과 상식(조리)에 따라 해결해야 하는 경우도 있다. 따라서 여기서 법률규정이라 함은 법률행위를 제외한 모든 법률요건을 말한다고 여기면 된다.

법률행위는 하나 이상의 의사표시가 반드시 들어가는 법률요건이다.
의사표시의 수에 따라 다음과 같이 3가지 종류로 나눌 수 있다.

① 의사표시 하나가 들어간 법률행위 : 단독행위
② 의사표시 2개가 합치된 법률행위 : 계약
③ 여러 개의 의사표시가 하나의 법적을 향해 가는 법률행위 : 합동행위

합동행위는 사단법인 설립행위 외에는 없다.
단독행위는 크게 상대방 없는 단독행위와 상대방 있는 단독행위로 나눌 수 있는데, 주로 상대방 있는 단독행위가 많고, 상대방 없는 단독행위는 유언이나 권리포기 등에 국한된다.

- 상대방 없는 단독행위 : 유언(유증), 재단법인 설립행위, 소유권포기
- 상대방 있는 단독행위 : 형성권 행사, 채무면제

단독행위는 일방의 의사표시로 법률효과가 발생하므로 그 예가 많지 않고 중요하게 다루어진다. 특히 형성권과 쟁점이 연결되는 경우가 많다.

법률행위의 대부분은 '계약'이다. 계약은 법률행위의 꽃이다. 근대혁명으로 쟁취한 자유사상을 바탕으로 경제학에 파생된 계약자유의 원칙의 법적 구현이다. 앞으로 법률행위는 이 계약을 전제로 공부할 것이다. 법률요건 중 법률행위의 일반론은 민법총칙에서, 법률행위의 종류 중 계약은 채권법에서 배운다.

다. 법률규정

개별 조문을 통해 배우며 총칙에서 다룰 내용은 없다. 법률행위를 배우면 법률행위가 아닌 법률요건이 법률규정이라는 사실을 자연스럽게 터득하게 된다. 결국 법률규정에 대한 공부는 법

률행위를 정확히 공부해 분별하는 능력을 갖는 것이다.

III. 법률사실

법률요건을 구성하는 개개의 사실을 법률사실이라 한다. 법률요건을 구성하는 부품 또는 재료에 비유할 수 있다. 법률요건은 하나의 사실로 성립될 수도 있고 다수가 합쳐진 것도 있다.

법률행위를 이루는 대표적인 법률사실이 바로 의사표시이다. 법률행위와 의사표시는 마치 달걀과 노른자와 같다.

제1편 민법과 권리

067

1. 사람이 사망하여 권리가 상속되는 것은 법률행위에 의한 권리변동이다. [1]

2. 법원 경매에 의한 부동산취득은 원시취득이다. [2]

3. 부동산 매매에서 매도인이 매수인에게 부동산 소유권을 이전하여 소유권을 상실하는 것은 소유권의 절대적 소멸이다. [3]

4. 부동산 매매에서 매도인이 매수인에게 부동산 소유권을 이전하여 소유권을 상실하는 것은 소유권의 절대적 소멸이다. [4]

5. 권리의 이전적승계는 승계한 사람의 입장에서는 권리의 절대적소멸에 속한다. [5]

6. 의사표시가 2개 있더라도 이들이 권리변동을 발생시키지 못한다면 법률요건이 되지 못한다. [6]

7. 의사표시는 법률행위라는 법률요건의 법률사실이다. [7]

8. 법률요건 중 법률규정은 법률행위를 제외한 모든 법률요건을 말한다. [8]

9. 재단법인 설립행위는 대표적인 합동행위이다. [9]

---

1) X : 법률규정에 의한 권리변동이다. 사망을 인간의 의사에 의한 합의로 할 수는 없다. 사망은 사건이고, 그 사건에 해당하는 법률규정에 따라 법률효과가 발생할 뿐이다. 물론 사망을 전제로 피상속인이 자유의사에 의해 재산을 증여할 수 있다. 이를 '유증'이라 하며 이는 법률행위에 의한 재산 증여이지 법률규정에 의한 상속은 아니다.

2) X : 선순위 용익권 등 승계되는 권리가 있으므로 승계취득이다.

3) X : 주체가 변경될 뿐 권리 자체가 사라진 것은 아니므로 상대적 소멸이 된다. 이에 대응해 매수인이 권리를 취득하는 것은 다른 사람의 권리를 이어 받기 때문에 승계취득이다.

4) X : 주체가 변경될 뿐 권리 자체가 사라진 것은 아니므로 상대적 소멸이 된다. 이에 대응해 매수인이 권리를 취득하는 것은 다른 사람의 권리를 이어 받기 때문에 승계취득이다.

5) X : 상대적소멸이다.

6) O

7) O

8) O

9) X : 대표적인 합동행위는 사단법인 설립행위이다. 재단법인은 증여(계약)나 유증(단독행위)을 통해 설립한다(제47조).

제2편

법률행위

I. 법률요건으로서 법률행위

법률요건이란 법률효과를 발생시키는 필요하고도 충분한 상태를 말한다. 결국, 법률효과인 권리의 발생, 변경, 소멸은 이러한 법률요건을 정확히 검토함으로 파악될 수 있는 것이다. 민법의 궁극적 목적, 즉 법률효과를 발생시키는 법률요건은 크게 두 가지 형태로 분류할 수 있다.

법률효과(권리의 발생, 변경, 소멸)를 법률이 직접 규정하고 있어 그 법률의 규정에 따라 법률효과가 발생하는 경우가 있는가 하면, 사람(권리의 주체, 자연인과 법인)의 의사표시에 따라 법률효과가 발생하는 경우가 있다. 이처럼 의사표시를 구성성분으로 하여 법률효과를 발생시키는 법률요건을 '법률행위'라 한다. 법률행위의 원자핵은 사람의 의사표시이다. 법률규정에 의한 법률효과에는 의사표시가 없다.

법률규정에 의한 권리변동(법률효과)은 해당 법률을 개별적으로 학습하면 되는데, 법률행위라는 것은 의사표시를 기반으로 하는 일반적인 원리를 공부할 필요가 있다.

II. 법률행위의 요건

법률행위가 성립하기 위해서는 ① 당사자 ② 목적 ③ 의사표시가 있어야 한다.

법률행위가 유효하기 위해서는 ① 당사자는 행위능력이 있어야 하고 ② 목적은 적법해야 하며 ③ 의사표시에 하자가 없어야 한다.

그 외 특별요건으로 대리행위에서 대리권 존재, 정지조건부 법률행위에서 조건성취, 시기부 법률행위에서 기한 도래 등이 요구되는 경우도 있다.

III. 법률행위와 의사표시

1. 법률행위

법률행위는 하나 이상의 의사표시를 포함하여 법률효과를 발생시키는 법률요건이며, 의사표시 수에 따라 단독행위, 계약, 합동행위로 분류한다. 이렇게 법률행위는 반드시 하나 이상의 의사표시를 필수 구성요소로 하는 점에서, 의사표시를 매개하지 않는 법률요건인 '법률규정'과 구별된다.

2. 의사표시

법률요건을 구성하는 개개의 구성사실을 법률사실이라 한다. 법률사실 하나만으로 법률요건이 되는 경우도 있고, 법률사실이 여러 개 모여 법률요건이 되는 경우도 있다. 다양한 법률사실 중 대표적인 것은 '의사표시'이다. 의사표시는 법률행위를 구성하는 법률사실로서 법률행위의 핵심요소이다. 달걀에 있어 노른자, 붕어빵에 있어 팥소와 같다.

가. 생각의 발단

인간의 삶에 어떤 제도를 들이기 위해서는 명분이 있어야 한다. 특히 국가의 강제력을 전제한 법 제도와 관련해서는 더욱더 그러하다. 그 강제력에 복종시키기 위해서는 납득할 만한 이유가 있어야 한다는 것이다.

예를 들어, 내가 옆집 주인과 계약을 체결한다고 하자. 계약의 내용은 우리 집을 판다는 것이다. 이러한 계약을 체결한 후에 내가 돈을 다 받고 집을 넘겨주지 않으면 어떻게 되는가? 상대방은 국가의 강제력을 동원해 강제집행에 착수할 것이다. 무슨 이유로 국가가 나에게 강제력을 행사하는가? 이러한 의문에 대한 답을 찾기 위한 과정에서 철학적인 이론이 등장하게 된다. 이러한 철학적 이론은 바로 사람은 '자유의사'를 가진 독립적 존재라는 것이며, 그 자유의사에 대한 책임도 본인 몫이라는 것이다.

나. 자유의사와 법률효과

자유의사를 가진 독립적 존재인 사람은 누구나 자기가 이루고자 하는 것을 표현하고 이루어 나갈 수 있다. 다만, 그에 대한 대가도 자신의 책임으로 한다는 전제에 있고, 이를 감수한다는 의사가 그 속에 포함되어 있다고 보는 것이다. 이러한 내용을 담아 '의사표시'라는 개념을 만들어 내게 된 것이며, 이러한 '의사표시'가 법적 효과를 갖게 되는 법률요건을 '법률행위'라고 부르게 된 것이다.

이와 같이 의사표시는 법률행위의 필수적 법률사실이다. 최소한 1개 이상의 의사표시가 들어간 상황에서 권리변동을 일어나면 그것이 법률행위이다. 그렇다면 법률행위는 사람의 정신작용(의사결정 + 표시행위)에 의해 법률효과(권리변동)를 일으킨다는 점에서 매력적이다. 사람에 의해 법이 만들어지는 것과 같은 효과이기 때문이다.

우리 민법도 우선 사람의 정신작용에 의한 행위에 대해 강력한 힘(법률효과가 발생하면 이를 강제하기 위해 군대까지 동원될 수 있다.)을 부여한다. 다만 사람의 정신작용이 개입되지 않은 영역을 보충하기 위해 '법률규정'이라는 법률요건을 아울러 두고 있다. 당사자의 의사표시가 없이 법률효과를 발생시키는 법률요건을 '법률규정'이라 한다.

1) 효과의사

일정한 법률효과를 원하는 의사이다. 실제로 내면에 존재하는 효과의사를 '내심의 효과의사'라고 하며, 외부에 드러난 표시행위로부터 추측되는 효과의사를 '표시상의 효과의사'라고 한다. 이 둘의 불일치가 있는 경우 '의사와 표시의 불일치'로 논의된다[테마 8].

2) 표시행위

효과의사가 외부에 드러난 것으로 보이는 적극적, 소극적 모든 행위를 말한다.

3) 표시의사

효과의사를 외부에 대하여 발표하려는 의사이다. 효과의사와 표시행위를 심리적으로 연결하는 의사인데, 우리 민법은 표시의사를 의사표시의 내용으로 보지 않고 있다. 결국 우리 민법상 의사표시는 "효과의사 + 표시행위"라고 할 수 있다.

3. 의사표시 효력

가. 효력발생

상대방 없는 의사표시는 표시행위 완료시 효력을 발생하게 되므로('표백주의'라 한다.) 문제가 없지만, 상대방 있는 의사표시는 상대방에게 언제 효력이 발생하는지, 상대방이 의사표시를 수령할 수 있는 상태인지 등에 문제가 발생한다.

1) 원칙 : 도달주의

의사표시는 원칙적으로 도달주의를 따른다. 즉, 상대방에게 도달했을 때 그 효력이 생긴다. 표의자가 그 통지를 발송한 후 사망하거나 행위능력을 상실하여도 의사표시 효력에는 영향을 미치지 않는다[1]. 즉, 한번 의사표시가 되면 표의자의 손을 떠난 것이 된다.

의사표시를 하는 대표적인 방법이 내용증명에 의한 것인데, 내용증명 우편이 발송되고 달리 반송되지 않았다면 그 무렵에 송달되었다고 본다. 의사표시 도달은 사회관념상 수령자가 통지의 내용을 알 수 있는 객관적 상태(요지가능성)에 놓은 것을 말한다. 따라서 직접 현실적으로 당사자가 수령해서 내용을 알아야 하는 것은 아니다. 당사자가 아니더라도 가족 등 일정한 자에게 도달하면 본인에게 도달한 것으로 본다.

2) 예외 : 발신주의

우리 법에는 의사표시 발송 시 효력이 발생하는 예외를 두고 있다. 가장 대표적인 예외가 바로 격지자 간의 계약 성립(제531조)이다[2]. 격지자간의 계약 성립 시점은 승낙 발송 시이다. 그 외 제한능력자 상대방의 추인간주 규정[3]과 무권대리 상대방의 추인간주 규정[4]도 발신주의가 적용되는 예이다.

3) 도달주의로 인한 효과

(가) 의사표시의 철회

도달하기 전에는 효력이 생기지 않으므로 철회할 수 있다. 다만, 계약에 있어 청약의 의사표시

---

1) 제111조(의사표시의 효력발생시기) ① 상대방이 있는 의사표시는 상대방에게 도달한 때에 그 효력이 생긴다. ② 의사표시자가 그 통지를 발송한 후 사망하거나 제한능력자가 되어도 의사표시의 효력에 영향을 미치지 아니한다.
2) 제531조(격지자간의 계약성립시기) 격지자간의 계약은 승낙의 통지를 발송한 때에 성립한다.
3) 제15조(제한능력자의 상대방의 확답을 촉구할 권리) ① 제한능력자의 상대방은 제한능력자가 능력자가 된 후에 그에게 1개월 이상의 기간을 정하여 그 취소할 수 있는 행위를 추인할 것인지 여부의 확답을 촉구할 수 있다. 능력자로 된 사람이 그 기간 내에 확답을 발송하지 아니하면 그 행위를 추인한 것으로 본다. ② 제한능력자가 아직 능력자가 되지 못한 경우에는 그의 법정대리인에게 제1항의 촉구를 할 수 있고, 법정대리인이 그 정하여진 기간 내에 확답을 발송하지 아니한 경우에는 그 행위를 추인한 것으로 본다. ③ 특별한 절차가 필요한 행위는 그 정하여진 기간 내에 그 절차를 밟은 확답을 발송하지 아니하면 취소한 것으로 본다.
4) 제131조(상대방의 최고권) 대리권 없는 자가 타인의 대리인으로 계약을 한 경우에 상대방은 상당한 기간을 정하여 본인에게 그 추인여부의 확답을 최고할 수 있다. 본인이 그 기간 내에 확답을 발하지 아니한 때에는 추인을 거절한 것으로 본다

등 특별한 경우에는 구속력이 인정된다[5].

(나) 의사표시의 불착 등

도달주의를 취하므로 연착, 불착, 지연으로 인한 불이익은 모두 표의자에게 남는다.

(다) 발신 후의 사정의 변화

의사표시의 완전성은 의사표시 당시 표시자의 상태를 기준으로 해야 하고, 의사표시 도달의 완전성은 도달 당시 수령자의 상태를 기준으로 해야 한다. 따라서, 표의자가 의사표시 후에 사망하거나 행위능력을 잃더라도 이미 발신된 의사표시의 효력에는 영향을 주지 못한다.

나. 공시송달[6]

표의자의 과실 없이 의사표시를 하여야 할 상대방을 알지 못하거나 상대방의 소재를 알지 못하는 경우에 법원의 공시에 의하여 하는 의사표시를 말한다.

다. 의사표시 수령능력

민법은 모든 제한능력자를 수령무능력자로 규정하고 있다[7]. 원래 수령능력은 행위능력보다는 낮은 능력으로 충분하지만 법률행위를 하는 자가 의사표시를 받기도 하므로 이에 대해 획일적인 법률효과를 주기 위해 동일하게 규정한 것이다.

---

5) 제527조(계약의 청약의 구속력) 계약의 청약은 이를 철회하지 못한다.
6) 제113조(의사표시의 공시송달) 표의자가 과실 없이 상대방을 알지 못하거나 상대방의 소재를 알지 못하는 경우에는 의사표시는 민사소송법 공시송달의 규정에 의하여 송달할 수 있다.
7) 제112조(제한능력자에 대한 의사표시의 효력) 의사표시의 상대방이 의사표시를 받은 때에 제한능력자인 경우에는 의사표시자는 그 의사표시로써 대항할 수 없다. 다만, 그 상대방의 법정대리인이 의사표시가 도달한 사실을 안 후에는 그러하지 아니하다.

수령무능력자에 대한 의사표시는 그 의사표시로 대항할 수 없다(법정대리인이 도달을 안 후에는 대항할 수 있다.). 의사표시를 한 자가 수령무능력자에게 대항할 수 없다는 의미이므로 수령무능력자가 자신에게 도달된 사실을 인정하는 것은 무방하다.

의사표시의 효력을 기준으로 수령능력을 판단하므로, 의사표시의 도달 당시 수령무능력인 경우에 대항할 수 없다는 것이며, 발신주의나 공시송달과 같이 상대방의 도달 여부와 상관없는 경우에는 적용이 없다.

4. 의사표시의 하자

의사와 표시가 일치하지 않는 4가지 경우를 설명한다.

그 4가지 중 2가지는 '무효'의 법률효과(제107조, 제108조)를, 다른 2가지는 "취소권 발생"이라는 법률효과(제109조, 제110조)를 발생시킨다.

취소권(형성권)이 발생한 2가지에 있어 그 취소권이 행사되면 '무효'와 동일한 법률효과가 발생한다. 따라서 취소할 수 있는 법률행위는 현재는 '유효'하지만 '무효'가 될 수 있는 유동적 상태를 말한다.

이렇게 처음부터 무효 또는 취소권 행사를 통해 무효가 되는 경우, 이로 인한 선의 제3자를 보호하는 중요한 규정이 적용되는데, 이는 위 4가지에 모두 동일하게 적용되는 개념이다.

공인노무사 테마민법

1. 법률행위 중 의사표시를 요소로 하지 않는 경우도 있다.[1]

2. 법률행위는 의사표시의 수에 따라 단독행위, 계약, 합동행위로 나뉜다.[2]

3. 내용증명물이 발송되고 달리 반송되지 않았다면 그 무렵에 송달된 것으로 본다.[3]

4. 송달은 직접 현실적으로 당사자가 수령해서 내용을 알게 된 상태를 말한다.[4]

5. 의사표시를 발송한 후 표의자가 사망하거나 무능력자가 되는 경우에도 의사표시의 효력에는 영향이 없다.[5]

6. 형성권 행사는 상대방 없는 단독행위이다.[6]

7. 우리 민법은 의사무능력자를 의사표시의 수령무능력자로 규정하고 있다.[7]

8. 격지자간의 계약성립 시기, 제한능력자 상대방의 추인 간주 규정(제15조), 무권대리 상대방의 추인 간주 규정(제131조)는 의사표시 도달주의를 취한다.[8]

---

1) X : 법률행위는 하나 이상의 의사표시를 반드시 포함해야 한다.
2) O
3) O
4) X : 실제 내용을 안 때가 아니라 객관적으로 알 수 있는 상태에 놓이면 송달된 것으로 본다.
5) O
6) X : 형성권행사, 채무면제 등은 상대방 있는 단독행위이다.
7) X : 제한능력자를 수령무능력자로 규정하고 있다(제112조).
8) O

법률행위 목적이란 법률행위로 달성하려는 궁극적인 내용을 말하며 결국 권리변동이라는 법률효과를 지칭한다. 자유의사를 가진 사람이 그 의사표시를 통해 실현하려는 목적의 종류도 사람의 다양성만큼 다양하다. 그런데, 이러한 다양한 법률행위의 목적에 대해 법은 무한한 자유를 주지 않는다. 적어도 법이 보호할 가치가 있어야 하고 어느 정도 규격과 형식은 갖추어야 한다. 이러한 규격에 대해 언급하자면 다음과 같다. 총 4가지인데(확정성, 실현가능성, 적법성, 사회적 타당성) 제일 중요한 요건은 4번째인 '사회적 타당성'이다.

I. 확정성

법률행위의 목적이 부정확하고 불명확하면 법이 그 효력을 부여할 수 없다. 예를 들어, 백화점에 가서 그냥 막연히 "물건을 사겠다."고 의사표시를 한다면 법적으로 아무 의미가 없다. 구체적으로 "신발을 만 원에 사겠다."라는 정도로 확정될 필요가 있다. 또는 당장 확정이 되지 않더라도 적어도 향후 확정할 수 있는 기준 정도는 있어야 법적 의미가 있는 법률행위가 된다. 확정할 수 없는 법률행위는 무효이다.

II. 실현가능성

실현 불가능한 목적의 법률행위는 무효이다. 하늘의 별을 따다 주는 계약(법률행위)에 강제집행을 할 수 있는 법적효력을 부여할 수는 없는 일이다. 불가능의 기준은 사회적 관념이다. 과학적, 물리적으로 가능하다고 하여도 사회 관념적으로 사실상 곤란한 것은 법적으로 불가능으로 간주한다.

처음부터 불가능한 일(원시적 불능)을 목적으로 하는 법률행위는 무효이며 다만 그로 인한 책임을 누가 지는지에 대한 문제가 남는다(담보책임 등). 이와 달리 법률행위 이후에 목적이 불가능하게 된 경우(후발적 불능)는 법률행위 자체는 무효가 되지 않고 다만 채무불이행이나 위험부담의 문제가 발생한다.

III. 적법성

강행법규에 위반한 법률행위는 무효이다. 예를 들어 주택임대차보호법상 임차인 보호를 위한 규정은 강행규정이므로 임차인이 동의하더라도 무효가 된다. 부동산중개업법상 중개수수료 한도규정도 강행규정이므로 한도초과 금액은 무효이다. 강행법규가 금지하는 행위를 우회하여 실질적으로 실현하는 행위(탈법행위)도 무효이다.

다만, 강행법규 중 단속규정에 해당하는 일부 규정은 행정상 제재가 있더라도 사법상은 유효라고 설명하는 것이 일반적이다. 예를 들어, 중개업법령상 개업공인중개사가 중개의뢰인과 직접 거래하는 것을 금지한 규정(제33조 제6호)을 위반한 경우, 개업공인중개사를 처벌하는 강행규정이지만 이는 의뢰인 보호를 위한 것이므로 무조건 무효로 할 것이 아니라 의뢰인의 의사와 이익을 위해 사법상 효력은 달리 판단할 수 있다. 무허가 음식점의 영업행위도 마찬가지다. 이는 단속규정으로서 법 위반은 맞지만 그렇다고 사법적 효력까지 무효로 할 수는 없다. 사법적 효력을 무효로 한다는 것은 손님은 먹을 음식을 토해내고 음식점은 밥값을 돌려줘야 한다는 의미인데 이것이 적절치 않음은 분명하다.

IV. 사회적 타당성

적법성이란 표현 자체는 법에 적합한지에 대한 것이다. 여기서 말하는 '법'은 다양한 의미로 사용될 수 있는데 법전에 있는 명문화된 규정을 의미할 수도 있고, 사회관행이나 질서 등 폭넓은 뜻으로 사용될 수도 있다. 여기서 말하는 적법성은 법률 규정에 위배되는지 여부에 대한 것이다.

그런데 세상의 모든 위법적 사항을 법으로 명문규정으로 만들어 둘 수는 없다. 그렇다고 현실에서 발생하는 일에 대해 적용할 법의 공백이 있어도 안 된다. 따라서 우리 민법은 법이 없는 경우라도 일반적으로 적용할 수 있는 추상적 규정을 두어 이를 현실에 적용하고 있다. 그것이 민법 제103조 반사회질서 행위이다. '사회적 타당성'이 없는 행위를 '반사회질서 행위'라고도 하고 폭넓은 의미의 '불법'이라고도 표현한다. 여기서 불법은 형사처벌을 받는 법규위반이나 법률효과를 단순 무효로 하는 규정 위반에 국한된 것이 아니라, 이를 넘어 일반 사회상식으로 볼 때 법률효과를 주는 것이 도저히 용납되지 않아 그 어떤 법적조력도 하지 않는 상태를 말한다. 이 경우에 심지어 무효로 인한 효과인 부당이득 반환의 효과도 배제해 버린다. 이러한 이유로 법률행위 목적의 4번째 유효요건인 '사회적 타당성'이 도입되었다.

자, 이제 법률행위가 유효하기 위한 마지막 4번째 요건인 사회적 타당성, 즉 반사회질서 행위에 대해 알아보자.

1. 접근방법

제103조 반사회질서 행위는 많은 사례를 포함할 수 있도록 일반적, 추상적으로 규정되어 있다. 따라서 이에 대한 구체적인 사례는 판례에 의해 구체화될 수밖에 없다. 따라서 사회적 타당성에 관한 공부는 이러한 판례사례를 수집해 분류하여 정리하는 방법으로 이루어진다.

'선량한 풍속 기타 사회질서에 위반'은 추상적 개념이므로 판례로 구체화될 수밖에 없다. 학자들은 이러한 판례를 수집하여 몇 가지 유형으로 정리하였다. 이러한 정리는 제103조 사례를 학습하는 데 유용하긴 하지만 절대적 기준은 아니므로 더 좋은 분류 방법이 있으면 이를 활용해도 된다.

2. 법률행위 자체의 불법

가. 정의관념에 반하는 행위

① 증언의 대가를 받는 약속

② 당연한 행위가 대가와 결합하는 경우(범죄행위를 하지 않을 것을 조건으로 대가를 주는 약속. 다만 적절한 사례금은 허용.)

③ 심한 고율의 이자약정

④ 심한 고액의 위약벌 약정

⑤ 밀수입을 위한 자금의 임차나 출자

⑥ 경매나 입찰에서 담합행위

⑦ 형사사건에 있어 변호사의 성공보수 약정[1]

나. 부동산 관련

1) 이중매매 중 배임모델

부동산 이중양도는 원칙적으로 유효하다. 하나의 부동산에 대해 여러 명과 매도약정을 체결하는 것 자체는 법적 문제가 없다는 것이다. 등기이전채무에 대해 여러 명의 채권자가 발생한 것뿐이다. 다만 채무자는 그중 하나의 채권자에 대해서만 이행이 가능하므로 나머지 채권자에 대해 채무불이행 책임을 질 뿐이다(계약해제, 손해배상 등). 여기까지는 아무런 문제가 없다.

---

1) 변호사의 보수는 다양한 경우가 있지만 통상 착수금과 성공보수로 구성된다. 착수금은 일종의 인건비 개념으로서 사건에 투입하는 시간과 난이도 등을 고려하여 책정하는 활동비 개념이다. 성공보수는 사건의 결과가 성공했을 경우 지급하는 인센티브 개념에 가깝다. 일이 실패하면 보수지급 청구권은 발생하지 않는다. 통상 착수금보다 성공보수의 금액이 큰 경우가 많다. 한편 변호사가 수행하는 법률사무는 크게 민사, 가사, 행정, 형사로 구분할 수 있다. 반사회질서 행위와 관련된 보수는 그중 형사사건의 성공보수에 관한 것이다. 대법원이 형사사건의 성공보수에 대해 반사회질서행위로 판단한 이유는, 형사사건에 있어 당사자(피고인)는 처벌에 대한 두려움으로 매우 위축되어 있기 때문에 성공보수는 이러한 다급한 심리를 이용하여 체결될 가능성이 크다는 취지이다. 형사사건의 착수금 또는 민사, 가사, 행정사건의 모든 보수는 반사회질서 행위와 무관하다.

다만, 양도인이 매수인으로부터 중도금을 수령한 다음에 다른 사람과 부동산 매도계약을 하는 경우는 문제가 다르다. 계약금만 수령한 상태에서는 이른바 '해약금(민법 제565조)' 규정에 따라 계약을 해제할 길이 열려 있다. 그러나 매수인으로부터 중도금을 받은 상태에서는 그 계약을 지켜 이행해야 하는 계약상 의무가 발생한다. 이러한 약속을 지켜야 할 의무는 매수인을 위한 의무이다. 이러한 의무를 위반한 경우, 즉 중도금 수령 상태에서 타인과 재차 부동산매매계약을 체결하는 경우 우리 법원은 형사처벌(배임죄)의 대상이 된다는 입장이다. 이렇게 배임죄가 성립하는 형태의 부동산 이중매매를 편의상 '배임모델'이라고 표현하자.

　　이러한 배임모델에 있어 제2양수인이 배임행위에 적극적으로 가담한 경우에는 제2양수인도 배임죄의 공범으로 처벌되며, 민사적으로 제2매매 행위는 반사회질서행위(제103조 위반)가 되어 무효가 되는 것이다. 즉, 부동산이중매매는 유효하지만 배임모델(중도금 수령 이후 이중매매)에 있어 제2양수인이 적극적으로 가담한 경우에 반사회질서 행위가 되어 제2양수인과의 매매계약은 무효가 된다.

　　이 경우 중도금을 지급하였던 제1양수인은 제2매매행위에 대해 무효를 주장해 자신의 권리를 보호받을 수 있다. 절차적으로는 제1양수인이 제2매매계약의 무효를 주장한 다음 양도인을 대위하여 소유권을 양도인에게 이전해 놓고(이는 불법원인급여가 아니다.) 자신의 등기청구권을 행사하면 된다. 제103조 위반은 절대적무효(3자 보호규정 없음. 모든 사람에게 무효.)이므로 제2양수인으로부터 재차 소유권을 이전받은 사람은 선악불문 보호되지 않는다.

　　2) 부동산 명의신탁(부동산실명법 위반행위) - 위법하지만 반사회질서행위는 아님

　　부동산실명법상 실권리자와 부동산 명의인이 일치하지 않는 행위(즉, 실소유자가 아닌 사람의 이름으로 명의를 돌려놓는 행위.)는 사법상 무효는 물론 행정처분과 형사처벌의 대상이다. 그런데 여기서 더 나아가 반사회질서 행위에 속하는 것인지가 오랫동안 쟁점이 되어 왔다. 부동산실명법 위반으로만 무효가 되는 경우에는 명의신탁자가 명의수탁자에게 소유권등기를 돌려

달라고 요구할 수 있는데, 여기서 더 나아가 103조 반사회질서행위가 되면 명의이전이 불법원인 급여(제746조)가 되어 명의신탁자가 소유권등기를 돌려받을 수 없다는 차이가 있다.

이렇게 부동산실명법을 위반한 명의신탁이 단순 무효임을 넘어 민법상 반사회질서 행위에까지 이르는지에 대해 우리 법원은 반대 입장을 유지하고 있다(대법원 2019.6.20. 2013다218156. 전원합의체 판결). 즉, 명의신탁은 반사회질서 행위까지는 이르지 않은 것이므로 제103조 위반이 아니고, 따라서 명의신탁자는 명의제공자(수탁자)에게 자기 부동산의 소유권등기를 돌려 달라고 청구할 수 있다. 이와 같이 법률행위가 불법인 것과 반사회질서로서 법률효과도 금지되는지는 별개의 문제이다.

다. 윤리적 질서에 반하는 행위

① 성매매업소의 선불금 지급 약정
② 첩계약(비록 본처가 허락해도)[2]
③ 자녀가 부모에게 불법행위에 기한 손해배상을 청구하는 행위
④ 자녀가 부모와 동거하지 않겠다고 하는 계약

라. 개인의 자유를 심하게 제한하는 행위

① 절대 이혼하지 않는다는 각서
② 전 고용주의 승낙이 없으면 피용자를 고용할 수 없다는 고용자 사이의 협정은 경제활동의 자유를 지나치게 제한하여 무효이다.
③ 애인에게 한 '5년 이내에 결혼하지 않으면 2억 원을 주겠다.'는 취지의 각서[3]
④ 당사자 한쪽이 그의 독점적 지위를 이용해 자기는 부당한 이익을 얻고 상대방에게는 부당

---

2) 단, 첩계약을 해소하는 계약은 유효하다. 즉 불법적인 목적을 향해 가는 계약은 무효지만 불법을 해소하는 계약은 유효하다.
3) 어떤 남자가 여자친구에게 자신과 결혼할 것을 요구하면서 이를 확인하는 취지로 5년 이내에 결혼하지 않으면 2억 원을 주겠다는 각서를 받았다면, 이러한 각서(조건부 증여계약)는 혼인에 대한 의사결정을 심각하게 구속하는 것으로서 사회질서에 반해 무효이다(서울중앙지법 2019가합42516).

한 부담을 주는 계약[4]

마. 생존의 기초가 되는 재산의 처분행위

① 사철의 존립에 필수불가결한 임야를 증여하는 계약
② 장차 자기가 취득할 전 재산을 양도한다는 계약

바. 지나친 사행행위

① 도박 자금을 빌려주거나, 도박 빚을 갚는다는 내용의 계약
② 도박으로 부담한 채무를 변제하는 내용의 부동산 양도계약

3. 조건의 불법

법률행위 내용 자체는 불법이 아니지만 조건이 불법인 경우 그 조건뿐만 아니라 법률행위 전체를 무효로 한다[5].

특정의 범죄를 할 것을 조건으로 금전을 대여하기로 약정하는 경우거나, 특정의 범죄를 시도하였다가 이를 중지할 것을 조건으로 금전을 수수하기로 약정하는 경우에는 제151조 제1항에 의하여 무효이다.

4. 동기의 불법

법률행위 목적 자체는 불법이 아니지만 그 마음속 동기가 불법인 경우에 법률행위의 효력을

---

4) (비교) 해외파견근로자는 귀국일로부터 3년간 회사에 근로하여야 하며 이에 위반한 경우에는 소요경비를 배상한다는 사규나 약정은 경비반환채무의 면제기간을 정한 것에 불과하므로 제103조에 위배되지 않는다.
5) 제151조(불법조건, 기성조건) ① 조건이 선량한 풍속 기타 사회질서에 위반한 것인 때에는 그 법률행위는 무효로 한다.

어떻게 처리할 것인지 문제될 수 있는데, 마음속에 있는 사유를 들어 법률행위의 효력을 건드리게 된다면 법률관계가 매우 혼란스러워질 수 있다. 그러나, 마음속에 있는 동기가 표시되어 나타나는 경우에는 법률행위 자체의 효력을 문제 삼을 충분한 이유가 된다. 따라서, 동기가 불법인 법률행위는 그 동기가 표시되거나 상대방에게 알려진 경우 무효로 한다는 것이 판례의 태도이다.

5. 폭리행위

부당하고 악질적인 불공정행위도 반사회질서 행위에 속하지만 이는 '불공정법률행위'를 규율한 별도 규정(제104조)이 있어서 별도로 설명한다.

6. 불법원인급여

민법에서 '무효'라고 표현되는 법률효과에도 크게 2가지 차이가 있다. 대부분의 단순무효는 단지 법률효과를 발생시키지 않는 정도의 효과를 말하며, 부당이득 반환 의무가 발생한다. 비진의표시(제107조), 통정허위표시(제108조) 등의 경우이다. 여기서 무효란 효과 없는 법률행위를 정리한다는 정도의 느낌으로 보면 된다.

이와 달리 똑같이 '무효'라고 표현되지만 '반사회질서 행위' '공서양속 위반' 또는 편의상 명칭인 '불법'으로 무효인 경우에는 이른바 악질적 무효로 본다. 민법상 도저히 용납할 수 없는 움직임이 민법의 세계에서 발생한 것이며, 이에 대해 민법은 그대로 콘크리트로 고정시켜 버린다. 이 경우 무효는 과거와 또는 향후에도 법이 이에 대해 협조를 하지 않겠다는 선언이다. 따라서 무효로 인한 부당이득 반환 등 정산의 문제 자체도 부정해 버린다. 무효로 선언될 당시 상태 그대로 모든 법률효과를 고정시켜 버리는 것이다. 도박 빚은 갚지 않아도 된다는 이야기는 여기서 근거한 것으로 볼 수 있다. 도박 자금을 빌려주는 행위는 103조 위반으로서 무효이므로, 빌려준 돈을 반환받는 권리도 부정해 버리는 것이다. 일반적 무효에서는 지급된 것의 원상복구 즉 '반

환'이 무효처리의 핵심인데, 이와 같은 악질적 무효에서는 그 반환마저 금지된다. 즉, 무효선언
이 된 순간 민법은 여기에 조력하지 않고 그 즉시 모든 법률효과를 중단시켜 버리는 것이다. 민
법이 법률효과를 따라가는 법이기 때문에 법률효과 자체를 중단시키고 민법이 작동을 멈춘다는
것은 민법의 세계에서는 매우 중대한 사건인 것이다.

이렇게 부당이득반환의 문제도 배제해 버리는 근거 조문이 민법 제746조(불법원인급여)이다[6].

불법을 원인으로 이행된 것이 있으면 그것이 무효라 하더라도 반환받지 못한다. 다만 이익을
받은 사람에게만 불법원인이 있으면 교부자가 부당한 손해를 입고 수익자는 반사이익을 누리게
되므로 이를 방지하기 위해 교부자에게 반환청구권을 인정하고 있다. 예를 들어 포주와 성매매
여성 사이의 금전위탁관계(보관금)에 있어, 어차피 둘 다 매춘업 약정에 있어서는 제103조 위반
으로 반사회질서 행위가 되지만 포주의 불법 정도가 크다고 하여 위 단서를 적용해 성매매 여성
에게 민법상 권리(보관금 반환청구권)를 인정해 주는 것이다.

이러한 불법원인급여는 소유권에 기한 물권적청구권을 행사하는 경우에도 적용된다. 만약 물
권교부가 불법원인급여인 경우에는 물권의 복귀도 저지된다는 것이다. 계약에 의해 부동산의
소유권이 이전된 경우 그 계약이 불법이라면 이전된 부동산도 복귀되지 않고 그대로 현재 소유
자에게 남아 버린다. 불법에 동참한 자에게 반사이익이 발생하는 한이 있더라도 민법이 더 이상
법률효과를 부여하지 않겠다는 선언을 하는 것이다.

결국 불법원인급여에 해당하면 물권적, 채권적 모든 법률효과는 중단되고 법은 그 어떤 조력
도 하지 않는다[7].

---

6) 제746조(불법원인급여) 불법의 원인으로 인하여 재산을 급여하거나 노무를 제공한 때에는 그 이익의 반환을 청구하지 못한다.
    그러나 그 불법원인이 수익자에게만 있는 때에는 그러하지 아니하다.
7) "제746조의 규정 취지는 민법 제103조와 함께 사법의 기본이념으로 사회적 타당성이 없는 행위를 한 사람은 그 형식 여하를 불
    문하고 스스로 한 불법행위의 무효를 주장하여 그 복구를 소구할 수 없다는 법의 이상을 표현한 것이고 부당이득반환청구만을
    제한하는 규정이 아니므로 불법의 원인으로 급여를 한 사람이 그 원인행위가 무효라고 주장하고 그 결과 급여물의 소유권이 자
    기에게 있다는 주장으로 소유권에 기한 반환청구를 하는 것도 허용할 수 없는 것이니, 도박채무가 불법무효로 존재하지 않는다
    는 이유로 양도담보조로 이전해 준 소유권이전등기의 말소를 청구하는 것은 허용되지 않는다."(대법원 89다카5994)

V. 불공정한 법률행위(폭리행위)[8]

반사회질서 행위 중 특별히 폭리행위를 구별해 별도 규정을 둔 것이다. 따라서 제104조가 특별조문이 되어 이에 대항하는 사례는 먼저 104조 적용여부를 따져 보고 해당하지 않으면 제103조에 해당하는지 검토하는 것이 순서다(특별법 우선).

1. 요건

가. 피해자 요건 : 궁박(쫓기는 상황), 경솔(사려 깊지 못함), 무경험

① 궁박은 경제적, 심리적, 정신적 궁박이 모두 포함된다.
② 대리행위에 있어 궁박은 본인 기준, 경솔 또는 무경험은 대리인 기준
③ 무경험은 거래일반에 대한 경험부족이지 특정분야에 대한 무지가 아니다.

나. 폭리자 요건 : 피해자 요건을 알고 폭리를 위한 의도가 있어야.

다. 현저한 불균형

현저한 불균형은 당사자나 거래의 내용에 따라 달리 평가될 수 있다. 또한 급부에 상당한 불균형이 있다고 하여 궁박, 경솔, 무경험 등이 추정되는 것은 아니다. 즉, 위 각 요건은 모두 따로 성립해야 한다. 불균형은 법률행위 시(계약은 계약체결 시) 기준으로 판단한다.

2. 적용범위

상대방 있는 단독행위(채권포기)에도 적용 가능하지만 무상계약이나 적법한 경매 절차는 '불

---

8) 제104조(불공정한 법률행위) 당사자의 궁박, 경솔 또는 무경험으로 인하여 현저하게 공정을 잃은 법률행위는 무효로 한다.

공정'이란 개념을 상정하기 어렵다.

3. 불법원인급여 : 폭리자에 대해 민법 제746조(불법원인급여) 적용

4. 무효행위 전환 가능

폭리행위라도 다른 적정한 금액으로 계약했을 것으로 인정되는 경우는 해당 금액의 법률행위로 전환하여 법률행위 효력을 인정하는 것이 대법원 입장이다[9]. 제103조(반사회질서행위)의 경우는 이러한 무효행위전환이 불가능한 것과 차이가 있다.

5. 무효행위 추인 불가능

무효행위 추인[10]이 되지 않는 점은 제103조와 제104조가 동일하다.

---

9) **제138조(무효행위의 전환)** 무효인 법률행위가 다른 법률행위의 요건을 구비하고 당사자가 그 무효를 알았더라면 다른 법률행위를 하는 것을 의욕 하였으리라고 인정될 때에는 다른 법률행위로서 효력을 가진다.

10) **제139조(무효행위의 추인)** 무효인 법률행위는 추인하여도 그 효력이 생기지 아니한다. 그러나 당사자가 그 무효임을 알고 추인한 때에는 새로운 법률행위로 본다.

1. 애인과 결혼을 약속하면서 만약 5년 안에 그 애인과 결혼하지 않을 경우 2억 원을 주겠다고 한 각서는 무효다. [1]

2. 부동산이중매매는 예외 없이 반사회질서행위가 된다. [2]

3. 폭리행위(제104조)가 적용되기 위해서 궁박, 경솔, 무경험은 모두 갖춰져야 하는 것은 아니다. [3]

4. 폭리행위(제104조)에서 궁박, 경솔, 무경험을 상대방이 이용한 의사가 없다면 무효는 아니다. [4]

5. 반사회질서행위(제103조) 위반으로 무효가 된 경우 부당이득 반환의 문제는 발생하지 않는다. [5]

6. 폭리행위의 경우 무효행위 전환이 가능하다. [6]

7. 급부와 반대급부 사이에 심각한 불균형이 있으면 피해자의 궁박, 경솔 또는 무경험을 이용했다는 사실이 추정된다. [7]

8. 변호사의 민사소송 성공보수는 반사회질서 행위로서 무효이다. [8]

9. 무효인 명의신탁에 의한 신탁행위는 반사회질서 행위로서 무효이므로 수탁인에게 소유권을 돌려 달라고 요구할 수 없다. [9]

10. 법률행위의 조건이 불법인 경우 그 조건은 무효가 된다. [10]

11. 법률행위 동기가 불법인 경우에는 그 동기가 표시되거나 상대방에게 알려진 경우에 한하여 법률행위가 무효가 된다. [11]

---

1) O : 개인의 자유를 심각하게 제약하여 반사회질서 행위가 된다.
2) X : 이중매매 중 배임모델의 경우에 반사회질서 행위가 된다.
3) O : 궁박 or 경솔 or 무경험. 즉, 주관적 요건은 하나만 해당되어도 된다.
4) O : '인하여'의 의미를 '이용하여'로 해석하면 된다.
5) O : 무효인 행위는 원칙적으로 부당이득의 문제가 생긴다. 이미 받은 이익이 법률상 원인이 없어졌기 때문이다. 그러나 반사회질서행위(제103조)의 경우에는 제746조(불법원인급여)가 적용되어 법률관계를 냉동시켜 버린다.
6) O
7) X : 별도로 증명되어야 한다.
8) X : '형사소송'의 성공보수만 반사회질서행위이다.
9) X : 비록 위법한 행위이기는 하지만 반사회질서 행위에까지는 이르지 않았다.
10) X : 조건이 무효가 아니라 법률행위 전체가 무효가 된다. 조건은 법률행위와 일체다.
11) O

의사와 표시가 일치하지 않는 4가지 경우를 설명한다. 그 4가지 중 2가지는 '무효'의 법률효과(제107조, 제108조)를, 다른 2가지는 "취소권 발생"이라는 법률효과(제109조, 제110조)를 발생시킨다.

취소권(형성권)이 발생한 2가지에 있어 그 취소권이 행사되면 '무효'와 동일한 법률효과가 발생한다. 따라서 취소할 수 있는 법률행위는 현재는 '유효' 하지만 '무효'가 될 수 있는 유동적 상태를 말한다.

이렇게 처음부터 무효 또는 취소권 행사를 통해 무효가 되는 경우, 이로 인한 선의 제3자를 보호하는 중요한 규정이 적용되는데, 이는 위 4가지에 모두 동일하게 적용되는 개념이다.

I. 비진의 표시(제107조)

1. 개념[1]

의사(내심의 효과의사)와 표시(표시상의 효과의사)가 일치하지 않는다는 것을 표의자 스스로 알면서 하는 의사표시를 말한다. 예를 들어, 퇴사할 마음이 없는 상태에서 다른 목적(근로조건의 불만)으로 사직서를 회사에 제출하는 경우가 이에 해당한다. 이 경우 내심에 따라 사직서를 무효로 할지, 아니면 사직서대로 퇴사의 효과를 인정할지 문제될 수 있다.

그런데 여기서 의사(내심의 효과의사) 즉 진의(眞意)는 표의자가 진정으로 바라는 사항을 말

---

1) 제107조(진의 아닌 의사표시) ① 의사표시는 표의자가 진의 아님을 알고 한 것이라도 그 효력이 있다. 그러나 상대방이 표의자의 진의 아님을 알았거나 이를 알 수 있었을 경우에는 무효로 한다. ② 전항의 의사표시의 무효는 선의의 제3자에게 대항하지 못한다.

하는 것이 아니라 특정한 내용의 의사표시를 하고자 하는 표의자의 생각을 말한다는 사실을 주의해야 한다. 즉, 마음 깊이 희망하지 않은 것이라도 그 당시 최선이라고 생각하고 표시한 의사는 불일치가 없는 것이다. 법은 마음속 깊이 있는 사람의 의도나 욕망까지 접근하지는 않기 때문에 내키지 않은 마음으로 하는 의사표시라도 그 의사표시 자체에 대한 의욕이 있다면 이는 불일치가 아니다.

2. 효과

가. 원칙 : 유효(표시행위에 대해 책임져야 함, 상대방 보호)

의사표시는 진의 아님을 알고 한 것이라도 유효하다. 표시행위에 대해 원칙적으로 표의자의 책임을 인정한다. 상대방이 일일이 표의자의 진의를 살펴 법률행위를 한다면 법률관계가 매우 복잡해져 법정안정성이 저해될 수 있어 이를 방지할 필요가 있는 것이다.

나. 예외 : 무효(상대방의 악의 또는 선의이지만 과실)

그러나 상대방을 보호할 가치가 없는 상황에서는 굳이 표시행위대로 법률효과를 발생시키지 않아도 법적안정성은 침해되지 않는다. 상대방이 보호할 가치가 없는 경우란, 상대방이 표의자의 진의를 알았거나(악의), 조금만 주의하면 알 수 있었을 상황(과실로 알지 못한 경우)을 말한다.

근로자가 수리되지 않을 것으로 믿고 사직서를 제출하는 경우. 사장이 그 속마음을 몰랐고 알 수도 없던 경우에는 사직서 제출행위는 유효하고 이를 수리하면 사직의 법률효과가 발생한다(원칙).

그러나, 사장이 그러한 속마음을 알고도 사직서를 수리했다면, 사직서 제출행위는 무효가 되어 사직하지 않아도 된다(예외).

다. 선의 제3자 보호

상대방의 악의 또는 과실로 인해 법률행위가 무효가 되는 경우, 이로 인해 새로운 법률관계를 체결하고 무효원인에 대해 아무것도 몰랐던(선의) '제3자'는 보호된다.

II. 통정허위표시(제108조)

1. 개념[2]

상대방과 내통한 거짓 표시를 말한다. 가장행위라고도 한다. 사실과 다른 내용의 외관을 공모하여 작출하는 것을 말한다. 비진의에 관하여 상대방과 합의가 있다는 점에서 표의자 혼자 비진의가 있는 제107조 비진의표시와 다르다.

2. 효과

가. 무효(당사자 사이에 언제나 무효)

진정한 법률효과를 발생시키고자 하는 합의 자체가 없으므로 무효가 된다. 어느 일방이 변심하여 표시한 대로 법률효과를 주장하더라도 합의가 없던 것이므로 무효가 된다. 따라서 당사자 사이에서는 언제나 무효이다.

한편, 법률행위의 효과가 무효라고 해서 무효 자체가 아무것도 없는 무(無)가 아니므로, 통정허위표시가 제406조 채권자취소권(사해행위 취소)의 요건에 해당하면 별도로 취소할 수도 있

---

2) 제108조(통정한 허위의 의사표시) ① 상대방과 통정한 허위의 의사표시는 무효로 한다. ② 전항의 의사표시의 무효는 선의의 제3자에게 대항하지 못한다.

다. 민법 제406조 채권자취소권[3]은 채권자의 강제집행을 피하고자 재산의 소유권을 타인에게 빼돌려 놓는 행위를(사해행위) 취소하는 근거 규정이다. 따라서 통정허위표시(제108조)가 동시에 사해행위(제406조)가 되는 경우가 있을 수 있으며 이 경우 무효 또는 취소의 주장을 선택적으로 또는 동시에 할 수 있다(권리경합).

나. "선의 제3자" 보호

허위 외관이 남아 있는 상태에서 새로운 법률관계를 맺었으나 통정사실에 대해 전혀 몰랐던 (선의) '제3자'는 보호된다.

3. 구별개념

가. 은닉행위

허위표시에 숨어 있는 행위를 말하며, 증여에 대한 합의를 가지고 매매의 형식을 갖추는 경우, 매매행위는 허위표시이지만 증여행위에 대해서는 합의가 있는 것이므로 이에 대해서는 법률효과를 인정한다. 즉 허위표시 속에 숨어 있는 은닉행위는 유효하다.

나. 신탁행위

특정한 목적 달성을 위해, 그 한도에서 권리를 이전하는 행위를 신탁행위라고 한다. 그 목적이 한정되어 있다는 점을 제외하면 권리이전에 관하여는 허위가 없다. 따라서 신탁행위는 유효하다.

그런데 이러한 유효한 신탁행위와 구별해야 할 것이 있는데 바로 '명의신탁'이다. 실제는 권리

---

3) 제406조(채권자취소권) ① 채무자가 채권자를 해함을 알고 재산권을 목적으로 한 법률행위를 한 때에는 채권자는 그 취소 및 원상회복을 법원에 청구할 수 있다. 그러나 그 행위로 인하여 이익을 받은 자나 전득한 자가 그 행위 또는 전득당시에 채권자를 해함을 알지 못한 경우에는 그러하지 아니하다. ② 전항의 소는 채권자가 취소원인을 안 날로부터 1년, 법률행위 있은 날로부터 5년 내에 제기하여야 한다.

이전의 합의가 없으면서도 이름만 빌려주는 경우를 '명의신탁'이라 하며, 당연히 권리이전의 합의가 없으므로 명의만 변경하는 행위는 허위표시로서 무효이다. 심지어 명의신탁은 형사처벌 대상이다.

III. 착오에 의한 의사표시(제109조)[4]

1. 개념

의사(내심의 효과의사)와 표시(표시상의 효과의사)가 일치하지 않는다는 사실을 표의자 스스로 모르는 것을 말한다. A 부동산에 대해 매수 청약을 한다는 것이 실수로 B 부동산에 대해 청약하는 경우, 매수가격의 표시를 잘못하여 10배 많은 가격을 제시한 경우 등이다.

2. 효과

착오로 인해 의사표시를 취소한다면 상대방에게 뜻하지 않는 손실을 입힐 수 있고 그렇다고 취소를 하지 않는다면 원하지 않는 법률효과를 받아야 한다. 이를 적절히 조화해 우리 민법은 법률행위의 중요 부분에 착오가 있는 때에만 취소할 수 있도록 하였고 그마저 중대한 과실로 발생한 착오라면 취소할 수 없게 하였다.

가. 원칙 : 취소권 발생(단, 법률행위의 중요 부분에 대한 착오만)

나. 예외 : 유효(표의자의 중대한 과실이 있는 경우)

중대한 과실이란 표의자가 직업·행위의 종류·목적 등에 비추어 보통 베풀어야 할 주의를 현

---

4) 제109조(착오로 인한 의사표시) ① 의사표시는 법률행위의 내용의 중요부분에 착오가 있는 때에는 취소할 수 있다. 그러나 그 착오가 표의자의 중대한 과실로 인한 때에는 취소하지 못한다. ② 전항의 의사표시의 취소는 선의의 제3자에게 대항하지 못한다.

저하게 가지고 있지 않은 것을 말한다. 다만 상대방이 표의자의 착오를 알면서 이를 이용한 경우에는 표의자에게 중대한 과실이 있더라도 표의자는 그 의사표시를 취소할 수 있다(판례).

다. 선의 제3자 보호

법률행위의 중요 부분에 착오가 있고, 착오에 있어 착오자에게 중대한 과실이 없는 경우 표의자는 의사표시를 취소할 수 있고, 이로 인해 새로운 법률관계를 체결하고 취소 원인에 대해 아무것도 몰랐던(선의) '제3자'는 보호된다.

3. 중요부분에 대한 판단 – 이중기준설

① 주관적 기준 : 표의자가 그러한 착오가 없었더라면 그러한 의사표시를 하지 않았을 정도로 중대한 부분.
② 객관적 기준 : 일반인도 표의자의 입장이라면 그러한 의사표시를 하지 않았을 정도로 중대한 부분.

〈중요 부분에 속하는 착오〉
- 목적물의 동일성
- 사람이 중요한 법률행위에서 사람의 동일성
- 매매인지 증여인지에 관한 법률행위 성질의 동일성
- 토지의 현황·경계에 대한 착오

〈중요 부분에 속하지 않는 착오〉
- 평수 부족
- 목적물의 가격이나 환율 착오
- 아무런 불이익이 없는 착오

- 목적물의 소유권 귀속에 관한 착오
- 합의금 약정에서 사실에 관한 착오

3. 관련 문제

가. 담보책임과의 관계

담보책임[5]이 적용되는 경우 이는 동시에 착오의 문제가 될 수 있다. 이에 대해 담보책임이 특별법이며 그 적용만으로 충분히 보호되므로 별도로 착오규정을 적용할 필요가 없다(법조경합)는 주장도 있으나 최근 대법원 판례에 따르면 선택적으로 주장하는 것이 가능하다는 주장에 힘이 실리고 있다(권리경합).

나. 화해[6]

법률분쟁에 대해 상대방과 합의를 한 경우, 화해의 창설적 효력으로 인해 화해를 착오를 이유로 취소할 수 없다. 다만 당사자의 자격 등 분쟁 이외의 내용에 대한 착오는 취소가 가능하다.

다. 가족법상 행위

적용이 없는 것이 원칙인데, 다만 착오에 의한 혼인과 입양은 신분관계 창설에 대한 합의가 없는 경우에 해당하여 무효이다.

라. 쌍방착오

---

5) [테마 26], 매매 참조.
6) 제731조(화해의 의의) 화해는 당사자가 상호양보하여 당사자 간의 분쟁을 종지할 것을 약정함으로써 그 효력이 생긴다.
   제732조(화해의 창설적효력) 화해계약은 당사자 일방이 양보한 권리가 소멸되고 상대방이 화해로 인하여 그 권리를 취득하는 효력이 있다.
   제733조(화해의 효력과 착오) 화해계약은 착오를 이유로 하여 취소하지 못한다. 그러나 화해당사자의 자격 또는 화해의 목적인 분쟁 이외의 사항에 착오가 있는 때에는 그러하지 아니하다.

착오의 내용이 일치하지 않는 경우에는 각각의 의사표시에 착오규정을 적용하면 되지만, 착오의 내용이 일치하는 경우에는 이를 없었던 것으로 해야 하는 것이 아닌지 의문이 될 수 있다. 왜냐하면, 쌍방 모두 원래 기대했던 법률행위가 아니기 때문이다. 그런데, 판례는 이 부분에 대해 착오규정을 적용하여 취소할 수 있다는 입장이다.

마. 불이익이 없는 착오

착오가 법률행위 내용의 중요 부분에 있다고 하기 위해서는 표의자에 의하여 추구된 목적을 고려하여 합리적으로 판단하여 볼 때, 표시와 의사의 불일치가 객관적으로 커야 하고, 만일 그 착오로 인하여 표의자가 무슨 경제적인 불이익을 입은 것이 아니라고 한다면 이를 법률행위 내용의 중요 부분의 착오라고 할 수 없다.

바. 동기의 착오

착오에 관한 법리는 법률행위 내용에 들어와 있는 경우를 대상으로 하므로, 법률행위에 이르는 과정에서 당사자가 내면에 갖고 있던 동기의 착오(예를 들어, 부모님에게 전원주택을 건축해 드리려고 토지를 매입하는 경우, 법률행위 내용은 토지매입에 국한되고 부모님에 대한 전원주택 제공은 동기에 해당할 뿐이다.)는 포함되지 않는다. 그러나 동기가 표시되어 법률행위 내용이 되는 경우는 당연히 착오에 포함되고(토지를 구입하면서 그 동기를 설명하고 특약 등에 기재한 경우), 나아가 상대방에 의해 유발되거나 제공된 동기도 착오에 포함(이 토지를 구입해 납골당을 지으면 큰 수입을 얻을 수 있다는 설명을 듣고 그 용도로 토지를 매입한 경우)시키는 것이 판례의 태도이다[7].

사. 오표시무해의 원칙

---

[7] "동기의 착오가 법률행위의 내용의 중요 부분의 착오에 해당함을 이유로 표의자가 법률행위를 취소하려면, 그 동기가 당해 의사표시의 내용으로 삼을 것을 상대방에게 표시하고 의사표시의 해석상 법률행위의 내용으로 되어 있다고 인정되면 충분하고 당사자들 사이에 별도로 그 동기를 의사표시의 내용으로 삼기로 하는 합의까지 이루어질 필요는 없다."(대법원 2000.5.12. 2000다12259)

예를 들어, A토지에 대한 매매계약을 체결하는데 당사자 甲과 乙이 모두 A토지를 B로 알고 계약서에 B를 매매대상으로 기재한 경우, 비록 계약서에 B라고 잘못 표시를 하였지만 당사자 모두 A토지에 대한 매매의 합의가 있었으므로 A토지에 대한 매매계약이 유효하게 체결된 것이다. 이러한 경우 B로 잘못 표시된 부분은 계약의 성립에 아무런 해를 미치지 않는다.

아. 경과실 취소의 경우 표의자 책임

착오는 표의자가 중과실인 경우 취소권이 발생하지 않는다. 그렇다면 표의자가 경과실의 경우에는 취소할 수 있다는 것이다. 이 경우 표의자의 경과실에 대해 책임을 물어야 하는 것이 아닌가 문제될 수 있다. 그런데 권리행사는 위법하지 않기 때문에 경과실 취소자의 배상책임을 인정하기 어렵다.

자. 서명날인의 착오 : 표시착오로 보아 제109조 적용

IV. 사기/강박에 의한 의사표시(제110조)[8]

1. 개념

가. 사기에 의한 의사표시

고의로 사람을 속여 착오에 빠지게 하여 의사표시를 하게 만드는 것을 말하는데, 여기서 착오는 제109조의 착오와 같지만 착오의 원인을 상대방이 제공했으므로 중요 부분에 대한 착오가 아니더라도 표의자가 보호되는 것이 다르다. 제109조와 권리경합 관계이다.

---

8) 제110조(사기, 강박에 의한 의사표시) ① 사기나 강박에 의한 의사표시는 취소할 수 있다. ② 상대방 있는 의사표시에 관하여 제3자가 사기나 강박을 행한 경우에는 상대방이 그 사실을 알았거나 알 수 있었을 경우에 한하여 그 의사표시를 취소할 수 있다. ③ 전2항의 의사표시의 취소는 선의의 제3자에게 대항하지 못한다.

나. 강박에 의한 의사표시

고의로 위협하여 공포심을 유발해 의사표시를 하게 만드는 것을 말하는데, 위협의 정도가 심해 의사표시 자체가 불가능한 상태에 이르면 강박의 범위를 넘어 의사무능력 상태가 되므로 그 의사표시이므로 무효가 된다.

2. 효과

가. 상대방의 사기, 강박 : 취소권 발생

나. 제3자의 사기, 강박
1) 상대방 없는 의사표시 : 취소권 발생
2) 상대방 있는 의사표시 : 취소권 발생 (단, 상대방이 사기나 강박에 의한 의사표시라는 사실을 알았거나 알 수 있었을 경우)

다. 취소하는 경우 선의 제3자는 보호

V. 선의 제3자 보호

앞에서 언급한 것처럼, 우리 민법은 의사표시가 처음부터 무효이거나 취소권 행사를 통해 법률행위가 무효로 되는 경우를 대비하여 선의 3자 보호 규정을 두고 있다. 당사자 사이의 의사표시 하자로 인해 이와 상관없는 선의의 3자를 보호하기 위한 특별조문으로서 등기의 공신력을 인정하지 않는 우리 법제(등기를 믿고 부동산 취득을 했더라도 그 이전의 거래관계에 하자가 있으면 등기를 믿었다는 이유로 보호되지 않는다.)에서 매우 중요한 역할을 하는 조문이다. 이러한 보호규정이 없다면 법률행위가 무효이거나 취소되는 경우 이미 이행된 목적물이 몇 단계를 걸쳐 반환되어야 하는 복잡한 일이 발생하게 되는데 이를 차단하여 법적안정성을 도모하는 것이다.

1. 선의란?

선의라는 것은 의사표시의 하자를 모른다는 의미이고 특별히 논할 것이 없다. 조문에 무과실까지 요구하고 있지 않으므로 선의이면 충분하며 과실 여부를 묻지 않는다.

선의는 추정되므로 이를 부정하려는 자가 악의를 증명해야 한다.

2. 제3자란?

"당사자와 포괄승계인(상속 등) 이외의 자로서 하자 있는 의사표시를 기초로 새로운 이해관계를 가지게 된 자"를 말한다.

위 밑줄 친 요건에 해당하는지 검토하여 충족되는 경우 제3자이며, 제3자 중 선의(하자있는 의사표시에 의한 것인지 모름.)인 경우 보호받는다(차단효가 생긴다고 표현한다.).

3. 대항하지 못한다

대항하지 못한다는 말은 선의 3자에게 무효나 취소 사유를 주장할 수 없다는 뜻이다. 즉, 차단효가 생겨 보호받으므로 선의 3자에 대해서 해당 법률행위는 유효가 되는 것이다. 법률행위 당사자가 무효나 취소를 선의 3자에게 주장할 수 없다는 것이지, 선의 3자가 무효나 취소의 효과를 받아들이는 것은 무방하다. 따라서, "유효하다."라는 표현을 쓰지 않고 "대항하지 못한다."라는 표현을 사용한다.

제3자에 해당하는 경우와 그렇지 않은 경우의 예를 아래 정리한다. 아래 제3자에 해당하면서 선의인 경우 보호된다.

편의상 제108조 통정허위표시를 기준으로 설명하였지만, 나머지 의사표시 하자의 경우에도 동일하게 적용된다.

〈제3자에 해당하는 경우〉

① 통정허위표시의 매수인으로부터 저당권을 설정받은 자[9]

② 통정허위표시의 매수인으로부터 소유권이전등기청구권 보전을 위한 가등기를 취득한 자

③ 통정허위표시의 매수인으로부터 그 목적물을 다시 매수한 자

④ 통정허위표시의 매수인으로부터 임차한 자

⑤ 통정허위표시에 의한 채권을 (가)압류한 자

⑥ 통정허위표시에 기한 채권의 양수인

⑦ 통정허위표시에 의해 설정된 전세권에 대해 저당권을 설정받은 자

⑧ 통정에 의한 타인 명의 예금통장의 명의인으로부터 예금채권을 양수한 자

⑨ 통정한 저당권설정 행위에 기한 저당권의 실행으로 목적물의 경락받은 자

⑩ 통정한 저당권설정 행위에 기한 근저당권을 양수한 자

〈제3자에 해당하지 않는 경우〉

① 통정허위표시에 있어 매수인의 일반 채권자[10]

---

9) 〈사례연습〉 A가 B에게 자기 소유의 주택을 1억 원에 매도하였으나 사실은 허위매매였다. 즉, A는 형식상 B에게 매매처럼 위장하여 등기를 이전하였으나 1억 원은 받지 않았다. 나중에 B는 A에게 다시 등기를 이전해 주기로 한 상황이었다. 그럼에도 B는 긴급자금이 필요해 C은행에서 대출을 받으면서 위 주택에 저당권을 설정하였다. 나중에 A는 제108조를 근거로 B에게 무효를 주장하면서 등기를 넘겨 달라고 요청해 겨우 넘겨받았으나 확인 결과 저당권이 설정되었다는 사실을 알게 되었다. A는 C은행에 공문을 보내어 B와의 거래가 가장매매였음을 통보하는 한편, 제108조에 의해 무효이므로 저당권도 효력이 없다고 통보하였다. 정당한 주장일까?

C은행이 보호되는 제3자인지가 쟁점이다. 제3자의 개념을 하나씩 적용하자.
C은행은 A와 B의 관계에서 당사자 또는 포괄승계인 이외의 자이다.
C은행은 허위양도 행위를 기초로 등장하였고, 저당권설정행위는 가장매매에 이은 새로운 법률관계이다. 따라서, C은행은 제3자이며 선의인 경우(가장매매 사실을 모른 경우) 무효의 법률효과가 차단되어 보호된다.

결국 A는 C은행에 대해 저당권 소멸을 주장하지 못하고, 그로 인한 손해는 B를 상대로 손해배상 청구를 하는 등의 방법으로 정산해야 한다.

10) 새로운 이해관계가 아니다.

② 부동산에 대한 가등기약정 후 허위양도를 거쳐 가등기가 경료된 경우의 가등기권자[11]

③ 저당권 등 제한물권이 허위로 포기된 경우의 기존의 후순위 제한물권자[12]

④ 토지임차인이 자기 소유의 건물을 가장양도한 경우 토지소유자[13]

⑤ 통정한 제3자를 위한 계약에서 제3자[14]

⑥ 대리인의 통정허위표시에서 본인[15]

⑦ 채권을 허위양도 한 경우 채무자[16]

⑧ 통정허위매매에 기한 손해배상청구권의 양수인[17]

---

11) 새로운 이해관계가 아니다. 기초적 법률관계가 이미 양도전에 존재 했다.
12) 새로운 이해관계가 아니다.
13) 새로운 이해관계가 아니다.
14) 제삼자를 위한 계약에서 제삼자는 계약 당사자이지 제3자가 아니다.
15) 대리에 있어 본인(위임인)은 새로운 이해관계인이 아니라 계약의 당사자이다.
16) 새로운 이해관계가 아니다.
17) 새롭게 발생한 권리가 아니다.

1. 비진의표시의 상대방이 선의, 무과실인 경우에만 의사표시는 유효하다.[1]

2. 통정허위표시는 무효이나 은닉행위는 유효이다.[2]

3. 신탁행위는 대표적인 통정허위표시이다.[3]

4. 통정허위표시가 채권자취소(사해행위취소)권의 요건에 해당하면 취소도 가능하다.[4]

5. 착오가 법률행위의 중요 부분에 속하지만 표의자가 경과실이 있는 경우 의사표시는 취소할 수 없다.[5]

6. 진의가 아닌 의사표시를 하였으나 상대방이 이를 충분히 알 수 있었던 경우에는 의사표시대로 법률효과가 발생한다.[6]

7. 착오가 법률행위의 중요 부분에 속하면서 표의자가 중대한 과실이 있는 경우 착오를 이유로 취소할 수 있다.[7]

8. 법률분쟁에 대해 상대방과 화해(합의)를 하였다면 착오를 이유로 취소할 수 없다.[8]

9. 소유권귀속에 관한 착오는 중요 부분의 착오가 아니다.[9]

10. 평수부족, 시가착오는 중요 부분의 착오이다.[10]

11. 불이익이 없는 착오도 중요 부분의 착오라면 취소할 수 있다.[11]

12. 부동산매매계약서로 알고 서명했는데 보증계약서인 경우 중요 부분의 착오가 된다.[12]

13. A가 B를 속여 B가 C에게 부동산을 증여하였으나 C는 A가 B를 속였다는 사실을 알았던 경

---

[1] O : 상대방이 표의자의 진의를 알았거나(악의) 알 수 있었을 경우(과실)에는 의사표시가 무효가 되므로, 의사표시가 유효하려면 상대방이 진의를 모르고(선의) 모르는데 잘못이 없어야 (무과실)한다.

[2] O

[3] X : 신탁행위는 일정한 목적이 정해져 있을 뿐 권리이전의 합의는 존재하므로 허위표시가 아니다. 이와 달리 권리이전의 합의가 없는 상태에서 명의만 변경하는 '명의신탁'은 대표적인 통정허위표시이다.

[4] O : 권리경합

[5] X : 중과실이 있는 경우만 취소할 수 없다.

[6] X : 상대방 보호가 필요 없으므로 진의대로 법률효과가 발생한다.

[7] X : 중과실이 있으면 취소할 수 없다.

[8] O

[9] O : 타인 권리를 처분하는 계약도 유효하며 하자가 없다(무효 또는 취소의 대상이 아니다.). 다만 이를 취득해 이전하지 못하면 채무불이행의 문제가 발생할 뿐이다.

[10] X

[11] X : 불이익이 없는 착오는 취소할 수 없다.

[12] O : 법률행위 성질의 동일성에 대한 착오는 중요 부분의 착오이다.

우 B의 증여 행위는 무효이다.[13]

14. 사기에 의한 의사표시의 취소는 중요 부분의 착오가 아니더라도 가능하다.[14]

15. 통정허위표시에 의해 발생한 채권을 가압류한 사람은 선의인 경우 보호된다.[15]

16. 하자 있는 의사표시에 있어 보호되는 제3자는 선의이며 무과실이어야 한다.[16]

17. 무효나 취소의 경우 보호받는 선의 제3자가 무효 취소를 받아들이는 것은 무방하다.[17]

18. 제3자를 위한 계약에서 수익자는 무효나 취소의 경우 보호받는 제3자에 속하지 않는다.[18]

19. 가장매매의 매수인으로부터 매매목적물을 매수한 사람은 선의인 경우 보호되는 제3자에 속한다.[19]

---

13) X : 취소할 수 있는 법률행위다. 즉, B는 A에 대해 취소권을 갖는다.
14) O : 착오가 상대방의 기망에 의해 유발된 것이므로.
15) O : 당사자가 아니며, 허위표시 이후 새로운 법률관계를 맺은 제3자이므로 선의인 경우 보호된다.
16) X : 규정에 '선의'로만 규정되어 있다. 선의에 무과실까지 요구되는 것은 아니다.
17) O : 선의 제3자에게 무효나 취소로 대항할 수 없다는 의미이지, 제3자가 받아들이는 것을 막는 것은 아니다. 따라서 이를 상대적 무효(취소)라고 한다.
18) O : 계약 당시 이해관계가 형성된 당사자이지 새로운 법률관계를 체결한 자가 아니기 때문이다.
19) O

원칙적으로 법률효과(권리변동)를 바라는 사람이 의사표시(법률행위)를 하게 되는데, 이 같은 원칙을 고집하면 모든 법률행위를 직접 해야 하고 제한능력자들은 전혀 법률행위를 할 수 없는 상황이 발생한다. 그렇다면 우리의 경제질서는 매우 위축되어 발전할 수 없고, 제한능력자들은 아무런 권리취득도 할 수 없어 보호를 받지 못하는 불합리가 발생하게 된다. 이것이 "대리"제도가 필요한 이유이며, 이를 통해 우리의 경제질서가 매우 촉진되고 민법의 눈부신 발전을 보게 되었다. 따라서 대리의 법리는 어떻게 하면 대리제도를 위축시키지 않는가에 집중된다. 대리인을 자처하는 사람과 거래하는 상대방의 보호를 두텁게 해야만 대리제도는 존속할 것이다. 그 누구도 대리인을 믿지 못하고 "본인 나오라 해!"라고 한다면 대리제도는 무용지물이 될 것이다. 대리에 대한 이해는 이러한 원리에 바탕을 두고 접근해야 한다.

I. 대리의 개념

"타인(대리인)행위 본인효과"

대리제도의 핵심은 법률행위자와 법률효과 받는 자의 '분리'에 있다. 여기서 법률행위자를 '대리인'이라 하고, 법률효과 받는 자를 '본인'이라고 한다. 즉, 대리인의 법률행위에 대한 모든 효과는 본인(위임인)이 받는 것이다. 대행과 대리가 다른 점은, 대행자는 스스로 판단할 수 없고 시키는 일만 한다는 것이며(손과 발의 역할), 대리인은 스스로의 판단에 의해 자유로운 의사표시(법률행위)를 하며 그 모든 효과는 본인에게 돌아간다(머리의 역할)는 것이다.

즉, 대리인은 독자적인 판단으로 법률행위를 하고, 스스로는 아무런 법률효과도 받지 않는 것이 대리제도의 특징이다. 따라서, 법률요건에 관한 문제는 '대리인'을 기준으로 해결하고, 법률효과에 관한 문제는 '본인'을 기준으로 판단해야 한다.

1. 대리와 구별해야 할 제도

대리를 구별하는 5가지 표지로 ① 본인과 별개의 독립한 법률지위를 가지는 ② 대리인 자신이 하거나 받는 ③ 의사표시에 의하여 ④ 본인을 위해 한다는 대리적 효과의사에 따라 ⑤ 그 법률효과가 직접 본인에게 돌아가는 것이어야 한다.

가. 간접대리

타인의 계산으로, 그러나 자기의 이름으로 법률행위를 하고, 그 효과는 행위자 자신에게 생기며, 후에 그가 취득한 권리를 타인에게 이전하는 관계(위탁매매)로, ④, ⑤가 다르다.

나. 사자

심부름하는 자를 말한다. 따라서 의사결정은 대리인이 아닌 본인이 하고, 법률행위가 아닌 사실행위도 가능하다.

다. 대표

법인 대표는 법인과 독립한 법률지위를 갖지 않으며, 사실행위나 불법행위도 대표가 가능하다는 면에서 다르다.

2. 대리의 종류

가. 능동대리, 수동대리

- 능동대리 : 대리인이 의사표시를 하는 경우를 말한다.
- 수동대리 : 대리인이 상대방으로부터 의사표시를 받는 경우를 말한다.

나. 임의대리, 법정대리

- 임의대리 : 대리권이 법률행위에 의해 주어지는 경우
- 법정대리 : 대리권이 법률규정에 의해 주어지는 경우

다. 유권대리, 무권대리

정당한 대리권이 없이 대리인을 사칭하는 경우를 (광의)무권대리라 하는데, 무권대리는 '표현대리'와 '협의의 무권대리'로 나뉜다.

3. 3면 관계

대리에 관한 공부는 입체적 접근이 필요하다. 법률관계가 삼면관계의 형태로 나타나기 때문에 이러한 삼면관계를 분석적으로 접근할 필요가 있다.

① 대리권 관계 : 대리인과 본인의 관계
- 대리권발생, 대리권범위, 대리권제한, 대리권소멸, 복대리
② 대리행위 관계 : 대리인과 상대방의 관계
- 현명주의, 대리행위 하자, 대리인의 능력, 무권대리
③ 법률효과 관계 : 상대방과 본인의 관계
- 본인의 능력

II. 대리권 발생(수권행위)

1. 법률규정에 의한 대리권 발생(법정대리권)

친권자, 후견인 등 당연히 대리인이 되는 경우와, 부재자 재산관리인, 상속관재인 등 법원의 선임행위로 대리인이 되는 경우가 있다.

2. 법률행위(의사표시)에 의한 대리권 발생(임의대리권)

가. 개념 및 성격

본인(위임인)이 대리인(수임인)에게 대리권을 수여하는 의사표시를 하면 대리인에게 대리권이 발생한다[1]. 이러한 대리권 수여의 의사표시를 '수권행위'라 하는데, 일방적 의사표시로 대리권이 발생되므로 수권행위는 단독행위이다. 대리권 수여에 대리인의 동의가 필요 없다는 뜻이다.

대리인은 자신의 행위에 아무런 책임을 지지 않기 때문에 대리인이 된다는 사실은 대리인 자신에게 아무런 피해가 없다. 오히려 본인 입장에서 수권행위를 남발하는 것이 본인의 지위를 불안하게 하므로 자제할 필요가 있다.

나. 수권행위의 독립성 및 유인성

수권행위는 단독으로 이루어질 수 있지만 다른 계약 속에 묻어서 이루어지는 경우도 있다. 예를 들어 위임계약(제680조)을 체결하는 경우 그 속에 수권행위라는 단독행위도 포함된 것으로 해석된다. 이처럼 수권행위는 계약의 형태인 원인행위와 별개이면서(독립성) 원인행위에 포함되어 행사되거나 별도로 행사되기도 한다.

---

1) 제114조(대리행위의 효력) ① 대리인이 그 권한 내에서 본인을 위한 것임을 표시한 의사표시는 직접 본인에게 대하여 효력이 생긴다. ② 전항의 규정은 대리인에게 대한 제3자의 의사표시에 준용한다.

공인노무사 테마민법

수권행위의 독립성을 인정할 경우 원인행위와 수권행위의 상관관계를 설명하는 방법으로 무인설과 유인설이 있다. 무인설은 원인행위와 수권행위가 서로 영향을 주지 않는다는 입장이고, 유인설은 그 반대의 입장에 있다. 위임계약을 하면 별도로 대리권 수여(수권행위)도 한 것으로 본다. 그 후 위임계약이 해제되었을 때 수권행위가 자동으로 철회되는지(유인설), 아니면 수권행위는 유지되고 별도의 철회행위를 해야 해소되는지(무인설) 문제되는데 우리 민법은 유인설을 명백히 밝히고 있다[2]. 즉, 원인행위가 종료되면 그 속에 독자성을 갖고 포함되어 있던 대리권도 철회되어 대리관계는 자동 소멸한다. 물론 원인행위는 그대로 두고 수권행위만 별도로 철회하는 것도 가능하다.

III. 임의대리권 범위 - 범위초과 시 무권대리

1. 원칙

수권행위 내용을 해석해서 임의대리권의 범위를 정한다. 예를 들어, 부동산의 처분 권한을 받은 대리인은 그 부동산의 매매대금을 수령할 권한도 있다고 해석하는 것이 판례의 입장이다.

2. 보충규정

수권행위의 내용을 명백히 밝힐 수 없는 경우를 대비해 민법은 보충적인 규정을 두고 있다[3].

① 보존행위 : 가옥의 수선, 소멸시효 중단, 미등기부동산 등기
② 이용행위 : 물건의 임대, 이자부 금전대여

---

2) **제128조(임의대리의 종료)** 법률행위에 의하여 수여된 대리권은 전조의 경우 외에 그 원인된 법률관계의 종료에 의하여 소멸한다. 법률관계의 종료 전에 본인이 수권행위를 철회한 경우에도 같다.
3) **제118조(대리권의 범위)** 권한을 정하지 아니한 대리인은 다음 각호의 행위만을 할 수 있다.
   1. 보존행위
   2. 대리의 목적인 물건이나 권리의 성질을 변하지 아니하는 범위에서 그 이용 또는 개량하는 행위

③ 개량행위 : 무이자 금전대여를 이자부로 변경

IV. 대리권의 제한 - 제한 어길 시 무권대리

1. 자기계약, 쌍방대리 금지[4]

자기계약이란, 대리인이 한편으로는 본인을 대리하고 다른 한편으로는 당사자의 자격으로 계약을 체결하는 것이다. 즉, 대리인과 상대방이 일체화되는 것을 말한다. 이때 대리인은 자기가 유리한 쪽으로 대리행위를 할 수 있기 때문에 금지된다. 예를 들어 대리인에게 좋은 가격에 자기 집을 팔아 달라고 매매계약을 위임하였는데 대리인 자신이 그 집을 사는 경우, 가격 결정에 있어 대리인이 이익을 보기 위해 염가매매를 하는 등으로 본인에게 손해를 입힐 위험이 발생한다.

쌍방대리란, 대리인이 상대방의 대리인과 일체화되는 것을 말한다. 즉, 대리인이 한편으로는 본인을 대리하고 다른 한편으로는 상대방을 대리하는 경우를 말한다.

두 가지 모두 본인에게 불이익을 줄 수 있으므로 금지하되 본인이 허락하거나 채무의 이행, 이미 성립된 계약에 따른 등기신청 등 본인에게 불이익이 없는 경우에는 허용한다.

2. 공동대리

대리인이 여러 명인 경우 단독대리가 원칙이다[5]. 그러나 법률규정이나 수권행위를 통해 반드시 공동대리를 하도록 한 경우 각 대리권은 제한을 받는다. 이는 비록 신속한 대리행위는 이루어지지 않더라도 서로 견제가 되어 본인 보호의 효과가 있기 때문에 이런 필요가 있는 경우 공동

---

4) 제124조(자기계약, 쌍방대리) 대리인은 본인의 허락이 없으면 본인을 위하여 자기와 법률행위를 하거나 동일한 법률행위에 관하여 당사자 쌍방을 대리하지 못한다. 그러나 채무의 이행은 할 수 있다.
5) 제119조(각자대리) 대리인이 수인인 때에는 각자가 본인을 대리한다. 그러나 법률 또는 수권행위에 다른 정한 바가 있는 때에는 그러하지 아니하다.

대리를 활용한다.

다만 수동대리는 상대방 보호를 위해 각자대리가 가능하다. 그렇지 않다면 상대방이 일일이 공동대리인을 찾아 의사표시를 해야 하는 번거로움을 감수하게 해야 하는데 이 경우 대리제도가 위축될 우려가 있는 것이다.

V. 대리권남용 - 대리권일탈과 비교

대리권남용이란 대리권의 범위 내에서 적법한 대리행위를 했는데 다만 자기나 다른 사람의 이익을 위한 것, 즉 사리 도모를 한 경우를 말한다. 따라서 대리권의 범위를 넘어선 '대리권 일탈'과는 다르다.

대리권 남용의 경우에도 원칙적으로 적법한 대리행위이므로 유효하다. 하지만 그 목적이 사리를 도모한 것이므로 그 효과를 본인(위임인)에게 모두 귀속시키는 것이 불합리할 수 있다. 그렇다고 무조건 무효라고 한다면 대리행위의 상대방은 불측의 손해를 받을 수 있다. 이것을 조절하기 위한 방안에 대해 여러 학설이 있는데, 비진의 표시에 관한 제107조 제1항 단서를 유추 적용하여 상대방이 사리 도모 사실을 알았거나 알 수 있었을 경우에는 상대방 보호이익이 적어지므로 무효로 한다는 것이 주류 의견이다[6].

---

6) 대리권남용은 명문규정이 없었는데 최근 법무부 민법개정위원회에서 대리권남용에 관한 규정을 신설하는 민법개정안이 제안되었다.

1. 임의대리와 법정대리의 공통적 소멸원인(제127조)[7]

- 본인 : 사망
- 대리인 : 사망, 성년후견의 개시, 파산

'본인'의 성년후견 개시는 대리권 소멸사유가 아니다. 오히려 법정대리인(후견인) 선정사유가 된다. 본인의 파산에 관해서는 규정을 두고 있지 않다. 그러나 원인행위가 위임인 경우 본인의 파산은 위임관계의 종료 원인이 되므로[8] 아래 제128조를 적용하여 해결할 수 있다. 즉, 본인의 파산은 제127조에는 규정하고 있지 않고, 제128조가 적용될 수는 있다.

2. 임의대리의 특수한 소멸원인(제128조)[9]

예를 들어, 위임계약을 체결한 경우 위임계약 속에는 대리권 수여라는 수권행위가 포함되어 있기 때문에 대리관계가 발생한다. 이 수권행위는 원인행위인 위임계약과는 별개의 행위(단독행위)이므로 만약 위임이 종료하여도 수권행위는 남아 있을 수 있다는 주장이 가능하다. 다행히 우리 민법은 위와 같이 원인이 된 법률관계의 종료로 당연히 수권행위도 철회된다고 규정해 두고 있어 이론의 여지없이 이때에도 대리권은 소멸한다.

원인이 된 법률관계가 있더라도 수권행위만을 철회하여 대리권을 소멸시킬 수 있음은 당연하다. 즉, 위임계약은 그대로 두고 대리권만을 소멸시킬 수 있다는 이야기다.

---

7) 제127조(대리권의 소멸사유) 대리권은 다음 각호의 어느 하나에 해당하는 사유가 있으면 소멸된다.
   1. 본인의 사망
   2. 대리인의 사망, 성년후견의 개시 또는 파산
8) 제690조(사망·파산 등과 위임의 종료) 위임은 당사자 한쪽의 사망이나 파산으로 종료된다. 수임인이 성년후견개시의 심판을 받은 경우에도 이와 같다.
9) 제128조(임의대리의 종료) 법률행위에 의하여 수여된 대리권은 전조의 경우 외에 그 원인된 법률관계의 종료에 의하여 소멸한다. 법률관계의 종료 전에 본인이 수권행위를 철회한 경우에도 같다.

단순한 수권행위(단독행위)가 아닌 위임계약을 통해 대리인이 선임된 경우 대리권 소멸원인을 종합하면 다음과 같다.

- 본인 사망(제127조 제1호)
- 대리인 사망(제127조 제2호)
- 대리인 성년후견 개시(제127조 제2호)
- 위임계약 종료(제128조 전단)
- 수권행위 철회(제128조 후단)
- 본인파산 (제690조 및 제128조 전단)

VII. 현명주의(대리의사의 표시)

대리인의 행위가 대리행위로 성립하려면 본인을 위한 것임을 표시하여야 한다[10]. 현명하지 않더라도 대리인의 이름만 있는 경우이거나 현명하지 않은 경우, 자기를 위한 법률행위로 간주하여 거래안전을 보호한다. 따라서 이 경우 대리인은 현명누락에 대해 착오를 이유로 취소하지 못한다. 다만, 상대방이 대리인으로서 한 것임을 알았거나 알 수 있었을 때에는 상대방에게 불이익이 없으므로 대리의 효력이 발생한다[11].

대리인의 이름이 없는 경우라도 대리권 범위 내라면 유효하다. 대리인 이름만 있는 현명은 현명이 아니고 자기를 위한 것으로 간주한다[12]. 수동대리의 경우에는 상대방이 본인에 대한 의사표시임을 알려야 한다.

---

10) 제114조(대리행위의 효력) ① 대리인이 그 권한 내에서 본인을 위한 것임을 표시한 의사표시는 직접 본인에게 대하여 효력이 생긴다. ② 전항의 규정은 대리인에게 대한 제3자의 의사표시에 준용한다.
11) 제115조(본인을 위한 것임을 표시하지 아니한 행위) 대리인이 본인을 위한 것임을 표시하지 아니한 때에는 그 의사표시는 자기를 위한 것으로 본다. 그러나 상대방이 대리인으로서 한 것임을 알았거나 알 수 있었을 때에는 전조 제1항의 규정을 준용한다.
12) 제115조(본인을 위한 것임을 표시하지 아니한 행위) 대리인이 본인을 위한 것임을 표시하지 아니한 때에는 그 의사표시는 자기를 위한 것으로 본다. 그러나 상대방이 대리인으로서 한 것임을 알았거나 알 수 있었을 때에는 전조 제1항의 규정을 준용한다.

VIII. 대리행위의 흠(제116조)[13]

　법률행위의 당사자는 대리인이므로 법률행위의 무효나 취소, 선악 또는 과실여부 등은 대리인을 기준으로 판단한다(취소권은 대리인이 아닌 위임인에게 발생한다.). 다만, 본인의 지시에 의한 법률행위를 한 경우에는 본인이 악의 또는 과실인 경우 상대방에 대해 대리인의 선의를 주장하지 못한다.

　이러한 대리인 기준에 두 가지 예외가 있다. 제104조(폭리행위)에서 '궁박', 제109조(착오)에 있어 '중요 부분'은 본인을 기준으로 판단해야 한다.

IX. 대리인의 능력

　제한능력자도 대리인이 될 수 있다[14]. 행위능력 제도는 제한능력자를 보호하기 위한 규정인데 대리인은 그 원리상 자신은 아무런 법률효과도 받지 않기 때문에 보호가 필요한 위험상황은 발생하지 않는다. 제한능력자를 대리인으로 두는 불이익은 수권행위를 한 본인 스스로 감수하는 것이다. 결국 제한능력자의 대리행위는 유효하고 따라서 제한능력자라는 이유로 그가 수권자(본인)를 위해 한 대리행위를 취소할 수 없다.

X. 법률효과 관계

　대리인의 법률행위의 효과는 모두 본인에게 발생한다. 대리는 법률행위에 관한 것이므로 대

---

13) 제116조(대리행위의 하자) ① 의사표시의 효력이 의사의 흠결, 사기, 강박 또는 어느 사정을 알았거나 과실로 알지 못한 것으로 인하여 영향을 받을 경우에 그 사실의 유무는 대리인을 표준하여 결정한다. ② 특정한 법률행위를 위임한 경우에 대리인이 본인의 지시에 좇아 그 행위를 한 때에는 본인은 자기가 안 사정 또는 과실로 인하여 알지 못한 사정에 관하여 대리인의 부지를 주장하지 못한다.
14) 제117조(대리인의 행위능력) 대리인은 행위능력자임을 요하지 아니한다.

리인이 불법행위를 한 경우에는 더 이상 대리의 문제가 아니다. 본인은 법률행위를 하지 않으므로 의사능력과 행위능력은 필요하지 않다. 다만, 법률효과를 받으므로 권리능력은 필요하다.

XI. 복대리(대리인의 복임권 행사에 의한 분신 대리인)

1. 개념

대리인이 그의 권한 내의 행위를 행하게 하기 위해, 대리인 자신의 이름으로 선임한 본인의 대리인을 말한다. 대리인이 복대리인을 선임할 수 있는 권한을 '복임권'이라 한다.

2. 특징

복임권은 대리인의 고유 권한이지 본인(위임인)의 권한이 아니다. 즉 복임행위는 대리행위가 아닌 대리인이 자기 고유의 권한을 행사하는 것이다. 이렇게 복임행위에 의해 탄생한 대리인만을 '복대리인'이라 한다. 복임권 행사가 아닌 다른 방법에 의해 추가 선임되는 대리인은 일반 '대리인'이지 '복대리인'은 아닌 것이다. 즉, 대리인이 여러 명이라 해서 모두 복대리인이 되는 것은 아니다. 본인(위임인)이 대리인을 여러 명 두거나 추가하는 경우는 복대리인이 아니라 그냥 여러 명의 대리인이다.

복임권 발생 → 복임권 행사(복임행위) → 복대리 탄생

복대리인이 비록 대리인의 복임행위로 탄생했지만 엄연히 대리인이 아닌 본인(위임인)의 독립적인 대리인이다. 또한 복대리인이 탄생한 이후라도 본래 대리인의 대리권은 그대로 유지된다. 결국, 복대리는 대리인이 자신의 복임권 행사로 분신을 복제했고 그 분신이 독립적으로 본인의 대리인이 되는 것이다. 본인의 입장에서는 복제된 대리인을 포함해 여러 명의 대리인이 생

기는 것이며 그 대리인의 모든 대리행위에 대해 본인이 법률효과를 고스란히 받게 되는 것이다.

3. 복임권 발생과 책임

이처럼 복대리인은 대리인이 독자적인 복임행위로 대리인을 복제해 낸 것이고, 복대리인의 법률행위는 대리인의 법률행위와 마찬가지로 본인이 모든 법률효과를 받는다. 따라서 본인의 입장에서는 자신도 모르는 사이에 자신에게 법률효과를 주는 복제대리인이 탄생하는 것이므로 매우 조심스럽다. 따라서, 대리인에게 발생하는 복임권과 그 책임에 대해 특별히 규정을 두고 있다.

가. 임의대리인의 복임권과 해임

원칙적으로 임의대리인은 복임권이 없다. 다만 본인의 승낙이 있거나 부득이한 사유가 있는 경우 제한적으로 복임권이 있다[15]. 이처럼 부득이한 경우 복임권을 갖게 되므로 대리인은 복대리인에 대한 선임 및 감독책임만 진다. 또한 본인(위임인)의 지명에 의해 복대리인을 선임한 경우에는 더욱더 책임이 경감되어 복대리인이 적임이 아니거나 불성실함을 알고도 침묵한 경우에만 책임을 진다[16].

나. 법정대리인

법정대리인의 권한은 넓고 사임은 어려우며 신임관계를 바탕으로 하지 않기 때문에 원칙적으로 폭넓은 복임권이 있다[17]. 자유는 책임이 따르므로 복임권이 폭넓은 만큼 책임도 무제한이다.

---

15) **제120조(임의대리인의 복임권)** 대리권이 법률행위에 의하여 부여된 경우에는 대리인은 본인의 승낙이 있거나 부득이한 사유 있는 때가 아니면 복대리인을 선임하지 못한다.
16) **제121조(임의대리인의 복대리인 선임의 책임)** ① 전조의 규정에 의하여 대리인이 복대리인을 선임한 때에는 본인에게 대하여 그 선임감독에 관한 책임이 있다. ② 대리인이 본인의 지명에 의하여 복대리인을 선임한 경우에는 그 부적임 또는 불성실함을 알고 본인에게 대한 통지나 그 해임을 태만한 때가 아니면 책임이 없다.
17) **제122조(법정대리인의 복임권과 그 책임)** 법정대리인은 그 책임으로 복대리인을 선임할 수 있다. 그러나 부득이한 사유로 인한 때에는 전조 제1항에 정한 책임만이 있다.

공인노무사 테마민법

다만 부득이한 사유로 복대리인을 선임한 경우에는 임의대리인과 책임범위가 동일해진다.

4. 복대리인의 지위

대리인의 감독을 받고, 대리인의 대리권 존재와 범위에 의존한다[18]. 따라서 대리인의 대리권보다 범위가 넓을 수 없고 대리인의 대리권이 소멸하면 복대리인의 복대리권도 소멸한다. 나머지는 대리인과 동일하다.

5. 복대리권의 소멸

대리권의 일반 소멸원인(제127조, 제128조) + 대리인의 대리권 소멸 + 대리인의 복임권 수권 철회(복대리 해임)

XII. 무권대리의 처리

1. 유동적무효

가. 개념

무권대리는 대리권 없는 대리행위를 말한다. 대리권이 없다는 사실 이외에 다른 모든 요소는 유권대리의 형식을 갖추고 있다. 대리권이 없는 경우란 원래부터 없던 경우, 있다가 소멸한 경우, 대리권 범위를 넘은 경우 등을 말한다. 무권대리는 표현대리처럼 유효한 대리행위로 정리되는 경우도 있고, 확정적으로 대리행위의 효과가 부정되는 경우도 있다. 따라서 무권대리 자체는 유동적 상태의 무효이다.

---

18) 제123조(복대리인의 권한) ① 복대리인은 그 권한 내에서 본인을 대리한다. ② 복대리인은 본인이나 제3자에 대하여 대리인과 동일한 권리의무가 있다.

나. 법적 효과

무권대리는 대리가 아니므로 효력을 인정할 수 없다. 따라서 본인에게는 아무런 효력이 없고 무권대리인이 상대방에 대해 불법행위책임을 지는 것으로 정리되는 것이 원칙이다.

그런데 이러한 원칙을 무작정 고집하여 무권대리인과 상대방만의 문제로 축소한다면 상대방 입장에서는 대리인이라 칭하는 사람과의 거래행위를 꺼리게 될 것이고 대리제도는 후퇴할 것이다. 따라서 우리 민법은 대리제도의 유지를 위해 무권대리에도 되도록 유권대리에 상응하는 효과를 주기 위해 특단의 규정들을 두었는데 큰 흐름은 다음과 같다.

먼저, 무권대리(광의) 중 본인에게 일부라도 책임이 인정되는 경우를 표현대리로 분류하여 유권대리와 동일하게 본인에게 법률효과를 발생시키고, 나머지 무권대리(협의 무권대리)도 일단 본인이 스스로 법률효과를 감수하는 선택권(추인권)을 주고, 그럼에도 무권대리로 귀속되는 경우(막장 무권대리) 최후에는 대리인이 책임지도록 규정하고 있다. 무권대리에 관하여는 별도의 항에서 설명한다.

2. 표현대리

무권대리지만 무권대리 발생에 조금이라도 본인의 기여가 있는 경우 마치 유권대리처럼 본인에게 법률효과를 발생시키는 경우를 말한다. 표현대리로 인해 상대방은 보호되는 효과가 있고 대리제도는 활성화될 수 있다.

본인에게 전적인 책임을 지우고 상대방을 보호하는 제도이므로 상대에게 잘못이 있다는 이유로 본인이 과실상계 주장을 할 수 없다. 다만 상대방을 보호할 필요가 없는 경우에는 표현대리를 적용하지 않는다.

엄연한 무권대리이므로 유권대리를 주장하는 것에 표현대리 주장이 포함된 것은 아니다. 따라서 법원은 변론주의 원칙상 당사자가 유권대리만을 주장한 경우 표현대리에 대한 심리와 판단을 할 수 없다. 유권대리 주장이 기각된 경우 다시 표현대리를 주장하는 것은 가능하다.

위임인이 표현대리를 주장할 수는 없다. 추인하면 유효한 대리행위가 되기 때문에 표현대리 주장은 상대방에게만 실익이 있을 뿐이다.

가. 제125조의 표현대리 : 대리권 수여 표시에 의한 표현대리[19]

본인이 상대방에게 대리인이라고 표시한 경우에는 무권대리라도 유권대리와 같은 효력이 있다. 그 특성상 법정대리에는 적용이 없다(법정대리는 사람이 대리권 수여를 표시할 여지가 없다.). 다만, 상대방이 대리권 없음을 알았거나 알 수 있었을 때에는 상대방을 보호할 필요가 없으므로 원칙으로 돌아가 무권대리로 끝난다.

대리권 수여표시는 주로 호칭의 사용을 허락하는 형태로 이루어진다. 남에게 호칭사용을 허락하는 경우 상대방은 그 호칭에 따른 대리관계가 존재하는 것으로 믿고 법률행위를 하게 되므로 이에 대한 책임을 호칭 부여자에게 부담시키는 것이다.

예를 들어, A호텔이 B, C 등 업체에게 대리점, 판매점, 연락사무소 등의 명칭 사용을 묵인한 경우, B와 C가 A호텔이 진행 중이던 VIP회원 모집계약을 임의로 수행하였다면 A호텔은 그 효력을 부정하지 못하게 된다.

호칭이 아닌 일정한 서류를 교부하는 것도 대리권 수여가 될 수 있다. 예를 들어, 부동산을 매도할 수 있는 각종 서류(위임장, 인감증명서, 인감도장 등)를 갖고 있도록 한 경우 이를 대리권수

---

19) 제125조(대리권수여의 표시에 의한 표현대리) 제3자에 대하여 타인에게 대리권을 수여함을 표시한 자는 그 대리권의 범위 내에서 행한 그 타인과 그 제3자 간의 법률행위에 대하여 책임이 있다. 그러나 제3자가 대리권 없음을 알았거나 알 수 있었을 때에는 그러하지 아니하다.

여 표시로 보아 위 사람이 실제 부동산을 매도한 경우 상대방에게 무권대리를 주장할 수 없는 것이다.

제125조 표현대리는 독립된 표현대리로서의 의미도 있겠지만, 다음에 나오는 제126조의 기본대리권 존재판단의 기준으로서 의미가 크다.

나. 제126조의 표현대리[20]

기본대리권이 존재하는 상태에서 이를 초과한 대리행위에 대해 상대방이 대리권 범위 내의 행위라고 믿을 만한 정당한 이유가 있는 경우에 유권대리와 같은 효력이 있다. 기본대리권을 수여한 본인은 비록 그 초과하는 대리행위라도 어느 정도 책임저야 하는 부분이 있다는 취지의 규정이다.

구조상 기본대리권이 존재해야 하고, 초과한 행위는 기본 대리권과 성격이 다른 별개의 행위를 한 경우까지 폭넓게 인정하고 있다. 상대방의 "정당한 이유"의 의미는 선의, 무과실을 말하며, 상대방에게 입증책임이 있다는 것이 판례의 입장이다.

기본대리권도 매우 폭넓게 인정되어 등기신청행위 등 공법상 대리권은 물론, 복대리권, 표현대리권(표시만 있는 경우, 이미 소멸한 경우) 등도 기본대리권으로 인정된다.

부부간의 일상가사대리권(제827조)도 기본대리권이 된다. 일상가사대리권의 범위에 들어오는 법률행위는 부부가 무한책임을 지게 되므로 표현대리를 검토할 이유가 없다. 일상가사대리권의 범위를 넘어선 부부 일방의 법률행위에 대해서는 제126조 표현대리를 적용해 상대방이 일상가사대리권 범위 내의 행위였다고 믿을만한 정당한 이유가 있는 경우에 부부 모두에게 법률효과를 인정하여 상대방을 보호한다.

---

20) 제126조(권한을 넘은 표현대리) 대리인이 그 권한 외의 법률행위를 한 경우에 제3자가 그 권한이 있다고 믿을 만한 정당한 이유가 있는 때에는 본인은 그 행위에 대하여 책임이 있다.

실무상 제126조 표현대리의 쟁점은 상대방에게 정당한 이유(선의, 무과실)가 있는지에 집중된다.

다. 제129조의 표현대리[21]

대리권이 소멸한 이후 대리행위를 한 경우, 상대방이 선의 무과실인 경우 유권대리와 같이 본인에게 법률효과를 발생시킨다. 선의는 상대방이, 과실은 본인이 입증해야 한다는 것이 판례의 입장이다.

3. 협의의 무권대리[22] - 표현대리에도 적용

가. 계약과 무권대리

1) 본인에 대한 효과

본인은 추인권과 추인거절권을 갖게 된다. 추인권을 행사하게 되면 소급하여 유권대리와 같은 법률효과가 발생하고[23] 추인거절권을 행사하면 무권대리로 확정된다. 추인 또는 추인거절은 상대방에게 하는 것이 원칙이지만, 상대방이 알도록 한다면 무권대리인에게 해도 된다[24].

2) 상대방에 대한 효과

상대방은 최고권(제131조)과 철회권(제134조)을 갖는다.

---

21) 제129조(대리권소멸후의 표현대리) 대리권의 소멸은 선의의 제3자에게 대항하지 못한다. 그러나 제3자가 과실로 인하여 그 사실을 알지 못한 때에는 그러하지 아니하다.
22) 제130조(무권대리) 대리권 없는 자가 타인의 대리인으로 한 계약은 본인이 이를 추인하지 아니하면 본인에 대하여 효력이 없다.
23) 제133조(추인의 효력) 추인은 다른 의사표시가 없는 때에는 계약 시에 소급하여 그 효력이 생긴다. 그러나 제3자의 권리를 해하지 못한다.
24) 제132조(추인, 거절의 상대방) 추인 또는 거절의 의사표시는 상대방에 대하여 하지 아니하면 그 상대방에 대항하지 못한다. 그러나 상대방이 그 사실을 안 때에는 그러하지 아니하다.

최고권은 무권대리행위에 대해 상당한 기간을 정하여 추인여부를 독촉하는 것이다. 본인이 확답을 발하지 않으면 추인거절로 간주한다[25].

철회권은 본인의 추인이 있기 전에 상대방 스스로 본인이나 무권대리인에게 계약을 확정적으로 무효화시키는 의사표시를 하는 것을 말한다. 이때 상대방은 자기모순을 방지하기 위해 선의인 경우만 철회권을 준다[26].

나. 단독행위와 무권대리

상대방 없는 단독행위는 무효이고, 상대방 있는 단독행위는 원칙적으로 무효이나 상당한 예외를 인정하고 있다[27].

4. 협의의 무권대리(막장 무권대리)

협의의 무권대리는, 대리의 근본체계인 "법률행위는 대리인이 하되 그 효과는 직접 본인(위임인)에게 귀속된다."는 원칙을 깨고 예외적으로 대리행위를 한 자에게 직접 책임을 묻는 강력한 조항이다[28]. 따라서 이 조문은 표현대리가 성립하지 않는 경우 마지막으로 적용된다. 만약 그렇지 않으면 무권대리인의 상대방은 표현대리와 협의의 무권대리 책임을 선택적으로 행사할 수 있게 되고 이는 유권대리인의 상대방이 본인에게만 효과를 묻는 것보다 오히려 두텁게 보호되는 결과가 되어 형평에 어긋난다.

---

25) 제131조(상대방의 최고권) 대리권 없는 자가 타인의 대리인으로 계약을 한 경우에 상대방은 상당한 기간을 정하여 본인에게 그 추인여부의 확답을 최고할 수 있다. 본인이 그 기간 내에 확답을 발하지 아니한 때에는 추인을 거절한 것으로 본다.

26) 제134조(상대방의 철회권) 대리권 없는 자가 한 계약은 본인의 추인이 있을 때까지 상대방은 본인이나 그 대리인에 대하여 이를 철회할 수 있다. 그러나 계약당시에 상대방이 대리권 없음을 안 때에는 그러하지 아니하다.

27) 제136조(단독행위와 무권대리) 단독행위에는 그 행위당시에 상대방이 대리인이라 칭하는 자의 대리권없는 행위에 동의하거나 그 대리권을 다투지 아니한 때에 한하여 전6조의 규정을 준용한다. 대리권 없는 자에 대하여 그 동의를 얻어 단독행위를 한 때에도 같다.

28) 제135조(상대방에 대한 무권대리인의 책임) ① 다른 자의 대리인으로서 계약을 맺은 자가 그 대리권을 증명하지 못하고 또 본인의 추인을 받지 못한 경우에는 그는 상대방의 선택에 따라 계약을 이행할 책임 또는 손해를 배상할 책임이 있다. ② 대리인으로서 계약을 맺은 자에게 대리권이 없다는 사실을 상대방이 알았거나 알 수 있었을 때 또는 대리인으로서 계약을 맺은 사람이 제한능력자일 때에는 제1항을 적용하지 아니한다.

대리인의 과실을 불문하고 위 요건에 해당하면 대리인이 책임(이행 또는 손해배상)을 진다(무과실책임). 다만, 대리인이 제한능력자인 경우나 상대방을 보호할 가치가 없는 경우에는 적용이 없다.

1. 민법과 권리

2. 법률행위

3. 채권총론

4. 채권각론

5. 수험조언

1. 대리인이 여럿일 때에는 법률 또는 수권행위에서 달리 정하지 않는 한 공동으로 본인을 대리한다. [1]

2. 본인의 사망, 성년후견개시, 파산은 대리권이 소멸사유이다. [2]

3. 불공정한 법률행위에서 '궁박'의 요건은 대리인을 기준으로 한다. [3]

4. 대리에 있어 본인은 의사능력자임을 요하지 않는다. [4]

5. 본인의 허락이 없어도 다툼이 있는 채무의 이행에 대하여 자기계약이나 쌍방대리가 허용된다. [5]

6. 복대리인은 대리인의 대리행위에 의하여 선임되는 본인의 대리인이다. [6]

7. 대리행위를 착오(제109조)를 이유로 취소할 경우 착오취소 요건인 법률행위의 '중요 부분'은 대리인이 아닌 본인을 기준으로 판단한다. [7]

8. 법정대리인은 폭넓은 복임권이 있다. [8]

9. 가옥의 수건, 소멸시효의 중단, 미등기부동산의 등기 등은 이용행위의 대표적인 예이다. [9]

10. 권한을 정하지 않은 대리인도 무이자 금전대여를 이자부로 변경하는 행위는 가능하다. [10]

11. 대리권의 남용이란 대리인이 대리권의 범위를 초과하여 법률행위를 하는 경우를 말한다. [11]

12. 무권대리에 대해 상대방이 최고권을 행사한 경우 본인이 확답을 발하지 않으면 추인한 것으로 간주하여 유권대리가 된다. [12]

---

1) X : 대리인이 여러 명인 경우 각자대리가 원칙이다. 다만 법률 또는 수권행위에서 공동대리로 정하면 예외로 한다.
2) X : 본인이 아닌 대리인의 성년후견개시, 파산이 대리권의 소멸사유이다. 위임계약을 통한 수권행위는 본인의 파산도 대리권소멸 원인이 될 수 있다.
3) X : 본인기준(대리인은 법률효과를 받지 않으므로 궁박할 이유가 없다)
4) O : 법률행위를 직접 하지 않으므로 권리능력만 있으면 된다. 의사능력이 없다면 오히려 대리인이 필요하므로 대리에 있어 '본인'의 지위가 적합하다.
5) X : 다툼이 있는 채무의 이행에 대해 자기계약, 쌍방대리를 인정하면 본인에게 피해를 줄 수 있어 부정된다.
6) X : 대리행위로 선임한 대리인은 단순한 본인의 대리인일 뿐 이를 복대리인이라 하지 않는다. 복대리인은 대리인이 가진 복임권을 행사하여 만든 대리인이다.
7) O : 대리인은 법률효과를 받지 않으므로 대리인은 법률행위 내용의 중요 부분 여부에 이해관계가 없다.
8) O : 법정대리인의 권한은 넓고 사임은 어려우며 신임관계를 바탕으로 하지 않기 때문에 폭넓은 복임권을 인정한다.
9) X : 보존행위의 대표적인 예이다.
10) O : 개량행위로서 민법 제118조에 의해 가능하다.
11) X : 대리권 범위 내의 대리행위이다. 다만 그 의도가 사적인 이익을 도모(사리도모)한 경우를 말한다.
12) X : 추인거절로 간주한다.

13. 대리인이 불법행위를 한 경우에는 더 이상 대리문제가 아니다.[13]

14. 임의대리인은 폭넓은 복임권이 있다.[14]

15. 타인의 대리인으로 계약을 한 자가 그 대리권을 증명하지 못하고 또 본인의 추인을 얻지 못한 때에는 대리인의 선택에 좇아 계약의 이행 또는 손해배상의 책임이 있다.[15]

16. 권한을 넘은 표현대리에 있어 상대방이 대리권 있음을 믿은 '정당한 이유'는 상대방에게 입증책임이 있다.[16]

17. 권한을 넘은 표현대리에 있어 기본대리권에는 부부간의 일상가사대리권도 포함된다.[17]

18. 대리에 있어 본인은 의사능력이 있어야 한다.[18]

19. 위임계약을 통해 대리관계가 성립한 경우 본인의 파산도 대리권 소멸원인이 될 수 있다.[19]

---

13) O : 대리제도는 법률행위 영역의 제도이다. 불법행위를 한 경우에는 사용자책임이 문제될 수는 있어도 더 이상 대리제도와는 무관하다.
14) X : 임의대리인은 원칙적으로 복임권이 없다. 본인 승낙이 있거나 부득이한 경우 예외적으로 복임권이 있다.
15) X : 상대방의 선택에 좇는다.
16) O
17) O : 제126조의 표현대리에 있어 기본대리권은 공법상 권리, 복대리권, 부부간 일상가사대리권 등 폭넓게 인정된다. 상대방 보호를 위해서는 기본대리권이 폭넓게 인정될 필요가 있다.
18) X : 직접 법률행위를 하지 않으므로 의사능력과 행위능력은 필요하지 않다.
19) O

무효와 취소는 법률행위의 효과가 불완전하게 되는 경우를 말한다.

법률행위가 완전한 경우 그 법률행위가 품고 있는 의사표시가 의욕 한 대로 법률효과(권리변동)가 발생한다. 그렇지 않은 경우, 즉 법률행위에 어떠한 문제가 발생한 경우에는 법률행위는 그 목적한 내용을 그대로 달성하기 곤란해진다. 무효와 취소는 이처럼 법률행위의 효과가 불완전한 상태에 관해 공부하는 것이다.

'무효'는 법이 법률효과를 부인하는 것을 말하고, '취소'는 당사자에게 취소권이라는 형성권을 주어 그 최종적인 효력을 취소권 행사 여부에 맡기는 것을 말한다. 취소권을 행사하면 결국 무효와 같은 효력이 발생한다[1].

법률효과(권리변동)는 결국 확정적으로 유효가 되느냐, 확정적으로 무효가 되느냐의 문제이다. 취소할 수 있는 법률행위는 현재로서는 유효이지만 언제든 확정적인 무효(취소권 행사)나 확정적인 유효(취소권 소멸)로 변화될 수 있으므로 유동적이다(유동적 유효). 한편, 현재로서는 무효이지만 언제든 확정적 무효 또는 확정적 유효로 변화될 수 있는 유동적인 경우도 있다(유동적 무효).

결국, 법률효과는 확정적인 안정(확정적 무효, 확정적 유효)을 향해 가는 과정이라고 볼 때, 유동적인 상태(유동적 유효, 유동적 무효)가 확정적인 상태로 변화되는 과정을 관찰하는 것이 무효와 취소에 있어 핵심이다.

---

1) 제141조(취소의 효과) 취소된 법률행위는 처음부터 무효인 것으로 본다. 다만, 제한능력자는 그 행위로 인하여 받은 이익이 현존하는 한도에서 상환(償還)할 책임이 있다.

I. 확정적 법률효과

1. 확정적 유효

법률요건이 하자 없이 또는 하자가 치유되어 그 목적에 따른 권리변동이 발생하는 것이다.

2. 확정적 무효

이미 발생한 법률효과(권리변동)가 발생하지 않은 상태로 되돌려 확정하는 것을 말한다. 따라서 이미 진행된 이행을 어떻게 처리할 것인지 문제된다. 무효란 처음부터 효과가 없다는 의미지만 타임머신을 타고 시간을 되돌리지 못하는 이상 사후정산을 거쳐 무효와 같은 상태로 만드는 작업이 필요하다. 법률행위가 무효가 되면 이미 이행되었거나 이익을 받았다면 그 근거가 사라진다. 따라서 이는 법률상 원인이 없어 부당이득이 되며, 이러한 부당이득은 상대에게 반환해야한다. 이것이 무효의 대표적인 효과이다.

가. 부당이득 반환[2]

1) 반환방법

원물반환이 원칙이나, 원물반환 불가능한 경우에는 가액을 반환한다.

2) 반환범위[3]

- 선의 수익자 : 현존 이익 한도

---

[2] 제741조(부당이득의 내용) 법률상 원인 없이 타인의 재산 또는 노무로 인하여 이익을 얻고 이로 인하여 타인에게 손해를 가한 자는 그 이익을 반환 하여야 한다.

[3] 제748조(수익자의 반환범위) ① 선의의 수익자는 그 받은 이익이 현존한 한도에서 전조의 책임이 있다. ② 악의의 수익자는 그 받은 이익에 이자를 붙여 반환하고 손해가 있으면 이를 배상 하여야 한다.

- 악의 수익자 : 이익 + 이자 + 손해

    반환범위와 관련한 대표적인 예외로 제한능력자의 반환의무에 대해서는 이미 설명한 바와 같다[4]. 제한능력자의 법률행위는 제한능력자 측의 취소권행사로 인해 무효가 되는 경우 제한능력자의 선악불문 현존이익만 반환한다. 즉 위 제748조 제1항만 적용한다.

    3) 불법원인급여[5]

    제103조 반사회질서 행위로 이루어진 급여는 그 반환을 법이 돕지 않고 그 상태에서 모든 법률효과를 중단시켜 버린다([테마 7] 법률행위 목적 참조).

나. 절대적 무효와 상대적 무효(제3자 보호 여부)

    1) 절대적 무효(제3자 보호규정 부존재)

    ① 의사무능력

    ② 제103조 반사회질서 행위

    ③ 제104조 폭리행위

    2) 상대적 무효(제3자 보호규정 존재)

    ① 제107조 비진의표시

    ② 108조 통정허위표시

---

[4] **제141조(취소의 효과)** 취소된 법률행위는 처음부터 무효인 것으로 본다. 다만, 제한능력자는 그 행위로 인하여 받은 이익이 현존하는 한도에서 상환(償還)할 책임이 있다.

[5] **제746조(불법원인급여)** 불법의 원인으로 인하여 재산을 급여하거나 노무를 제공한 때에는 그 이익의 반환을 청구하지 못한다. 그러나 그 불법원인이 수익자에게만 있는 때에는 그러하지 아니하다.

다. 일부무효

당사자가 일부에 대해서라도 법률행위를 하였을 것이라고 인정되지 않는 이상 전부를 무효로 한다[6].

라. 무효행위의 전환[7]

판례에 따르면 친자로 출생신고를 했는데 요건이 구비되지 않아 무효가 된 경우에는 인지로 전환하여 인정해 주거나 양자로 인정해 준 경우가 있다. 인지나 양자의 효력을 넘어서는 것이 친자이므로 친자신고를 한 사람이라면 그보다 약한 인지나 양자의 의사는 당연히 있다고 보는 것이다.

이처럼 전환되는 법률행위는 무효행위의 범위에 완전히 포함된 것이어야 한다. 따라서 무효인 요식행위를 불요식행위로 전환하는 것은 가능하지만 그 반대의 경우는 기존 법률행위 범위를 초과한 것이므로 곤란하다[8].

마. 무효행위의 추인[9]

'추인'이라는 것은 이미 벌어진 일을 나중에 받아들이는 것을 말한다. 취소권자의 추인은 취소

---

6) 제137조(법률행위의 일부무효) 법률행위의 일부분이 무효인 때에는 그 전부를 무효로 한다. 그러나 그 무효부분이 없더라도 법률행위를 하였을 것이라고 인정될 때에는 나머지 부분은 무효가 되지 아니한다.

7) 제138조(무효행위의 전환) 무효인 법률행위가 다른 법률행위의 요건을 구비하고 당사자가 그 무효를 알았더라면 다른 법률행위를 하는 것을 의욕 하였으리라고 인정될 때에는 다른 법률행위로서 효력을 가진다.

8) "상속재산 전부를 상속인 중 1인에게 상속시킬 방편으로 그 나머지 상속인들이 상속포기 신고를 하였으나 그 상속포기가 민법 제1019조 제1항 소정의 기간을 도과한 후에 신고된 것이어서 상속포기로서의 효력이 없더라도, 그 1인과 나머지 상속인들은 그 상속재산을 전혀 취득하지 않기로 하는 의사의 합치가 있었다고 할 것이므로 그들 사이에 위와 같은 내용의 상속재산의 협의분할이 이루어진 것이라고 보아야 하고, 공동상속인 상호 간에 상속재산에 관하여 협의분할이 이루어짐으로써 공동상속인 중 1인이 고유의 상속분을 초과하여 상속재산을 취득하는 것은 상속개시 당시에 피상속인으로부터 상속에 의하여 직접 취득한 것으로 보아야 한다."(대법원 1989.9.12. 88누9305)

9) 제139조(무효행위의 추인) 무효인 법률행위는 추인하여도 그 효력이 생기지 아니한다. 그러나 당사자가 그 무효임을 알고 추인한 때에는 새로운 법률행위로 본다.

권을 포기해 취소의 여지를 없애고 현 상태를 받아들이는 것이다. 즉, 추인하는 사람의 입장에서는 어떤 불이익이나 효력을 스스로 받겠다고 받아들이는 과정이다.

그런 의미에서 법률행위가 확정적으로 무효가 되는 경우에는 이미 확정되었기 때문에 그 무효의 효력 자체를 부정할 수 없다. 죽은 사람을 살릴 수 없는 것과 같다. 따라서 엄밀히 말하면 확정적 무효를 추인하는 것은 불가능한 일이다. 결국, 무효행위 추인에 관한 제139조 규정은 본래 의미의 추인에 대한 규정이 아니다. 다만, 당사자의 의사를 추정해서 그때부터 미래를 향해 (소급효가 없다는 의미)새로운 법률행위를 볼 수 있다는 정도의 취지이다. 이때에도 무효인 행위가 법이 용납하지 않는 제103조(반사회질서행위) 무효는 아무리 추인을 하여도 무효이다.

II. 유동적 법률효과

1. 유동적 유효

가. 개념

현재는 유효이나 유동적인 상태인 경우를 말한다. 확정적 유효 또는 확정적 무효로 변하면 법률효과가 안정화된다. 유동적 법률효과에 관한 공부는 이처럼 확정적 법률효과로 변화되는 과정에 관한 공부다.

나. 종류

① 해제조건부 법률행위
② 기한(종기)부 법률행위
③ 취소할 수 있는 법률행위

다. 취소할 수 있는 법률행위[10]

1) 취소권자[11]

① 제한능력자 - 절대적 취소(제3자 보호규정 없음)

② 착오에 의해 의사표시를 한 자[12] - 상대적 취소(선의3자 보호)

③ 사기나 강박에 의해 의사표시를 한 자[13] - 상대적 취소(선의3자 보호)

2) 취소의 상대방[14]

법률행위의 상대방에게 취소의 의사표시를 해야 한다. 법률행위를 한 당사자에게 했던 의사표시를 거두는 것이므로 취소의 의사표시도 당연히 법률행위 당사자에게 해야 하는 것이다.

3) 확정적 무효로 변환 - 취소권 행사

취소권을 행사하면 법률행위는 처음부터 무효가 된다[15]. 무효의 효과에 대해서는 이미 살펴보았다. 반환범위에 있어 무능력자의 특수성(현존이익만 반환)을 유의한다.

이와 같이 취소할 수 있는 법률행위가 취소되면 무효가 된다.

---

10) 제140조~제146조에 규정한 취소를 말한다. 민법총칙이 규정한 총론적 취소 규정이다. 이외에도 민법 전체에는 다양한 취소가 있고 이에 대해서는 개별 조문 내용에 따른다.

11) 제140조(법률행위의 취소권자) 취소할 수 있는 법률행위는 제한능력자, 착오로 인하거나 사기·강박에 의하여 의사표시를 한 자, 그의 대리인 또는 승계인만이 취소할 수 있다.

12) 제109조(착오로 인한 의사표시) ① 의사표시는 법률행위의 내용의 중요부분에 착오가 있는 때에는 취소할 수 있다. 그러나 그 착오가 표의자의 중대한 과실로 인한 때에는 취소하지 못한다. ② 전항의 의사표시의 취소는 선의의 제3자에게 대항하지 못한다.

13) 제110조(사기, 강박에 의한 의사표시) ① 사기나 강박에 의한 의사표시는 취소할 수 있다. ② 상대방 있는 의사표시에 관하여 제3자가 사기나 강박을 행한 경우에는 상대방이 그 사실을 알았거나 알 수 있었을 경우에 한하여 그 의사표시를 취소할 수 있다. ③ 전2항의 의사표시의 취소는 선의의 제3자에게 대항하지 못한다.

14) 제142조(취소의 상대방) 취소할 수 있는 법률행위의 상대방이 확정한 경우에는 그 취소는 그 상대방에 대한 의사표시로 하여야 한다.

15) 제141조(취소의 효과) 취소된 법률행위는 처음부터 무효인 것으로 본다. 다만, 제한능력자는 그 행위로 인하여 받은 이익이 현존하는 한도에서 상환(償還)할 책임이 있다.

따라서 무효는 처음부터 법이 무효를 선언한 것과, 취소할 수 있는 법률행위가 취소된 결과 무효로 된 경우가 있는 것이다. 무효의 효과는 동일하다.

취소할 수 있는 법률행위 자체는 비록 유동적이지만 유효이다. 그래서 무효인 법률행위는 "무효이다."라고 표현되는 상태개념, 취소는 "취소할 수 있다." "취소한다."라고 표현되는 동적개념이 된다.

4) 확정적 유효로 변환 - 추인, 법정추인, 제척기간

(가) 추인

추인은 당사자의 의사표시로 취소권을 포기하는 것이다. 추인은 취소권의 포기라는 중대한 법률효과를 발생시키므로 취소권자(= 추인권자)가 자발적이고 하자 없는 상태에서 이뤄져야 한다[16]. 따라서, 추인은 취소권자가 취소의 원인이 종료한 후(제한능력자는 능력자가 되어야 하고, 착오를 일으킨 사람은 착오를 벗어야 하며, 사기나 강박을 당한 자는 사기와 강박 상태를 벗어야 한다.)에만 인정된다. 결국, 취소권자와 추인권자는 동일하지만 취소권의 행사는 언제든 할 수 있는 데 반해, 추인권의 행사는 특별한 조건하에 가능하다[17]. 물론 법정대리인은 취소권자가 취소원인을 벗더라도 추인할 수 있고 취소권자에 대해 효력이 있다.

(나) 법정추인[18]

---

16) 제143조(추인의 방법, 효과) ① 취소할 수 있는 법률행위는 제140조에 규정한 자가 추인할 수 있고 추인 후에는 취소하지 못한다. ② 전조(취소의 상대방)의 규정은 전항의 경우에 준용한다.
17) 제144조(추인의 요건) ① 추인은 취소의 원인이 소멸된 후에 하여야만 효력이 있다. ② 제1항은 법정대리인 또는 후견인이 추인하는 경우에는 적용하지 아니한다.
18) 제145조(법정추인) 취소할 수 있는 법률행위에 관하여 전조의 규정에 의하여 추인할 수 있는 후에 다음 각호의 사유가 있으면 추인한 것으로 본다. 그러나 이의를 보류한 때에는 그러하지 아니하다.
1. 전부나 일부의 이행
2. 이행의 청구
3. 경개
4. 담보의 제공
5. 취소할 수 있는 행위로 취득한 권리의 전부나 일부의 양도

법정추인은 명시적 취소권 포기는 없으나 일정한 행위에 대해 법률의 규정이 취소권을 소멸시키는 것을 말한다. 법정추인도 취소권 포기라는 중대한 법률효과가 발생하므로 취소권자가 취소의 원인을 벗어야만 적용된다. 즉, 추인할 수 있는 후에 일정한 행위를 한 경우에만 적용된다.

위 법정추인에 관한 법률규정을 보면 취소권자가 취소권을 포기할 의사가 행위로 드러나는 경우임을 알 수 있다. 예를 들어, 취소하면 무효가 될 계약에 대해 계약상 의무를 이행하라고 요구하는 것은 취소하지 않겠다는 의사가 포함된 것으로 볼 수 있다는 것이다. 암기가 필요한 경우지만 이해를 하면 암기를 하지 않고도 문제를 풀 수 있다.

(다) 제척기간[19]

취소권은 추인할 수 있는 날부터(취소할 수 있는 날이 아니다. 취소의 원인이 벗은 날부터 추인이 가능하기 때문이다.) 3년, 법률행위를 한 날부터 10년이 지나면 수명이 다해 죽는다.

2. 유동적 무효

가. 개념

현재는 무효이나 유동적인 상태인 경우를 말한다. 역시, 확정적 유효 또는 확정적 무효로 변하면 법률효과가 안정화된다.

나. 종류

① 정지조건부 법률행위
② 기한(시기)부 법률행위

---

6. 강제집행
19) 제146조(취소권의 소멸) 취소권은 추인할 수 있는 날로부터 3년 내에 법률행위를 한 날로부터 10년 내에 행사하여야 한다.

③ 무권대리행위

④ 토지거래허가구역에서의 토지매매 - 별도설명

다. 토지거래허가구역에서의 토지거래

1) 개념

투기방지와 계약자유의 조화를 위해 일정한 지역의 토지거래에 대해 국가의 허가를 받도록 하는 경우가 있는데, 이러한 경우 허가 없는 상태에서의 토지거래의 효력에 대한 이야기이다. 여기서 '허가'는 행정법상 '인가'의 의미로서 거래행위 자체를 금지하는 것은 아니다. 다만, 국가의 인가가 있어야만 효력을 갖게 될 뿐이다.

2) 인가전의 매매효력 - 유동적 무효

거래행위 자체를 금지하는 것은 아니며 언제든 인가만 되면 확정적으로 유효하게 되는 유동적 상태이므로 확정적 무효도 아니다. 즉, 현재는 효력이 없는 무효이지만 유동적인 상태이다. 따라서, 확정적 유효나 확정적 무효로 변동되어 법률효과가 안정되는 경우를 검토하는 것이 공부의 핵심이다.

3) 유동적 무효 상태에서의 여러 문제

(가) 거래 계약상의 법률관계

물권적, 채권적 모든 효력이 없기 때문에 서로에 대한 이행청구가 금지된다. 또한 이행의무가 없으므로 채무불이행도 없고 결국 채무불이행에 의한 모든 법률효과(계약해제권 발생, 손해배상청구권 발생)가 없다. 다만, 이행을 전제로 하지 않는 계약금 해제, 의사표시 하자에 의한 무효나 취소는 가능하다.

(나) 협력 의무상의 법률관계

무효이기는 하지만 국가의 허가취득이라는 공동의 목표를 향해 서로 협력할 것을 전제한 거래행위이므로 이러한 협력의무는 존재한다. 이는 계약의 효력과 별개로 병존하는 의무로서 소송으로도 구할 수 있고, 협력의무불이행에 기한 손해배상청구권도 인정된다. 다만, 이는 본계약상의 본질적 의무는 아니므로 협력의무 불이행을 이유로 계약해제는 할 수 없다.

(다) 확정적 유효가 되는 경우

관할관청의 허가를 받거나, 받을 필요가 없는 경우(해당 토지가 허가구역에서 배제된 경우)에 확정적으로 유효가 된다.

(라) 확정적 무효가 되는 경우

① 처음부터 허가를 배제, 잠탈할 목적으로 거래행위를 하는 경우
② 공동으로 허가신청을 했는데 불허가된 경우
③ 쌍방이 허가신청을 하지 않을 것을 명백히 밝히거나, 일방의 채무가 이행불능이고 다른 일방이 신청하지 않을 것이 명백한 경우

1. 취소된 법률행위는 취소 시부터 무효인 것으로 본다. [1]

2. 제한능력자는 취소할 수 있는 법률행위를 단독으로 취소할 수 없다. [2]

3. 매도인이 통정한 허위의 매매를 추인한 경우, 다른 약정이 없으면 계약을 체결한 때로부터 유효로 된다. [3]

4. 이미 매도된 부동산에 관하여 매도인의 채권자가 매도인의 배임행위에 적극적으로 가담하여 설정된 저당권은 무효이다. [4]

5. 토지거래허가구역 내의 토지거래허가계약이 확정적으로 무효가 된 경우, 그 계약이 무효로 되는데 책임 있는 사유가 있는 자는 무효를 주장할 수 없다. [5]

6. 제한능력자의 법률행위에 대한 법정대리인의 추인은 취소의 원인이 된 후에 하여야 효력이 있다. [6]

7. 제한능력자가 취소의 원인이 소멸한 후에 이의를 보류하지 않고 채무 일부를 이행하면 추인한 것으로 본다. [7]

8. 취소할 수 있는 법률행위의 상대방이 확정된 경우에는 그 취소는 새로 법률관계를 맺은 자가 있다면 그 사람에 대한 의사표시로 한다. [8]

9. 불공정한 법률행위로서 무효인 경우, 무효행위 전환의 법리가 적용될 수 있다. [9]

10. 토지거래허가구역 내의 토지매매계약은 관할관청의 불허가 처분이 있으면 확정적 무효이다. [10]

---

1) X : 처음부터 무효가 된다.
2) X : 제한능력자는 마음껏 취소할 수 있다. 제한능력자에게 피해가 없기 때문이다. 취소권은 제한능력자 본인을 보호하기 위한 제도이므로 취소권 행사에 제한을 둘 아무런 이유가 없다.
3) X : 무효행위는 추인하더라도 효력이 없다.
4) O
5) X : 무효는 법이 법률효과를 확정적으로 선언하는 것이다. 사람에 따른 선택에 좌우되는 것이 아니다.
6) X : 취소권자는 취소의 원인을 벗어야 추인할 수 있지만, 법정대리인은 그러한 제한이 없다.
7) O
8) X : 취소권 행사의 상대방은 법률행위 상대방이다.
9) O
10) O

11. 취소권은 법률행위를 한 날부터 3년 이내에 행사해야 한다. [11]

12. 무효인 가등기를 유효한 등기로 전용하기로 약정하면 그 가등기는 소급하여 유효한 등기가 된다. [12]

13. 제한능력을 이유로 법률행위가 취소된 경우 악의의 제한능력자는 받은 이익에 이자를 붙여서 반환해야 한다. [13]

14. 취소권자는 자신에게 이익이 되면 언제든 추인할 수 있다. [14]

15. 취소할 수 있는 법률행위는 추인할 수 있는 후에 취소권자의 이행청구가 있으면 이의를 보류하지 않는 한 추인한 것으로 본다. [15]

16. 갑은 토지거래허가구역 내 자신의 토지를 을에게 매도하였고 곧 토지거래허가를 받기로 하였다. 갑과 을은 토지거래허가신청절차에 협력할 의무가 있다. [16]

17. 갑이 을의 토지거래허가신청절차에 협력하지 않는 경우 을은 갑에게 그 의무를 이행할 것을 소송으로 청구할 수 있다. [17]

---

11) X : 추인할 수 있는 날로부터 3년, 법률행위를 한 날로부터 10년의 제척기간 적용
12) X : 가등기 전용은 무효행위의 추인에 해당한다. 무효행위는 추인하더라도 효력이 없고 새로운 법률행위가 될 수 있다. 따라서 소급효는 인정될 수 없다.
13) X : 제한능력자는 선악불문 현존이익만 반환한다. 제한능력자를 보호하기 위함이다.
14) X : 취소권자는 취소의 원인을 벗은 후에만 추인할 수 있다.
15) O
16) O
17) O : 협력의무 자체는 소송으로 그 이행을 강제할 수도 있다.

'부관'이란 꼬리표를 말한다.

법률행위의 효력에 제한을 두는 꼬리표를 법률행위에 붙인다는 의미이다.

부관의 종류로는 조건, 기한, 부담 등이 있는데, 부담은 부담부증여 등에 특별규정을 두고 있으나 조건, 기한과는 성격이 다르다. 본 테마에서는 조건과 기한에 대해 집중해 학습한다.

I. 조건

1. 개념

조건이란, 법률행위의 효력을 장래의 '불확실한 사실'에 의존케 하는 법률행위의 부관이다. 즉 조건은 당사자가 임의로 정해 법률행위에 포함시킨 꼬리표다. 따라서 법률규정이 정한 법정조건은 여기서 말하는 조건이 아니다. 반드시 당사자가 의사표시로 법률행위에 포함 시켜야 한다. 법정조건은 조건이 아니다.

2. 종류

가. 정지조건, 해제조건

- 효력발생을 장래 불확실한 사실에 의존하면 정지조건
- 효력소멸을 장래 불확실한 사실에 의존하면 해제조건

예를 들어, "내일 비가 오면 내 책을 너에게 팔겠다."라는 것처럼 매매라는 법률효과의 발생을 내일 비가 올지 안 올지 모르는 불확실성에 의존하면, '내일 비가 오는 사실'은 정지조건이 된다.

반면, 책을 매매하는 계약을 체결하면서, "내일 비가 오면 이 매매계약을 없던 것으로 하겠다." 라고 하면 '내일 비가 오는 사실'은 매매라는 법률효과를 소멸시키는 역할을 하므로 해제조건이 된다.

나. 적극조건, 소극조건

조건이 되는 사실이 현상의 변경에 있는 경우 적극조건, 현상 불변경에 있는 경우 소극조건이라 한다.

예를 들어, "현재 날씨가 변경되면"이라고 하면 적극조건,
"현재 날씨가 내일까지 변동이 없으면"이라고 하면 소극조건이다.

다. 수의조건, 비수의조건

1) 수의조건 : 조건의 성부가 당사자의 일방적 의사에만 의존하는 조건

(가) 순수수의조건 : 한쪽의 의사에만 의존하는 조건으로서 언제나 무효.
ex) "내 마음이 내키면 너에게 백만 원을 주겠다."

(나) 단순수의조건 : 결국은 당사자 한쪽의 의사로 결정은 되지만, 조건을 성취시키려는 의사
  뿐만 아니라 다른 의사결정에 의한 사실 상태의 성립도 있어야 하는 조건을 말한다.
ex) "내가 독일에 가면 너에게 백만 원을 주겠다."

2) 비수의조건

(가) 우성조건 : 의사와 관계없는 자연의 사실이나 제3자의 행동으로 성부가 결정되는 조건.
ex) "내일 비가 오면 너에게 백만 원을 주겠다."

(나) 혼성조건 : 조건의 성부가 당사자 한쪽의 의사뿐만 아니라, 그 밖의 제3자의 의사에 의하여도 결정되는 조건.
ex) "내가 저 사람과 결혼한다면 너에게 백만 원을 주겠다."

라. 가장조건 : 조건의 외형만 있는 경우를 말하며, 조건이 아니다

1) 법정조건

법정조건은 의사표시에 의해 법률행위에 꼬리표를 붙이는 경우가 아니므로 조건이 아니다.

2) 불법조건

선량한 풍속 기타 사회질서에 위반하는 조건으로서 법률행위 전체가 무효가 된다(제151조 제1항)[1].

3) 기성조건

조건이 법률행위 당시 이미 성립하고 있는 경우이다. 기성조건이 정지조건이면 조건 없는 법률행위가 되고, 기성조건이 해제조건이면 무효이다(제151조 제2항)[2].

4) 불능조건

---

1) 제151조(불법조건, 기성조건) ① 조건이 선량한 풍속 기타 사회질서에 위반한 것인 때에는 그 법률행위는 무효로 한다.
2) 제151조(불법조건, 기성조건) ② 조건이 법률행위의 당시 이미 성취한 것인 경우에는 그 조건이 정지조건이면 조건 없는 법률행위로 하고 해제조건이면 그 법률행위는 무효로 한다.

객관적으로 실현이 불가능한 조건을 말한다. 불능조건이 정지조건이면 무효, 불능조건이 해제조건이면 조건 없는 법률행위가 된다(제151조 제3항)[3].

&	정지조건	해제조건
기성조건	조건 없는 법률행위	무효
불능조건	무효	조건 없는 법률행위

3. 조건에 친하지 않은 행위

신분행위나 어음, 수표행위는 조건을 붙일 수 없다. 다만, 조건부 유언이나 어음보증은 조건을 붙일 수 있다. 형성권행사 등 단독행위는 상대방의 지위를 현저히 불리하게 할 수 있으므로 조건을 붙이지 못한다. 이러한 염려가 없는 채무의 면제나 유증에는 조건을 붙일 수 있다.

4. 조건의 성취와 불성취에 대한 반신의 행위[4]

5. 조건부 법률행위의 효력

가. 조건성취 전의 효력[5]

주유소에서 주유 금액에 비례해 쿠폰을 주는 경우가 있다. 쿠폰 20장을 가져오면 라면 한 박

---

3) 제151조(불법조건, 기성조건) ③ 조건이 법률행위의 당시에 이미 성취할 수 없는 것인 경우에는 그 조건이 해제조건이면 조건 없는 법률행위로 하고 정지조건이면 그 법률행위는 무효로 한다.
4) 제150조(조건성취, 불성취에 대한 반신의행위) ① 조건의 성취로 인하여 불이익을 받을 당사자가 신의성실에 반하여 조건의 성취를 방해한 때에는 상대방은 그 조건이 성취한 것으로 주장할 수 있다. ② 조건의 성취로 인하여 이익을 받을 당사자가 신의성실에 반하여 조건을 성취시킨 때에는 상대방은 그 조건이 성취하지 아니한 것으로 주장할 수 있다. (조건성취 방해에 고의여부는 묻지 않는다.)
5) 제148조(조건부권리의 침해금지) 조건 있는 법률행위의 당사자는 조건의 성부가 미정한 동안에 조건의 성취로 인하여 생길 상대방의 이익을 해하지 못한다.

스(20개)를 준다고 하자. 19장까지 모았는데 주유소가 쿠폰 정책을 부득이 없던 것으로 하는 경우 그 억울함을 위 조문이 달래 줄 수 있을 것이다. 적어도 라면 19개 정도는 청구할 권리가 있지 않을까? 만약, 쿠폰 19장 가지고 있는 사람을 방해하기 위해 쿠폰 정책을 그만둔 것이라면 위 제150조가 적용되어 라면 20개를 모두 받을 수도 있다.

한편 쿠폰 19장인 상태에서, 쿠폰 1장만 더 모으면 라면 한 박스 받을 수 있는 권리 자체도 독립적인 권리객체가 될 수 있다[6].

나. 조건의 성부 확정 후의 효력[7]

조건 성취 시부터 각 조건에 따른 효력이 발생한다. 즉, 정지조건이 성취되면 그때부터 효력이 생기고, 해제조건이 성취되면 효력이 상실된다. 이와 같이 조건성취 시에 발생하는 법률효과를 약정으로 법률행위 당시부터 소급하여 발생하게 할 수 있다. 효력발생을 소급하는 약정이 불가능한 '기한'과 근본적 차이다. 그 성취여부가 불확실한 조건과 달리 기한은 장래 확실히 도래하므로 이를 소급하게 하는 약정은 기한의 존재의미를 박탈하기 때문이다.

II. 기한

1. 개념

법률행위의 효력을 장래의 확실한 사실에 의존케 하는 법률행위의 부관이다. 조건이 불확실한 것과 달리 기한은 반드시 오는 확실한 것이라는 차이점이 있다.

---

6) 제149조(조건부권리의 처분 등) 조건의 성취가 미정한 권리의무는 일반규정에 의하여 처분, 상속, 보존 또는 담보로 할 수 있다.
7) 제147조(조건성취의 효과) ① 정지조건 있는 법률행위는 조건이 성취한 때로부터 그 효력이 생긴다. ② 해제조건 있는 법률행위는 조건이 성취한 때로부터 그 효력을 잃는다. ③ 당사자가 조건성취의 효력을 그 성취 전에 소급하게 할 의사를 표시한 때에는 그 의사에 의한다.

2. 종류

① 시기, 종기
② 확정기한, 불확정기한

3. 기한에 친하지 않은 행위

조건과 친하지 않은 법률행위와 대체로 같다. 정지조건과 시기, 해제조건과 종기가 대비된다. 다만, 어음행위나 수표행위에 시기를 붙이는 것은 무방하다.

4. 기한의 도래

반드시 도래한다. 따라서 일정한 사실의 발생을 기한으로 한 경우, 그 사실이 발생하지 않는 것으로 확정된 때에도 기한은 도래하는 것이다. 이러한 기한의 특징은 정지조건과 불확정기한을 구별하는 기준이 될 수 있다.

5. 기한부 법률행위의 효력

가. 기한 도래 전의 효력

조건에 관한 규정을 준용한다[8].

나. 기한 도래 후의 효력[9]

---

8) 제148조(조건부권리의 침해금지) 조건 있는 법률행위의 당사자는 조건의 성부가 미정한 동안에 조건의 성취로 인하여 생길 상대방의 이익을 해하지 못한다.
    제149조(조건부권리의 처분 등) 조건의 성취가 미정한 권리의무는 일반규정에 의하여 처분, 상속, 보존 또는 담보로 할 수 있다.
9) 제152조(기한도래의 효과) ① 시기 있는 법률행위는 기한이 도래한 때로부터 그 효력이 생긴다. ② 종기 있는 법률행위는 기한이 도래한 때로부터 그 효력을 잃는다.

조건과 다른 점은, 소급효가 없고 소급효를 약정할 수도 없다는 것이다. 이는 기한의 특성상 당연하다. 기한은 반드시 도래하므로 이에 소급효를 인정하는 것은 기한의 존재가 없는 것과 같다. 즉, 반드시 도래하는 사실에 대한 소급효는 지금 당장 그 효력을 인정하는 것과 동일한 것이다.

6. 기한의 이익[10]

가. 개념

기한이 도래하지 않고 있음으로써 그동안 당사자가 받는 이익을 말한다. 주로 채무자가 갖는 시간적 이익이다.

나. 포기

기한의 이익은 포기할 수 있지만 상대방의 이익을 해하지 못한다. 즉, 이자부 소비대차의 채무자는 이행기까지 이자를 지급한 후 기한 전에 변제할 수 있다.

다. 상실

채무자가 경제적 신용을 잃는 등의 일정한 사유가 있는 경우 채무자는 기한의 이익을 상실하며 채권자의 이행청구를 거절하지 못한다(제388조)[11]. 은행 대출 등 금전소비대차 거래에서 기한이익 상실특약을 많이 활용하는데, 이는 특성상 기존의 금전 소비대차 등 계약의 해제하는 효과를 가져온다. 즉, 기한이익 상실특약은 구조상 특별한 사정이 없는 한 해제조건부 기한이익 상실특약이 되는 것이다.

---

10) 제153조(기한의 이익과 그 포기) ① 기한은 채무자의 이익을 위한 것으로 추정한다. ② 기한의 이익은 이를 포기할 수 있다. 그러나 상대방의 이익을 해하지 못한다.
11) 제388조(기한의 이익의 상실) 채무자는 다음 각호의 경우에는 기한의 이익을 주장하지 못한다.
　　1. 채무자가 담보를 손상, 감소 또는 멸실하게 한 때
　　2. 채무자가 담보제공의 의무를 이행하지 아니한 때

7. 조건과 불확정기한의 구별

조건과 기한의 구별은, 장래 법률효과를 좌우하는 꼬리표(부관)가 반드시 발생하는지 여부이다. 반드시 발생하면 기한이며, 발생여부가 불확실하면 조건이다. 기한은 확정적으로 정할 수도 있지만 불확정상태가 될 수도 있다. 이러한 불확정상태의 기한 즉, 불확정기한은 종종 조건과 혼동된다. 반드시 발생하지만 언제 발생할지 불확실한 것과, 발생여부가 불확실한 것은 엄연히 다른 문제다. 다음 예를 보자.

ex 1) 내가 죽으면 이 노트북을 너에게 주겠다.

나는 언젠가는 죽는다. 다만 그때를 지금 확정할 수 없을 뿐이다. 따라서 이는 '기한'부 증여다. 다만 그 기한이 불확정일 뿐이다.

ex 2) 내일 내가 죽으면 이 노트북을 너에게 주겠다.

내일 내가 죽을 수도 있고 아닐 수도 있다. 따라서 이는 '조건'부 증여이며 증여의 효력을 발생시키는 정지조건이다.

ex 3) 임대차 계약이 만료되어서 임대인은 보증금을 반환해야 하는 상황이다. 이때 임대인이 임차인에게 부탁하며, 1개월 동안 임대광고를 해서 새로운 임차인이 들어오면 보증금을 받아서 지급하겠다고 약속했다. 즉 보증금반환 약정을 했는데 다만 1개월 동안 새로운 임차인이 들어오도록 노력해서 받아서 주겠다는 것이다.

위 사례에서 "1개월 동안 노력해 임차인을 들이면" 부분은 조건일까? 기한일까?

조건으로 본다면 문제가 심각하다. 위 조건은 조건성취 시 보증금지급이 이루어지므로 정지조건이다. 1개월 안에 임차인이 들어오지 않았으므로 정지조건은 성취되지 않았고, 따라서 정지조건이 불능이 되었으므로 보증금 지급 약정은 무효가 된다. 엄연히 받을 수 있는 보증금을 1개월 기회를 줬다는 이유로 상실시키는 것은 그 누구도 납득하지 못할 것이다.

따라서 이는 기한으로 봐야 한다. 1개월 안에 새로운 임차인이 들어올 것인지 여부가 불확실하다는 이유로 이를 조건으로 보면 안 된다. 이를 기한으로 보고 불확정한 사실의 발생시기를 이행기한으로 정한 경우, 그 사실의 발생이 불가능하게 되었다면 이행기간이 도래한 것으로 봐야 한다.

1. 조건성취의 효력을 소급시키는 약정은 할 수 없으나, 기한도래의 효력을 소급시키는 약정은 가능하다.[1]

2. 불능조건이 정지조건이면 무효이다.[2]

3. 불확실한 사실의 발생 시기를 이행기한으로 정한 경우, 그 사실의 발생이 불가능하게 되었다고 하여 이행기한이 도래한 것으로 볼 수는 없다.[3]

4. 법정조건은 조건이 아니다.[4]

5. 조건의 성취로 인하여 불이익을 받을 당사자가 신의성실에 반하여 조건의 성취를 방해한 때에는 상대방은 그 조건이 성취된 것으로 주장할 수 있다.[5]

6. 기한의 이익이란 기한이 도래하지 않고 있음으로써 그동안 당사자가 받는 이익을 말한다. 주로 채권자가 갖는 시간적 이익이다.[6]

7. 조건의 성취가 미정한 권리의무는 일반규정에 의하여 처분, 상속, 보존 또는 담보로 할 수 있다.[7]

8. 조건 있는 법률행위의 당사자는 조건의 성부가 미정한 동안에 조건의 성취로 인하여 생길 상대방의 이익을 해하지 못한다.[8]

9. 조건성취로 불이익을 받을 당사자가 조건성취를 방해한 경우라도 고의가 아니라면 조건성취를 주장할 수 없다.[9]

---

1) X : 반대로 설명했다. 기한은 반드시 도래하므로 소급약정은 기한의 본질에 위반된다. 하지만 조건은 도래여부가 불분명하므로 만약 도래할 경우 그 효력을 법률행위 시로 소급시키는 것은 가능하다.
2) O
3) X : 기한부 법률행위는 법률행위 효력이 반드시 발생된다. 불확정기한부 법률행위의 경우 불확정한 사실이 불가능한 것으로 확정된 경우도 기한이 도래한 것으로 본다. 법률행위 효력 자체가 불확실한 '조건'과의 차이이다.
4) O : 법률행위에 의해 부가된 조건이 아니기 때문이다.
5) O
6) X : 채무자가 갖는 시간적 이익이다.
7) O
8) O
9) X : 조건성취 방해행위는 고의여부를 불문한다.

제3편

채권총론

제373조(채권의 목적) 금전으로 가액을 산정할 수 없는 것이라도 채권의 목적으로 할 수 있다[2].

제374조(특정물인도채무자의 선관의무) 특정물[3]의 인도가 채권의 목적인 때에는 채무자는 그 물건을 인도하기까지 선량한 관리자의 주의[4]로 보존하여야 한다.

제375조(종류채권[5]) ① 채권의 목적을 종류로만 지정한 경우에[6] 법률행위의 성질이나 당사자의 의사에 의하여 품질을 정할 수 없는 때에는 채무자는 중등품질의 물건으로 이행하여야 한다[7]. ② 전항의 경우에 채무자가 이행에 필요한 행위를 완료[8]하거나 채권자의 동의[9]를 얻어 이행할 물건을 지정한 때에는 그때로부터 그 물건을 채권의 목적물로 한다[10].

제376조(금전채권[11]) 채권의 목적이 어느 종류의 통화로 지급할 것인 경우에 그 통화가 변제기

---

1) 채권도 법률규정과 법률행위에 의해 발생한다. 법률규정에 의해 발생하는 경우 문제될 것이 없으나 법률행위에 의해 발생하는 채권의 목적은 법률행위의 일반 요건을 당연히 갖추어야 한다.
2) 채권은 행위청구권이다. 금전채권이 아닌 행위청구권이 얼마든지 있을 수 있다. 이러한 행위가 급부이다. 급부는 작위와 부작위로 나뉘고, 작위급부는 주는 급부와 하는 급부로 나뉜다. 주는 급부는 특정물과 불특정물급부로 나뉜다. 이행방법·이행장소에 차이가 있다.
   쪼갤 수 있느냐에 따라 가분급부, 불가분급부로 나뉘고, 급부실현 모습에 따라 일시적·계속적·회귀적급부로 구별된다. 이행지체·이행불능에 차이가 있다.
3) 처음부터 특정물인 경우뿐 아니라 종류채권이나 선택채권에서 특정된 경우도 포함된다.
4) 거래상 일반적으로 평균인에게 요구되는 정도의 주의를 게을리하지 않을 의무를 말하며, 이를 위반한 것을 '추상적 과실'이라 한다. 이는 일반적·객관적 개념으로, 구체적·주관적 과실은 '구체적 과실'과 구별된다. 선관주의를 위반하면 채무불이행으로 손해배상책임을 진다(제390조).
5) 쌀이나 기름처럼 개성을 고려하지 않고 일정한 종류에 속하는 물건의 일정량의 인도를 목적으로 하는 채권이다. 종류채권의 목적물은 '대체물'인 것이 보통이다.
6) 조달의무 : 종류채권은 같은 종류와 품질이 이 세상에 존재 하는 한 이행불능이 존재하지 않는다.
7) 성질상 소비대차·소비임치의 경우는 처음 받은 것과 동일한 품질이어야 한다.
8) '변제의 제공'을 말한다.
9) 지정해도 좋다는 지정권(형성권)의 동의이지 어떤 물건에 대한 동의는 아니다.
10) 규정에 없지만 당사자가 합의하고 지정분리하면 특정될 수 있다. 한편 강제집행(압류 시)도 특정의 방법이 된다. 특정이 되면 급부위험은 채권자에게 이전하고 대가위험은 채무자가 부담한다.
11) 종류채권의 일종이긴 하지만 화폐가치에 중점을 두는 특성이 있다. 따라서 '특정'과 '이행불능'이 존재하지 않는다.

에 강제통용력을 잃은 때에는 채무자는 다른 통화로 변제하여야 한다.

제377조(외화채권) ① 채권의 목적이 다른 나라 통화로 지급할 것인 경우에는 채무자는 자기가 선택한 그 나라의 각 종류의 통화로 변제할 수 있다. ② 채권의 목적이 어느 종류의 다른 나라 통화로 지급할 것인 경우에 그 통화가 변제기에 강제통용력을 잃은 때에는 그 나라의 다른 통화로 변제하여야 한다.

제378조(동전) 채권액이 다른 나라 통화로 지정된 때에는 채무자는 지급할 때에 있어서의 이행지의 환금시가에 의하여 우리나라 통화로 변제할 수 있다.

제379조(법정이율) 이자있는 채권[12]의 이율은 다른 법률의 규정이나 당사자의 약정이 없으면 연 5푼[13]으로 한다[14].

제380조(선택채권) 채권의 목적이 수개의 행위 중에서 선택에 좇아 확정될 경우에 다른 법률의 규정[15]이나 당사자의 약정이 없으면 선택권은 채무자에게 있다.

제381조(선택권의 이전) ① 선택권행사의 기간이 있는 경우에 선택권자가 그 기간 내에 선택권을 행사하지 아니하는 때에는 상대방은 상당한 기간을 정하여 그 선택을 최고할 수 있고 선택

---

12) 이자는 금전 기타 대체물의 사용대가로 원본액과 사용기간에 비례하여 지급되는 금전 기타의 대체물이다. 원물의 사용료이므로 법정과실의 일종이다.
   - 원본의 매각금·월부상환금·주식배당금은 이자가 아니다(원본 사용료 아님).
   - 지료·차임은 법정과실이지만 이자가 아니다(원본이 대체물이 아님).
   - 지연이자는 법정과실이지만 이자가 아니다(사용대가가 아니다).
   - 종신정기금이나 건설이자는 이자가 아니다(원본채권이 없다).
   - 사례금은 원본사용 대가라도 이자가 아니다(이율에 의하지 않는다).
13) 상사이율은 연6푼이다.
14) 원본채권이 이전한다고 변제기가 지난 이자채권이 반드시 양도되는 것은 아니다. 단 어디까지나 이자채권은 종된권리이므로 변제기가 지나지 않은 경우 원본이 시효소멸하면 이미 성립한 지분적 이자채권도 소멸한다.
15) 제135조(상대방에 대한 무권대리인의 책임) ① 다른 자의 대리인으로서 계약을 맺은 자가 그 대리권을 증명하지 못하고 또 본인의 추인을 받지 못한 경우에는 그는 상대방의 선택에 따라 계약을 이행할 책임 또는 손해를 배상할 책임이 있다.
   제203조(점유자의 상환청구권) ② 점유자가 점유물을 개량하기 위하여 지출한 금액 기타 유익비에 관하여는 그 가액의 증가가 현존한 경우에 한하여 회복자의 선택에 좇아 그 지출금액이나 증가액의 상환을 청구할 수 있다.

권자가 그 기간 내에 선택하지 아니하면 선택권은 상대방에게 있다. ② 선택권행사의 기간이 없는 경우에 채권의 기한이 도래한 후 상대방이 상당한 기간을 정하여 그 선택을 최고하여도 선택권자가 그 기간 내에 선택하지 아니할 때에도 전항과 같다.

제382조(당사자의 선택권의 행사) ① 채권자나 채무자가 선택하는 경우에는 그 선택은 상대방에 대한 의사표시로 한다. ② 전항의 의사표시는 상대방의 동의가 없으면 철회하지 못한다[16].

제383조(제3자의 선택권의 행사) ① 제3자가 선택하는 경우에는 그 선택은 채무자 및 채권자에 대한 의사표시로 한다. ② 전항의 의사표시는 채권자 및 채무자의 동의가 없으면 철회하지 못한다.

제384조(제3자의 선택권의 이전) ① 선택할 제3자가 선택할 수 없는 경우에는 선택권은 채무자에게 있다. ② 제3자가 선택하지 아니하는 경우에는 채권자나 채무자는 상당한 기간을 정하여 그 선택을 최고할 수 있고 제3자가 그 기간 내에 선택하지 아니하면 선택권은 채무자에게 있다.

제385조(불능으로 인한 선택채권의 특정[17]) ① 채권의 목적으로 선택할 수개의 행위 중에 처음부터 불능한 것이나 또는 후에 이행불능하게 된 것이 있으면 채권의 목적은 잔존한 것에 존재한다. ② 선택권 없는 당사자의 과실로 인하여 이행불능이 된 때에는 전항의 규정을 적용하지 아니한다.

제386조(선택의 소급효) 선택의 효력은 그 채권이 발생한 때에 소급한다. 그러나 제3자의 권리를 해하지 못한다.

---

16) 선택권의 행사는 상대방의 방해 등이 있으면 동의 없이 철회할 수 있다(판례).
17) 특정 : 하나의 급부로 확정되는 것으로 선택권의 행사 또는 급부불능으로 특정된다. 선택권 행사의 경우 소급효가 있으나(제386조) 급부불능에 의한 경우 소급효가 없다.

공인노무사 테마민법

1. 금전으로 가액을 산정할 수 없는 것도 채권이 목적으로 할 수 있다.[1]

2. 종류채권에 있어 법률행위 성질이나 당사자 의사로 품질을 정할 수 없는 경우에 채무자는 상 등품질의 물건으로 이행하여야 한다.[2]

3. 지연이자도 이자에 속한다.[3]

4. 지료나 차임은 법정과실이지만 이자가 아니다.[4]

5. 선택채권에 있어 선택은 효력은 선택 시부터 발생한다.[5]

---

1) O
2) X : 중등품질로 이행하여야 한다.
3) X : 금전의 사용대가가 아니므로 이자가 아니다.
4) O : 원본이 대체물이 아니다.
5) X : 그 채권이 발생한 때로 소급한다.

I. 개요

1. 채무불이행의 의의

채무가 단지 이행되지 않고 있는 객관적 상태가 '광의의 채무불이행'이다. 이중에서 특히 채무자의 귀책사유(고의·과실)가 있고 위법성이 있는 경우를 '협의의 채무불이행'이라 한다. 광의인 경우 강제집행이 가능하고, 협의인 경우 손해배상이 가능하다. 다만, 금전채권처럼 무과실책임인 경우 광의에서도 손해배상책임이 발생한다.

2. 요건

가. 주관적 요건 (고의, 과실)

귀책사유인 고의·과실은 모든 채무불이행(이행지체, 이행불능, 채무불이행)에 요구되고, 그 내용도 보통의 과실보다 넓은 것으로 되어 있다(이행보조자의 과실을 채무자의 과실로 본다.)[1]. 고의·과실이 없다는 사실은 채무자가 입증해야 한다. 채권자(피해자)가 채무자(가해자)의 고의·과실을 증명해야 하는 불법행위와 차이점이다.

나. 객관적 요건 (위법성)

계약상 의무위반의 객관적 사실 자체가 위법한 상태이므로 이를 정당화 하는 조각사유(유치

---

[1] 제391조(이행보조자의 고의, 과실) 채무자의 법정대리인이 채무자를 위하여 이행하거나 채무자가 타인을 사용하여 이행하는 경우에는 법정대리인 또는 피용자의 고의나 과실은 채무자의 고의나 과실로 본다.

권, 항변권, 변제유예, 긴급피난, 불가항력 등)가 있는지만 검토하면 된다.

3. 효과

가. 이행지체

① 지연배상[2] ②거절전보배상[3] ③해제전보배상[4] ④최고해제[5] 즉시해제[6] ⑤책임가중[7]

나. 이행불능

①즉시전보배상[8] ②해제전보배상[9] ③즉시해제[10] ④대상청구권

---

2) 제390조(채무불이행과 손해배상) 채무자가 채무의 내용에 좇은 이행을 하지 아니한 때에는 채권자는 손해배상을 청구할 수 있다. 그러나 채무자의 고의나 과실 없이 이행할 수 없게 된 때에는 그러하지 아니하다.
3) 제395조(이행지체와 전보배상) 채무자가 채무의 이행을 지체한 경우에 채권자가 상당한 기간을 정하여 이행을 최고하여도 그 기간 내에 이행하지 아니하거나 지체 후의 이행이 채권자에게 이익이 없는 때에는 채권자는 수령을 거절하고 이행에 갈음한 손해배상을 청구할 수 있다.
4) 제551조(해지, 해제와 손해배상) 계약의 해지 또는 해제는 손해배상의 청구에 영향을 미치지 아니한다.
5) 제544조(이행지체와 해제) 당사자 일방이 그 채무를 이행하지 아니하는 때에는 상대방은 상당한 기간을 정하여 그 이행을 최고하고 그 기간 내에 이행하지 아니한 때에는 계약을 해제할 수 있다. 그러나 채무자가 미리 이행하지 아니할 의사를 표시한 경우에는 최고를 요하지 아니한다.
6) 제545조(정기행위와 해제) 계약의 성질 또는 당사자의 의사표시에 의하여 일정한 시일 또는 일정한 기간 내에 이행하지 아니하면 계약의 목적을 달성할 수 없을 경우에 당사자 일방이 그 시기에 이행하지 아니한 때에는 상대방은 전조의 최고를 하지 아니하고 계약을 해제할 수 있다.
7) 제392조(이행지체 중의 손해배상) 채무자는 자기에게 과실이 없는 경우에도 그 이행지체 중에 생긴 손해를 배상하여야 한다. 그러나 채무자가 이행기에 이행하여도 손해를 면할 수 없는 경우에는 그러하지 아니하다. (원래 급부가 고의·중과실의 책임만 지는 경우라도 지체 후에는 책임이 가중된다.)
8) 제390조(채무불이행과 손해배상) 채무자가 채무의 내용에 좇은 이행을 하지 아니한 때에는 채권자는 손해배상을 청구할 수 있다. 그러나 채무자의 고의나 과실 없이 이행할 수 없게 된 때에는 그러하지 아니하다.
9) 제551조(해지, 해제와 손해배상) 계약의 해지 또는 해제는 손해배상의 청구에 영향을 미치지 아니한다.
10) 제545조(정기행위와 해제) 계약의 성질 또는 당사자의 의사표시에 의하여 일정한 시일 또는 일정한 기간 내에 이행하지 아니하면 계약의 목적을 달성할 수 없을 경우에 당사자 일방이 그 시기에 이행하지 아니한 때에는 상대방은 전조의 최고를 하지 아니하고 계약을 해제할 수 있다.

1. 의의

채무가 이행기에 있고 이행이 가능함에도 채무자의 책임 있는 사유로 위법하게 채무의 내용에 좇은 이행을 하지 않는 것이다. 채무자에 의한 채권침해다.

2. 요건

가. 이행기 도래[11]

1) 확정기한부 채무 : 기한이 닥쳐온 때(정확히는 그다음 날부터 지체)

① 예외1 : 증권적 채권은 증서 제시 후 청구해야 지체가 된다.
② 예외2 : 추심채무 등 채권자 협력이 필요한 경우, 채권자가 먼저 제공을 하고 최고를 해야 한다.
③ 예외3 : 동시이행의 항변권은, 이행의 제공을 받고도 지체해야 책임이 발생한다. 이 경우 둘 다 이행하지 않고 있다면, 이행기 후에는 기한 정함 없는 채무가 된다.

2) 불확정기한부 채무

채무자가 기한 도래를 안 때, 또는 최고를 받은 때부터 지체책임을 진다[12].

---

11) 제387조(이행기와 이행지체) ① 채무이행의 확정한 기한이 있는 경우에는 채무자는 기한이 도래한 때로부터 지체책임이 있다. 채무이행의 불확정한 기한이 있는 경우에는 채무자는 기한이 도래함을 안 때로부터 지체책임이 있다. ② 채무이행의 기한이 없는 경우에는 채무자는 이행청구를 받은 때로부터 지체책임이 있다.
12) 조건과 달리 불확정 사실이 발생한 때는 물론, 그 사실이 불가능하게 된 때에도 기한은 도래한다. 예를 들어, 임대차 합의해지 후 타에 양도해 보증금을 주기로 했는데 양도가 불가능해 진 경우 기한은 도래한 것이다. [테마 11] 기한이익 상실 참조.

3) 기한이 없는 채무

원칙적으로 최고를 받은 때 그날 안으로 이행하면 지체를 면하고, 그날을 넘기는 순간 지체책임을 진다. 대표적인 예로 부당이득반환채무(판), 반환시기 약정 없는 소비임치상 반환채무[13], 채무불이행에 기한 손해배상채무, 정지조건부 법률행위 채무 등이 있다.

① 예외1 : 반환시기 약정 없는 소비대차상의 반환채무(제603조)는 상당한 기간을 정하여 최고해야 하고, 만약 상당기간 정하지 않으면 최고 후 상당기간 경과 후 지체가 된다.
② 예외2 : 불법행위에 의한 손해배상 채무는 최고 없이 불법행위 시부터(즉, 손해배상채무 성립과 동시에) 지체책임을 진다.
③ 예외3 : 채권자취소 소송에서 가액배상금 지급의무는 판결 확정 다음 날부터 지체책임을 진다.

4) 기한이익을 상실한 채무[14]

채권자는 이행청구 또는 기한까지 이자청구의 선택권이 있으므로, 최고를 해야 지체에 빠진다. 기한이익 상실 특약은 정지조건부 기한이익상실 특약과 해제조건부 기한이익상실특약이 있는데, 전자에서는 조건성취와 더불어 최고 없이 즉시 지체에 빠지며, 후자에서는 채권자의 선택이 보장된다. 둘 중 어느 것을 합의했는지 모를 경우 후자로 추정한다(판례).

나. 이행이 가능할 것

---

13) 제702조(소비임치) 수치인이 계약에 의하여 임치물을 소비할 수 있는 경우에는 소비대차에 관한 규정을 준용한다. 그러나 반환시기의 약정이 없는 때에는 임치인은 언제든지 그 반환을 청구할 수 있다.
14) 제388조(기한의 이익의 상실) 채무자는 다음 각호의 경우에는 기한의 이익을 주장하지 못한다.
　　1. 채무자가 담보를 손상, 감소 또는 멸실하게 한 때
　　2. 채무자가 담보제공의 의무를 이행하지 아니한 때

1. 의의

채권이 성립한 후에 채무자에게 책임 있는 사유로 위법하게 이행이 불가능하게 되는 것을 말한다.

2. 요건(후발적 불능)

채권 성립 후에 발생한 불능을 말하며, 그 이전의 불능은 채권불성립의 문제이다. 주의할 것은 정지조건부 또는 시기부 법률행위는 법률행위가 먼저 일어나고 채권이 나중에 발생하는데 역시 법률행위 시를 기준으로 결정함이 타당하다.

3. 대상청구권

가. 의의

이행불능과 동일한 원인으로 채무자가 이행의 목적물의 대상이 되는 이익을 취득하는 경우, 이를 청구하는 권리. 주로 토지수용보상금이나 손실보상금과 관련해 인정되고 있다.

나. 요건

1) 급부의 후발적 불능

채무자의 귀책은 불문한다. 즉 광의의 이행불능에 인정되며 특히 실익이 있다. 만약 채무자 귀책사유가 있다면 손해배상청구권과 경합하게 될 것이며 대상을 얻은 부분만큼 손해배상액은 줄어들 것이다.

2) 대상의 취득

목적물로부터 얻은 이익(손해배상금, 수용보상금, 보험금 등)과 법률행위로 얻은 이익(매각대금과 그 청구권)이 있어야 한다. 법률행위와 관련한 이익에도 대상청구가 되는지 의문이 들 수 있으나 협의취득에 의한 보상금에 대해 법원은 이를 인정하고 있다. 대상에 대한 증명은 채권자가 해야 한다.

3) 인과관계

본래 급부의 불능과 대상취득 간의 인과관계가 있어야 한다.

4) 객체의 동일성

급부가 불능하게 된 객체와 채무자가 대상을 취득한 객체는 동일성이 있어야 한다. 예를 들어, 임차 목적물이 멸실되어 임대인이 손해배상을 받는 경우 대상청구권을 행사할 수 없다. 임대차의 객체는 임차 목적물이 아니라 사용·수익이기 때문이다.

다. 행사방법 및 제한

채권적 청구권이므로 이익이 당연히 이전되는 것은 아니고 청구해야 한다.

대상청구권을 행사하는 채권자도 채무를 이행해야 하므로, 만약 상대방도 이행불능이 되거나 잔존 이행으로 목적달성 할 수 없는 등 아무런 이익이 되지 않으면 신의칙에 반하지 않는 한 대상이행을 청구할 수 없거나 거부할 수 있다.

라. 효과

동일성 있는 채권적 청구권이므로 보증과 담보가 존속한다. 소멸시효는 이행불능 시 새로 기산함이 원칙이지만 보상금청구의 방법이 마련되기 이전에는 단지 추상적인 권리이므로 소멸시효는 진행하지 않는다.

이행불능에 의한 손해배상청구권과 경합하고 대상가액이 적으면 채권자의 채무도 비례해 감축된다.

IV. 채권자지체

1. 의의

채권자의 협조가 필요한 급부에 있어 채무자는 이행을 하고 있으나 채권자의 협조가 이루어지지 않고 있는 경우를 말한다[15].

변제가 되기 위해서는 채무자의 변제의 제공(이행의 제공) 행위[16]와 채권자의 수령행위가 필요하다. 따라서 채무자의 이행제공은 있으나 채권자가 수령하고 있지 않는 중간 단계의 법적상황을 어떻게 처리할 것인지 따져 볼 필요가 있다.

2. 효과

가. 채무자의 주의의무 경감[17]

---

15) 제400조(채권자지체) 채권자가 이행을 받을 수 없거나 받지 아니한 때에는 이행의 제공 있는 때로부터 지체책임이 있다.

16) 제460조(변제제공의 방법) 변제는 채무내용에 좇은 현실제공으로 이를 하여야 한다. 그러나 채권자가 미리 변제받기를 거절하거나 채무의 이행에 채권자의 행위를 요하는 경우에는 변제준비의 완료를 통지하고 그 수령을 최고하면 된다.

17) 제401조(채권자지체와 채무자의 책임) 채권자지체 중에는 채무자는 고의 또는 중대한 과실이 없으면 불이행으로 인한 모든

나. 이자의 정지[18]

다. 증가비용의 부담[19]

라. 쌍무계약에서 위험이전[20]

V. 채무불이행에 대한 구제[21]

1. 강제이행[22]

가. 직접강제

나. 간접강제 : 부대체적 급부에 대한 강제이행

다. 대체집행

대체적 급부에 대해 채무자에게 추심한 비용으로 갈음해 급부의 내용을 실현하는 방법. 이 경

책임이 없다.
제461조(변제제공의 효과) 변제의 제공은 그때로부터 채무불이행의 책임을 면하게 한다.
18) 제402조(채권자지체와 채무자의 책임) 채권자지체 중에는 이자 있는 채권이라도 채무자는 이자를 지급할 의무가 없다.
19) 제403조(채권자지체와 채권자의 책임) 채권자지체로 인하여 그 목적물의 보관 또는 변제의 비용이 증가된 때에는 그 증가액은 채권자의 부담으로 한다.
20) 제538조(채권자귀책사유로 인한 이행불능) ① 쌍무계약의 당사자 일방의 채무가 채권자의 책임 있는 사유로 이행할 수 없게 된 때에는 채무자는 상대방의 이행을 청구할 수 있다. 채권자의 수령지체 중에 당사자 쌍방의 책임 없는 사유로 이행할 수 없게 된 때에도 같다.② 전항의 경우에 채무자는 자기의 채무를 면함으로써 이익을 얻은 때에는 이를 채권자에게 상환하여야 한다.
21) 불법행위도 동일.
22) 제389조(강제이행) ① 채무자가 임의로 채무를 이행하지 아니한 때에는 채권자는 그 강제이행을 법원에 청구할 수 있다. 그러나 채무의 성질이 강제이행을 하지 못할 것인 때에는 그러하지 아니하다. ② 전항의 채무가 법률행위를 목적으로 한 때에는 채무자의 의사표시에 갈음할 재판을 청구할 수 있고 채무자의 일신에 전속하지 아니한 작위를 목적으로 한 때에는 채무자의 비용으로 제3자에게 이를 하게 할 것을 법원에 청구할 수 있다. ③ 그 채무가 부작위를 목적으로 한 경우에 채무자가 이에 위반한 때에는 채무자의 비용으로써 그 위반한 것을 제각하고 장래에 대한 적당한 처분을 법원에 청구할 수 있다. ④ 전3항의 규정은 손해배상의 청구에 영향을 미치지 아니한다.

우 간접강제는 할 수 없다.

라. 부작위채무의 강제이행

부작위 의무를 위반하여 발생한 결과의 제거에 대해서는 대체적 제거의무에 대한 강제이행에 불과하다. 반복적인 부작위 위반의 경우 장래의 손해에 대한 담보제공 등 적당한 처분이 가능하다는 것이 특이할 뿐이다.

2. 손해배상(금전으로 변형된 강제이행)

가. 손해의 의미

법익에 관하여 받은 불이익을 말한다. 만일 손해원인이 없었다고 한다면 있었어야 할 상태와 가해가 이미 발생하고 있는 현재의 이익상태와의 차이이다. 따라서 채무불이행에서 손해는 이행이익의 범위가, 불법행위에서 손해는 원래 지위의 회복이 그 범위가 된다. 둘의 차이는 금전배상에 있어 채무불이행은 법률행위로 인한 이자로, 불법행위는 법정이자로 손해액을 산정하게 된다는 것이다.

1) 비재산적 손해(정신적 손해)

정신적 손해도 채무불이행의 손해에 포함하고 다만 특별손해가 된다.

2) 적극적 손해·소극적 손해

적극적 손해는 이행이익의 손해이고, 소극적 손해는 장래이익이 방해 받은 손해이다.

나. 손해배상청구권의 성질

본래 채권의 확장 또는 내용의 변경이므로 본래 채권과 동일성을 가진다. 즉, ① 본채권의 담보효력이 미치고 ② 시효의 성질과 기산점은 본채권에 따르며 ③ 본채권 양도시 수반된다.

다. 손해의 범위[23] - 불법행위 공통

1) 통상손해(통상의 사정으로 인한 손해) : 통상 발생하는 것으로 생각되는 범위의 손해.

2) 특별손해(특별한 사정으로 인한 손해) : 특별한 사정에 대한 예견가능성이 필요하다. 채무자의 예견가능성은 이행기까지를 기준으로 판단하고, 이를 채권자가 입증해야 한다.

3) 금전채무불이행의 특칙[24]

라. 배상의 방법 : 금전배상 원칙[25] - 불법행위 공통

---

23) 제393조(손해배상의 범위) ① 채무불이행으로 인한 손해배상은 통상의 손해를 그 한도로 한다. ② 특별한 사정으로 인한 손해는 채무자가 그 사정을 알았거나 알 수 있었을 때에 한하여 배상의 책임이 있다.
24) 제397조(금전채무불이행에 대한 특칙) ① 금전채무불이행의 손해배상액은 법정이율에 의한다. 그러나 법령의 제한에 위반하지 아니한 약정이율이 있으면 그 이율에 의한다. ② 전항의 손해배상에 관하여는 채권자는 손해의 증명을 요하지 아니하고 채무자는 과실 없음을 항변하지 못한다.
25) 제394조(손해배상의 방법) 다른 의사표시가 없으면 손해는 금전으로 배상한다.

1. 과실상계[26] – 불법행위 공통

가. 의의

채권자의 과실을 참작해 채무자의 책임을 감경하거나 면제하는 제도.

여기서 과실은 약한 의미의 부주의를 말하며 확대된 과실까지 넓게 본다. 또한 공평의 이념상 피해자와 신분·생활상 일체로 볼 수 있는 관계의 자도 채권자 또는 피해자측 과실로 참작할 수 있다(수령보조자의 과실 참작).

나. 효과

필요적으로 직권참작 해야 한다. 다만 참작가부와 그 비율을 정하는 것은 법원의 자유재량이다. 손익상계와 경합하는 경우, 과실상계 후 손익상계를 한다.

다. 적용범위

1) 피해자의 귀책사유 없는 사유도 적용
2) 사용자책임과 과실상계는 각각 적용
3) 공동불법행위와 과실상계 : 가해자의 각 과실이 달라도 피해자의 과실을 전원에 대한 과실로 전체적으로 평가해서 상계한다.
4) 손해배상액의 예정에서는 적용 안 함
5) 피해자의 과실을 이용한 고의의 불법행위자의 과실상계는 적용배제
6) 근로기준법상 요양보상과 과실상계 적용배제

---

26) 제396조(과실상계) 채무불이행에 관하여 채권자에게 과실이 있는 때에는 법원은 손해배상의 책임 및 그 금액을 정함에 이를 참작하여야 한다.

7) 노무제공시 수령지체한 경우 임금청구시 과실상계 금지

2. 손익상계 – 불법행위 공통

채무불이행 또는 가해행위로 손해를 받은 자가 같은 원인으로 이익을 얻고 있는 경우에 손해 액에서 이를 공제하는 것으로 명문규정은 없지만 인정된다.

3. 손해배상액의 예정 – [테마 23] 계약금 참조

4. 손해배상자의 대위[27] – 불법행위 공통

전부배상이 안 되면 일부대위권도 생기지 않는다(변제자 대위[28]와 차이). 법정대위이므로 공 시방법을 갖출 필요도 없다.

---

27) 제399조(손해배상자의 대위) 채권자가 그 채권의 목적인 물건 또는 권리의 가액전부를 손해배상으로 받은 때에는 채무자는 그 물건 또는 권리에 관하여 당연히 채권자를 대위한다.
28) 제480조(변제자의 임의대위) ①채무자를 위하여 변제한 자는 변제와 동시에 채권자의 승낙을 얻어 채권자를 대위할 수 있다.

1. 채무자가 이행지체에 생긴 손해에 대해서 채무자가 그 손해 발생에 과실이 없다면 배상하지 않아도 된다.[1]

2. 확정기한부 채무는 채무자가 기한 도래를 안 때 지체책임을 진다.[2]

3. 동시이행항변권은 이행의 제공을 받고도 지체해야 지체책임이 발생한다.[3]

4. 기한 없는 채무는 최고를 받았을 때 지체책임을 지는 것이 원칙인데, 반환시기 약정 없는 소비대차상의 반환채무(제603조)는 상당한 기간을 정하여 최고한 후 그 기간이 지나면 지체책임을 진다.[4]

5. 불법행위에 의한 손해배상 채무는 최고 없이 불법행위 시부터 지체책임을 진다.[5]

6. 기한이익을 상실한 채무는 최고 없이 이행기가 도래한다.[6]

7. 기한이익 상실 특약은 정지조건부 기한이익상실로 추정한다.[7]

8. 대상청구권은 급부의 후발적 불능이 채무자의 귀책에 의한 경우에 발생한다.[8]

9. 임차 목적물이 멸실되어 임대인이 손해배상을 받는 경우 대상청구권을 행사할 수 있다.[9]

10. 채권자지체 중에는 채무자의 주의의무가 경감되어 채무자가 고의나 중과실이 없는 한 불이행 상태에서 발생하는 문제에 책임을 지지 않는다.[10]

11. 채무불이행에 관하여 채권자에게 과실이 있는 때에는 법원은 손해배상의 책임 및 그 금액을 정함에 있어 이를 참작할 수 있다.[11]

12. 손해배상의 예정으로 사전에 손해액에 대한 합의를 한 경우에도 채권자에게 과실이 있다면

---

1) X : 이행지체 중에는 책임이 가중되어 채무자의 과실이 없는 경우에도 그 기간 중 발생한 손해를 배상해야 한다.
2) X : 그 기한이 닥쳐온 때 이행기가 도래한다.
3) O
4) O
5) X : 그 채권이 발생한 때로 소급해 채무불이행 책임을 진다.
6) X : 채권자는 기한까지 이자청구를 할 수 있는 선택권이 있다. 따라서 이행기가 도래하려면 이행청구(최고)를 해야 한다.
7) O
8) X : 채무자의 귀책은 불문한다. 즉, 광의의 이행불능에 인정되며 또 이런 경우 실익이 크다.
9) X : 급부가 불능하게 된 객체와 채무자가 대상을 취득한 객체는 동일성이 있어야 하는데, 임대차의 객체는 임차 목적물 자체가 아니라 목적물의 사용·수익에 있으므로 동일성이 인정되지 않는다.
10) O
11) X : 반드시 참작해야 한다. 실제 손해배상 소송에서 항상 이러한 과실상계는 큰 쟁점이 된다.

과실상계가 가능하다. [12]

13. 과실상계와 손익상계가 경합하는 경우 손익상계 후 과실상계를 한다. [13]

---

12) X
13) X : 과실상계를 먼저 한다.

　　모든 채권은 결국 금전을 통해 실현되므로 채무자의 재산은 모든 채권이 마지막으로 지지할 수 있는 것이다(책임재산). 하지만 채권자평등의 원칙 때문에 채무자의 재산은 모든 채권자를 위한 공동담보로 되어 있다. 따라서 채권의 가치를 확보하기 위해서는 평등을 깨는 것이 우선이지만(담보물권제도) 채무자 재산이 줄어드는 것을 막는 것도 하나의 방법이다(책임재산 보전). 하지만 채권은 지배권이 아니므로 채무자가 권리행사를 게을리하거나(채권자 대위권) 채권자를 해하기 위한 행위를 하는 경우(채권자취소권)만 예외적으로 이를 간섭할 수 있다. 이것이 책임재산 보전제도이다.

　　채권자대위권은 자기의 채권을 보전하기 위해 채무자에게 속하는 권리를 행사할 수 있는 권리이다. 나태한 채무자를 대신해 채무자의 권리를 행사한 뒤 결국 자신의 권리행사를 용이하게 하는 제도 중 하나이다.

　　채권자취소권은 채권자를 해치게 된다는 것을 알면서 행한 채무자의 법률행위를 취소하고, 사해행위에 의해 빠져나간 채무자의 재산을 회복하는 것을 목적으로 하는 채권자의 권리이다. 채권자대위권과는 책임재산 보전제도라는 점에서 공통적이지만 대위권이 채무자의 게으름에 대한 권리임에 반해 취소권은 채무자의 적극적 행위에 대한 권리이다. 그리고 대위권은 원래 있어야 할 상태로 행사함에 대해 취소권은 유효한 법률행위를 다시 되돌리는 권리이다. 따라서 대위권과 달리 취소권은 반드시 재판상 행사해야 한다(재판상 형성권).

I. 개념 : 제404조[1]

II. 요건

1. 채권자가 자기의 채권을 보전할 필요가 있을 것

가. 피보전채권의 존재 및 이행기 도래

필요성이 있고 이행기만 도래하면[2] 채권자 권리의 종류는 불문한다. 제3자에게 대항할 수 있는지도 불문한다. 성립시기도 불문하나 구체성은 있어야 한다. 예를 들어, 이혼 시 재산분할청구권은 협의나 심판 등으로 내용이 확정되기 전에는 구체성이 없어 보전채권이 될 수 없다. 마찬가지로 대표이사의 업무집행권(개인 재산적 권리에 불과), 주주의 주주권(구체성 결여)에 기해서 회사의 물권적청구권이나 등기청구권 대위할 수 없다.

나. 채권보전의 필요성(무자력 요건)

금전채권(또는 금전으로 변할 채권)은 원칙적으로 무자력이 필요하다. 다만 금전채권임에도 동일 부동산으로 매개된 등기청구권과 같이 특정채권으로 확장된 경우는 무자력 요건이 필요 없다.

---

1) 제404조(채권자대위권) ① 채권자는 자기의 채권을 보전하기 위하여 채무자의 권리를 행사할 수 있다. 그러나 일신에 전속한 권리는 그러하지 아니하다. ② 채권자는 그 채권의 기한이 도래하기 전에는 법원의 허가 없이 전항의 권리를 행사하지 못한다. 그러나 보전행위는 그러하지 아니하다.
2) 법원의 대위허가나 보존행위는 예외가 된다(제404조 2항).

2. 채무자가 권리를 행사하지 않을 것

법률적 장애가 없음에도 권리행사를 하지 않는 경우를 말한다. 채무자가 권리를 행사하지 않는 이상 채무자의 반대가 있어도 행사할 수 있고, 채무자가 행사한 이상 패소판결을 받았더라도 대위행사 할 수 없다.

3. 채권자대위권 객체에 대한 요건(채무자의 권리 요건)

청구권, 형성권, 채권자대위권, 채권자취소권, 동시이행항변권이 부착된 권리, 협력의무의 이행청구권, 소멸시효의 원용권도 행사 가능하고 연쇄대위도 가능하다. 사실상 특별한 제한이 없다. 다만 채권의 담보가 될 수 없는 권리는 대위가 허용되지 않는다. 예를 들어 채무자의 '행사상 일신전속권(가족권)', 압류가 금지되는 채권(급여 등), 소송상 행위 중 소송계속 후 수행을 위한 개개의 행위는 대위할 수 없다.

III. 행사

1. 행사방법

채권자의 고유권이므로 채권자의 이름으로 행사한다. 다만 원래 채무자의 권리행사이므로 채무자에게 이행하도록 청구하는 것이다. 재판상·재판 외 행사 가능하다. 채권자가 변제수령권(물건인도나 금전지급만 가능)이 있으나 그 효과는 채무자에게만 발생한다. 이전등기는 중간생략으로 남용될 소지가 있어 금지된다.

2. 행사의 범위

가. 질적범위 : 관리행위만 할 수 있다.

나. 양적범위 : 피보전채권의 범위를 넘어 행사하는 것은 불가피한 경우만 허용된다.

3. 행사의 효력

가. 채무자의 처분권과 권리행사 제한

재판상 대위는 법원이 채무자에게 직권으로 고지하고, 재판 외 대위에서 보전행위는 통지 없이 대위할 수 있고 그 밖의 대위는 채무자에게 통지해야 하며 이때 채무자의 처분행위는 금지된다[3].

주의할 것은, 비록 통지가 없더라도 채무자가 대위권 행사의 사실을 알게 된 경우 통지와 마찬가지로 처리한다는 것이 판례이다. 따라서 연쇄매수에 있어 대위소송 중임을 알게 된 채무자가, 최초 매도인(제3채무자)에게 매수대금을 일부러 안 주어 계약을 해제하도록 한 것은 처분행위로 본다.

나. 제3채무자의 항변권

대위의 통지나 고지가 있은 후 채무자의 처분행위로 비로소 취득한 항변은 선악을 불문하고 채권자에게 대항하지 못한다. 다만, 채무자의 처분행위가 아닌 제3자가 직접 취득한 항변으로는 대항할 수 있다. 예를 들어, 채무자에게 변제하거나 통지나 고지 후에 취득한 반대채권으로 상계한 경우를 들 수 있다.

채무자가 채권자에 대하여 가지는 항변으로 대항할 수 없고, 자신이 채무자에 대해 가지는 항변(권리소멸의 항변, 상계의 항변, 동시이행의항변, 무효의 항변 등)으로 채권자에게 대항할 수 있다.

---

3) 제405조(채권자대위권행사의 통지) ① 채권자가 전조 제1항의 규정에 의하여 보전행위 이외의 권리를 행사한 때에는 채무자에게 통지하여야 한다. ② 채무자가 전항의 통지를 받은 후에는 그 권리를 처분하여도 이로써 채권자에게 대항하지 못한다.

소멸시효 원용할 수 있는 자는 직접 시효이익을 받은 자(채무자)뿐이고 제3채무자는 이를 행사할 수 없다.

IV. 행사의 효과

1. 채무자에게 귀속

다만, 동종·상계적상의 경우 상계하여 우선변제의 효력을 갖는다.

2. 비용상환청구권

법정위임관계이므로 비용상환·유치권 취득이 가능하다.

3. 대위소송판결의 효력

소송참가나 고지가 있는 경우는 채무자에게 효력이 미치지만 그렇지 않은 경우라도 어떠한 사유건 채무자가 소송이 제기된 사실을 알았을 경우에는 채무자에게 미친다(판례).

1. 부동산이 A → B → C로 부동산 순차 매도되었고 등기가 A에게 남아 있는데 B가 A에게 등기청구를 하지 않고 있다면(매매대금은 완제) C가 B를 대위해 A에게 등기청구권을 행사할 때 B의 무자력 요건은 필요하지 않다.[1]

2. 채권자대위권 행사를 위해서는 피보전채권이 이행기에 도래해야 하는데 법원의 허가나 보존행위의 경우에는 이행기 전이라도 대위권을 행사할 수 있다.[2]

3. 채권자대위권도 채권자대위권의 객체가 될 수 있다.[3]

4. 채권자대위권 행사는 채무자의 권리를 행사하는 것이므로 채무자의 이름으로 행사해야 한다.[4]

5. 채권자대위권과 채권자취소권은 모두 재판상 또는 재판 외에서 행사할 수 있다.[5]

6. 채권자대위권 행사를 채무자에게 고지하지 않더라고 어떤 형태로든 채무자가 대위권 행사의 사실을 알았다면 채무자의 처분행위는 금지된다.[6]

7. 채권자대위권 행사를 받은 제3채무자는 채무자가 채권자에게 가지는 항변으로 채권자에게 대항할 수 있다.[7]

8. 채권자대위권 행사 결과 채무자에게 귀속된 재산은 모든 채권자를 위해 공평하게 집행되어야 하므로 채권자는 자신의 채권과 상계를 할 수 없다.[8]

---

1) O : 동일 부동산으로 매개된 등기청구권의 대위행사에는 채무자의 무자력 요건이 필요하지 않다.
2) O
3) O : 대위행사 할 수 있는 채무자의 권리(대위권의 객체)는 청구권, 형성권, 채권자대위권, 채권자취소권, 소멸시효 원용권도 가능하다. 다만 가족권과 같은 행사상 일신전속권과 소송상 개개의 행위는 대위할 수 없다.
4) X : 채권자가 갖는 고유권이므로 채권자의 이름으로 행사한다. 다만 권리행사 결과를 채무자에게 귀속시킬 뿐이다.
5) X : 채권자취소권은 재판상취소권이다. 반드시 재판으로 행사해야 한다.
6) O
7) X : 제3채무자는 자신이 채무자에 대하여 가지는 항변으로 채권자에게 대항할 수 있다. 채권자대위권은 채권자가 행사하지만 채무자의 제3채무자에 대한 권리를 행사하기 때문이다.
8) X : 동종, 상계적상에 있는 경우 상계하여 우선변제의 효과를 누릴 수 있다.

I. 개념 : 제406조[1]

II. 요건

1. 객관적 요건

가. 채권자의 채권(피보전채권)의 존재

1) 채권의 성립시기

원칙적으로 사해행위 이전에 발생된 것임을 요하나, 사해행위 당시 이미 채권성립의 기초가 되는 법률관계가 발생되어 있고, 가까운 장래 그 법률관계에 기하여 채권이 성립되리라는 점에 대한 고도의 개연성이 있으며 실제로 가까운 장래에 그 개연성이 현실화되어 채권이 성립된 경우 피보전채권이 된다. 채권성립 기초된 법률관계란 약정에 의한 법률행위에 한정되는 것이 아니고 채권성립 개연성이 있는 준법률행위나 사실관계 등을 널리 포함하고 계약의 교섭이 상당히 진행된 경우 등도 해당된다.

2) 특정채권

---

[1] 제406조(채권자취소권) ① 채무자가 채권자를 해함을 알고 재산권을 목적으로 한 법률행위를 한 때에는 채권자는 그 취소 및 원상회복을 법원에 청구할 수 있다. 그러나 그 행위로 인하여 이익을 받은 자나 전득한 자가 그 행위 또는 전득당시에 채권자를 해함을 알지 못한 경우에는 그러하지 아니하다. ② 전항의 소는 채권자가 취소원인을 안 날로부터 1년, 법률행위 있은 날로부터 5년 내에 제기하여야 한다.
제407조(채권자취소의 효력) 전조의 규정에 의한 취소와 원상회복은 모든 채권자의 이익을 위하여 그 효력이 있다.

인정되지 않는다(모든 채권자를 위해 효력이 있어야 하므로).

3) 담보를 수반하는 채권

물적담보는 부동산 가액 및 채권최고액이 채무액 초과해 우선변제에 지장 없다면 연대보증인이 유일한 재산을 처분해도 사해행위가 되지 않는다. 인적담보의 경우(연대·보증)는 우선변제가 보장되지 않으므로 전액에 대해 가능하다.

4) 조건부·기한부 채권

이행기가 요건이 아니므로 가능하다.

나. 사해행위

1) 채무자가 법률행위를 하였을 것

법률행위의 종류는 불문한다. 단 단순한 부작위나 사실행위, 순수한 소송행위는 취소하지 못한다. 채무자의 법률행위가 무효인 경우도 취소할 수 있다(제108조와 경합).

2) 사해행위는 직접 재산권을 목적으로 할 것

간접적인 재산상 행위로 채무자 의사에 맡겨야 하는 경우(증여나 유증의 거절, 채무자의 노무계약, 상속의 승인 또는 포기, 혼외자 인지 등)는 사해행위가 되지 않으나, 회사설립행위는 재산의 출연이 있으므로 사해행위가 될 수 있다. 압류가 금지된 경우는 채권의 공동담보가 되지 않아 사해행위가 아니다.

3) 채권자를 해하는 행위(무자력의 문제)

사해행위란 그 행위로 말미암아 적극재산이 채무의 총액(다른 채권자 포함)보다 감소되는 것(채무초과)을 말한다. 여기서 채무의 총액은 현재의 채무를 말하지만 사해행위 당시 이미 채무 성립의 기초가 되는 법률관계가 발생되어 있고 가까운 장래 그 법률관계에 기하여 채무가 성립되리라는 점에 대한 고도의 개연성이 있으면 실제로 가까운 장래에 그 개연성이 현실화되어 채무가 성립되는 경우 그 채무도 소극재산에 포함시켜야 한다.

2. 주관적 요건

가. 채무자의 악의(사해의사)

공동담보의 부족이 생기는 것을 소극적으로 인식하는 것(따라서 특정채권자를 인식할 필요 없다.). 행위 당시 인식하지 못하였다면 과실에 의한 것이라도 사해행위가 되지 않는다.

나. 수익자·전득자의 악의

전득 당시 채권자를 해함을 인식하는 것으로 채무자의 악의가 입증되면 추정되므로 스스로 선의를 입증해야 한다.

III. 행사

1. 행사의 방법

가. 채권자의 이름으로 행사(채권자의 고유권)

나. 재판상 행사

소구하지 않고 항변만으로 주장할 수 없다.

다. 취소의 상대방

수익자 또는 전득자이며 채무자는 피고가 아니다.

라. 취소소송 중 채무자의 파산

소송은 중단되고 파산관재인이 수계하므로 파산채권자들은 취소권 행사 불가.

마. 취소소송·반환소송 따로 가능

바. 진명등기[2) 가능

원래 취소하여 채무자에게 이전 후 다시 채권자가 청구해야 하나, 등기취소의 경우 직접 채권자에게 이전 받는 것이 가능.

사. 다른 채권자의 중복 소송 가능

2. 행사의 범위

가. 취소자 채권액 > 사해행위 : 전부 취소 + 원물 반환(원상 회복, 가액 반환)

---

2) 진정명의회복을 위한 이전등기. 최종 소유자에게 진정 소유자에게 직접 소유권을 이전하는 형태의 등기이다. 순차 등기된 부동산 등기의 원상회복은 중간에 거쳐 간 등기자들 간의 순차 말소등기의 형태로 회복이 되어야 한다. 그런데 이러한 방식은 실무상 매우 어려운 문제가 있어(중간 당사자의 사망, 소재불명, 비협조 등) 간편하게 등기를 회복시키는 방법으로 인정되고 있다.

전득자에 대한 관계에서 가액배상은 목적물 반환의 불가능 또는 현저한 곤란의 경우에만 허용된다. 채권액에는 사해행위 이후 사실심변론종결 시까지 발생한 이자나 지연손해금이 포함된다.

나. 취소자 채권액 < 사해행위

1) 채권액의 범위에서 일부 취소 + 가액 반환

2) 채권액을 넘어서도 전부 취소 + 원물 반환(원상 회복, 가액 반환)

불가분인 경우, 또는 비록 가분이라도 경제적 실질에 맞지 않거나 다른 채권자의 배당요구가 명백한 경우에 가능한데, 예를 들어 대지와 지상건물에 대한 사해행위에서 그 어느 하나가 채권액을 초과해도 경제적 불가분 관계에 있음을 고려해 전부를 취소함이 마땅하다.

3. 행사의 장애

수익자가 다른 원인에 의해 다시 등기를 받을 수 있다 해도 취소와 등기말소에 영향 없다. 예를 들어, 가등기에 기한 본등기를 할 수 있다 해도 별개이므로 일단 지금의 등기는 취소할 수 있다.

모든 채권자를 위한 제도이므로 채무자에 대해 가지는 채권으로 취소채권자에게 상계를 주장할 수 없다. 예를 들어, 채무자에게 가액배상금 명목으로 금원을 지급했다는 점을 들어 가액배상에서 공제를 주장할 수 없다.

4. 행사기간(제척기간)

취소원인을 '안 날'이라 함은 채권자를 해함을 알면서 법률행위를 한 사실을 안 때를 의미하고 단순히 사해행위의 객관적 사실을 안 것만으로는 부족하며, 사해의 객관적 사실을 알았다 하여 취소의 원인을 알았다고 추정할 수는 없다. 즉 구체적 사해행위의 존재와 채무자의 사해를 안 때를 의미한다.

가등기의 원인인 법률행위가 언제인지 제쳐두고 본등기로부터 제척기간이 진행될 수 없고, 사해행위 취소가 기간 내에 이루어졌다면 원상회복의 청구는 기간 후에도 할 수 있다.

IV. 행사의 효과

1. 상대적 무효설

채권자취소권 행사의 효과는 채권자와 소송 상대방 사이에서만 발생한다. 일단 목적물은 채무자에게 반환되고 이를 목적 범위에서 강제집행 한다. 즉 당사자는 채권자와 수익자 또는 전득자이며 나머지 법률효과는 그대로 유지된다. 따라서 최소 전 이루어진 가압류에는 영향이 없고 재산세 납부의무자인 사실상 소유자는 수익자가 된다.

2. 구체적 효과

가. 채무자 일반 재산에 귀속

나. 상대적 효력

1) 취소의 상대적 효력

취소의 효과는 당사자 사이에서만 필요한 범위에서 발생, 채무자에게는 영향 없다.

2) 원상회복의 상대적 효력

채무자는 아무 권리 없고, 변제 후 남은 것은 수익자나 전득자에게 복귀된다. 절차상 채무자에게 재산을 복귀시킬 뿐 채무자는 채권자취소 절차에서 당사자가 아니다.

3. 채무자와 수익자, 수익자와 전득자 사이 관계

아무런 영향이 없고, 다만 채무자의 급부는 부당이득이 되어 반환의무를 갖게 된다.

1. 특정채권은 채권자취소권의 피보전채권이 될 수 없다.[1]
2. 취소의 대상은 채무자와 수익자 사이의 법률행위이므로 취소의 효과는 채무자에게 직접 미친다.[2]
3. 채무자의 법률행위가 이미 무효인 경우 채권자취소권 행사가 불가능하다.[3]
4. 채무자의 악의가 증명되면 수익자의 악의는 추정된다.[4]
5. 채무자가 증여받는 것을 거절하는 경우 이는 채권자를 해하는 행위이므로 채권자취소의 대상이 된다.[5]
6. 타인 채무에 대해 보증을 하는 행위는 소극재산을 증가시키므로 사해행위가 된다.[6]
7. 채권자취소권의 행사는 반드시 재판을 통해 해야 한다.[7]
8. 채권자취소권 소송에 있어 원고는 채권자, 피고는 채무자가 된다.[8]
9. 채권자취소권 소송은 취소소송과 반환소송이 포함되는데 이들 소송은 반드시 동시에 할 필요는 없고 따로 순차적으로 할 수 있다.[9]
10. 채권자취소 후 채권자는 채무자에 대한 채무로 상계하여 우선변제 효력을 누릴 수 있다.[10]
11. 채권자취소 소송은 취소원인을 안 날로부터 3년, 법률행위가 있는 날로부터 5년 안에 제기하여야 한다.[11]
12. 사해행위 취소소송 제척기간 기산점인 '취소원인을 안 날'은 사해행위의 객관적 사실을 안 때를 말한다.[12]

---

1) O : 모든 채권자를 위해 이익이 있어야 하므로 특정채권은 피보전채권이 될 수 없다.
2) X : 취소의 효력은 채권자와 상대방 사이에서만 발생한다(상대적 효력).
3) X : 무효라고 하여 전혀 존재하지 않는 것은 아니고, 취소로 인한 법률효과가 다르므로 상호 경합한다.
4) O
5) X : 사해행위는 직접 재산권을 목적으로 해야 하므로 증여의 거절처럼 채무자의 의사에 맞겨야 하는 간접적 재산행위는 취소대상이 되지 않는다.
6) O
7) O
8) X : 피고는 당사자가 아니다. 수익자 또는 전득자가 소송상 피고이다.
9) O : 다만 실무상 이를 분리해서 하는 경우는 드물다.
10) X : 취소된 재산은 모든 채권자를 위해 존재한다.
11) O
12) X : 객관적 사실을 알았다고 취소원인을 알았다고 추정할 수 없고, 채권자를 해함을 알면서 법률행위를 했다는 사실을 알아야 제척기간이 기산한다.

I. 채권양도

1. 개요

행위청구권(지명채권)은 눈에 구체적으로 보이지 않는다. 채권의 존재는 당사자 사이에서만 상대적 행위청구권 형태로 존재하기 때문이다. 따라서 물권과 달리 채권의 양도는 복잡하고 제한적인 방법에 의하는데, 양도인이 채무자에게 채권양도 통지를 하는 것이 그것이다(제450조). 이러한 양도방법 자체도 외부에서 쉽게 확인하기 어렵다. 부동산물권이 등기의 이전에 의해 외부에서 명백히 인식할 수 있는 것과 다르다.

이러한 채권의 양도성을 개선하기 위한 여러 아이디어가 고안되어 왔다. 대표적인 것이 종이에 채권을 새기는 것이다. 이렇게 채권이 적힌 종이를 '증권'이라 하고, 그 채권을 증권화 채권이라 한다. 증권은 채권의 양도성을 높이기 위한 방법의 하나이다[1].

예를 들어, B가 종이에 "B는 이 종이를 가져오는 사람에게 천만 원을 지급하겠습니다."라고 적어서 A에게 줬다고 가정할 때, A가 이를 C에게 주는 방법으로 수월하게 채권을 양도할 수 있다. B는 그것이 누구든 마지막 이름이 적힌 사람이 위 종이를 가져올 때 천만 원을 주면 된다.

이보다 더 양도성을 높이는 방법이 있다. 증권에 사람을 기재하지 않는 것이다. 증권은 자유롭게 거래되어 최종소지자가 누구든 채무자에게 제시하면 채무이행이 되는 구조의 채권이다. 채무자가 당초 그 증권을 소지한 사람이 누구든 채권자로 인정하겠다는 전제하에 발행하는 것

---

1) **제508조(지시채권의 양도방식)** 지시채권은 그 증서에 배서하여 양수인에게 교부하는 방식으로 양도할 수 있다.

이다. 채권자가 기재되어 있지 않다는 의미에서 '무기명채권'이라 한다[2]. 영화표, 상품권, 승차권, 상품쿠폰 등 무기명채권의 예는 많다. 영화표를 사서 누구에게 주든, 그것이 몇 번에 걸쳐 거래되든 마지막에 소지한 사람이 영화표 발행자(영화관)에게 제시하면 영화표에 녹아 있는 채권(영화를 보여 줄 것을 요구할 수 있는 권리)을 행사할 수 있는 것이다.

본 테마에서는 채권양도의 일반적 형태인 지명채권의 양도에 관해 법조문 위주로 살펴본다.

2. 규정

제449조(채권의 양도성) ① 채권은 양도할 수 있다[3]. 그러나 채권의 성질이 양도를 허용하지 아니하는 때에는 그러하지 아니하다[4]. ② 채권은 당사자가 반대의 의사를 표시한 경우에는 양도하지 못한다. 그러나 그 의사표시로써 선의의 제3자에게 대항하지 못한다.

제450조(지명채권[5] 양도의 대항요건) ① 지명채권의 양도는 양도인이 채무자에게[6] 통지하거나 채무자가 승낙[7]하지 아니하면 채무자 기타 제3자에게 대항하지 못한다. ② 전항의 통지나 승낙은 확정일자 있는 증서에 의하지 아니하면 채무자 이외의 제3자에게 대항하지 못한다[8].

---

2) 제523조(무기명채권의 양도방식) 무기명채권은 양수인에게 그 증서를 교부함으로써 양도의 효력이 있다.
3) 장래의 채권도, 양도 당시 기본적 채권관계가 어느 정도 확정되어 있어 특정이 가능하고 가까운 장래에 발생할 것임이 상당한 정도 기대되는 경우 양도 가능
4) 성질상 제한 : ① 동일성(특정인의 초상화 그리는 채권, 부작위 채권) ② 신뢰관계 배경의 채권은 양도 통지 외에 채무자 승낙 필요(매매로 인한 등기청구권) ③ 특정의 채권자와 결제 되어야 하는 사유(상호계산에 개입된 채권) ④ 종된 권리(기본적 이자채권, 보증인에 대한 채권, 물권적 청구권) ⑤ 임금채권은 양도 가능하나 양수인이 스스로 사용자에게 임금청구는 못한다.
5) 채권이란 사람의 특정한 행위를 요구하는 권리라 할 수 있다. 이렇게 채권은 특정한 의무를 요구받는 사람이 정해져 있다. 그래서 이러한 표준적 채권을 사람을 지정한 채권이라는 의미로 '지명채권(指名債權)'이라 한다.
6) 양도가 취소 또는 해제되면 양수인이 채무자에게 통지
7) 양도인, 양수인 모두에게 통지 가능. 통지와 달리 사전·사후 통지 모두 가능
8) 〈권리관계 우열〉
　① 모두 단순 통지·승낙인 경우에 제1양수인에 대한 변제승낙 후 제2양수인에 대한 변제는 무효.
　② 어느 하나만 확정일자 증서 통지일 때는 확정일자가 우선한다. 다만 확정일자 통지 전에 이미 변제·상계·면제 등으로 이미 소멸한 때 이는 유효하다.
　③ 모두 확정일자 있는 증서로 통지·승낙한 경우 채무자에게 도달(인식기준설)한 순서로 우열을 가린다.
　④ 확정일자 통지가 모두 동시 도달한 경우는 우열은 대등하다. 따라서 채무자는 그 누구에게 변제해도 된다. 이중양도·(가)압류 채권자들의 채권합계가 채무를 초과하는 경우, 공평의 원칙상 채권액에 안분해 내부적으로 다시 정산할 의무가 있다. 채무자는 이중지급의 위험을 피하기 위해 변제공탁을 할 수 있다.

제451조(승낙, 통지의 효과) ① 채무자가 이의를 보류하지 아니하고[9] 전조의 승낙을 한 때에는 양도인에게 대항할 수 있는 사유로써 양수인에게 대항하지 못한다[10]. 그러나 채무자가 채무를 소멸하게 하기 위하여 양도인에게 급여한 것이 있으면 이를 회수할 수 있고 양도인에 대하여 부담한 채무가 있으면 그 성립되지 아니함을 주장할 수 있다. ② 양도인이 양도통지만을 한 때에는 채무자는 그 통지를 받은 때까지 양도인에 대하여 생긴 사유로써 양수인에게 대항할 수 있다.

제452조(양도통지와 금반언) ① 양도인이 채무자에게 채권양도를 통지한 때에는 아직 양도하지 아니하였거나 그 양도가 무효인 경우에도 선의인 채무자는 양수인에게 대항할 수 있는 사유로 양도인에게 대항할 수 있다. ② 전항의 통지는 양수인의 동의가 없으면 철회하지 못한다.

II. 채무인수

1. 개요

채무의 이전은 채권자에게 매우 예민한 문제다. 변제자력을 담보할 수 있는지에 직결되기 때문이다. 따라서 채무인수가 채권자의 의사에 반하여 이루어지지 않도록 하는 장치가 필요하다. 이를 염두에 두고 법규정을 통해 이를 알아보자.

2. 규정

제453조(채권자와의 계약에 의한 채무인수) ① 제3자는 채권자와의 계약으로 채무를 인수하여 채무자의 채무를 면하게 할 수 있다. 그러나 채무의 성질이 인수를 허용하지 아니하는 때에는 그러하지 아니하다. ② 이해관계 없는 제3자는 채무자의 의사에 반하여 채무를 인수하지 못한다.

---

9) 양수인이 악의·중과실이면 이의를 보류한 것과 동일하다.
10) 채권의 성립·존속·행사를 저지·배척하는 사유를 말하고, 채권의 귀속(이미 타인에게 양도되었다는 사실)은 이에 포함되지 않는다.

제454조(채무자와의 계약에 의한 채무인수) ① 제3자가 채무자와의 계약으로 채무를 인수한 경우에는 채권자의 승낙에 의하여 그 효력이 생긴다. ② 채권자의 승낙 또는 거절의 상대방은 채무자나 제3자이다.

제455조(승낙여부의 최고) ① 전조의 경우에 제3자나 채무자는 상당한 기간을 정하여 승낙여부의 확답을 채권자에게 최고할 수 있다. ② 채권자가 그 기간 내에 확답을 발송하지 아니한 때에는 거절한 것으로 본다.

제456조(채무인수의 철회, 변경) 제3자와 채무자간의 계약에 의한 채무인수는 채권자의 승낙이 있을 때까지 당사자는 이를 철회하거나 변경할 수 있다.

제457조(채무인수의 소급효) 채권자의 채무인수에 대한 승낙은 다른 의사표시가 없으면 채무를 인수한 때에 소급하여 그 효력이 생긴다. 그러나 제3자의 권리를 침해하지 못한다.

제458조(전채무자의 항변사유) 인수인은 전채무자의 항변할 수 있는 사유로 채권자에게 대항할 수 있다.

제459조(채무인수와 보증, 담보의 소멸) 전채무자의 채무에 대한 보증이나 제3자가 제공한 담보는 채무인수로 인하여 소멸한다. 그러나 보증인이나 제3자가 채무인수에 동의한 경우[11]에는 그러하지 아니하다[12].

---

11) 이들이 인수한 경우를 포함한다.
12) 물상보증인이 채무인수에 동의한 경우 이는 새로운 담보 설정이 아니라 담보유지의 의사표시에 불과하다. 따라서 신채무자가 다른 원인으로 부담하게 된 새로운 채무까지 담보하는 것은 아니다.

1. 장래의 채권도 양도 당시 기본적 채권관계가 어느 정도 확정되어 있어 특정이 가능하고 가까운 장래에 발생할 것임이 상당 정도 기대되는 경우에는 양도가 가능하다. [1]

2. 채권양도 통지에 있어 확정일자 있는 증서와 단순 통지가 경합하는 경우 확정일자 통지가 우선하므로 확정일자 통지 전에 이미 변제를 하였더라도 변제의 효력은 없다. [2]

3. 채권양도가 취소 또는 해제되어 양도된 채권을 반환하는 경우 기존 양도인에 채무자에게 양도통지를 하면 대항력을 갖는다. [3]

4. 채권자의 채무인수에 대한 승낙은 채무를 인수한 때에 소급하여 그 효력이 생긴다. [4]

5. 제3자가 채권자와의 계약으로 채무인수를 하는 경우와 달리, 제3자가 채무자와의 계약으로 채무인수를 하는 경우에는 채권자가 승낙을 해야 효력이 생긴다. [5]

6. 무기명채권은 지명채권의 양도성을 증가시키기 위한 방법으로 고안되었다. [6]

7. 제3자와 채무자간의 계약에 의한 채무인수는 채권자의 승낙이 있을 때까지 당사자는 이를 철회하거나 변경할 수 있다. [7]

8. 채무가 이전되는 경우 채무발생의 원인이 되는 계약의 취소권·해제권도 동일성을 유지하며 이전된다. [8]

---

1) O
2) X : 확정일자 통지 전에 이미 변제로 소멸한 때 이는 유효하다.
3) X : 양수인이 통지를 해야 한다. 현재 채권의 보유자가 채무자에게 통지하는 것이 혼란을 방지하고 권리관계를 간결하게 할 수 있다.
4) O
5) O : 채무자가 변경되는 것은 채권자에게 심각한 문제이므로 채무자의 의사만으로 채무를 처분할 수 없다.
6) O
7) O
8) X : 일신전속적 성격의 형성권은 이전하지 않는다.

본 테마에서 말하는 채권의 소멸은 채권의 양도를 통해 권리주체가 변경되는 주관적변경과 달리 권리가 객관적으로 소멸하는 것을 말한다. 그중 변제, 대물변제, 공탁, 상계, 경개, 면제, 혼동과 민법총칙에 있는 권리의 공통된 소멸사유인 소멸시효[1]를 여기서 다룬다.

변제, 대물변제, 공탁, 상계는 채권의 목적이 실현되어 소멸된 것이고, 경개, 면제, 혼동은 목적소멸 이외의 사유로 소멸된 것이다. 목적도달이 불가능해 채권이 소멸하는 사유로 무과실의 이행불능이 있다.

면제는 채권자의 단독행위고 상계는 채무자의 단독행위이며 대물변제와 경개는 계약이다.
변제는 준법률행위이며 혼동은 사건이다.

I. 변제[2]

제460조(변제제공[3]의 방법) 변제는 채무내용에 좋은 현실제공으로 이를 하여야 한다. 그러나 채권자가 미리 변제받기를 거절하거나 채무의 이행에 채권자의 행위를 요하는 경우에는 변제준비의 완료를 통지하고 그 수령을 최고하면 된다.

제461조(변제제공의 효과) 변제의 제공은 그때로부터 채무불이행의 책임을 면하게 한다[4].

---

1) 물권법이 시험범위에서 배제되어 민법총칙에 있는 소멸시효도 결국 채권의 소멸원인으로 작용하므로 이를 묶어서 다룬다. 소멸시효를 학습하기 위한 전제로서 '기간'에 대한 계산이 필수적이므로 함께 포함 하였다.
2) 채무의 내용인 급부가 실현됨으로써 채권이 만족을 얻고 목적을 달성해 소멸하는, 채권의 자연사.
3) '변제'라는 현상은, 채무자의 변제제공 행위와 채권자의 수령행위가 결합한 결과를 말한다. 따라서 변제가 되지 않더라도 변제제공 자체로 인한 법률효과가 별도로 존재한다. 제461조와 같이 채무불이행 책임을 면하고, 채권자 사정에 따른 채권자지체가 발생한다.
4) 약정이자는 정지하고 쌍무계약에서 상대방은 동시이행의 항변권을 잃는다(단, 변제제공은 계속 되어야 한다.).

제462조(특정물의 현상인도) 특정물의 인도가 채권의 목적인 때에는 채무자는 이행기의 현상대로 그 물건을 인도하여야 한다.

제463조(변제로서의 타인의 물건의 인도) 채무의 변제로 타인의 물건을 인도한 채무자는 다시 유효한 변제를 하지 아니하면 그 물건의 반환을 청구하지 못한다.

제464조(양도능력 없는 소유자의 물건인도) 양도할 능력 없는 소유자가 채무의 변제로 물건을 인도한 경우에는 그 변제가 취소된 때에도 다시 유효한 변제를 하지 아니하면 그 물건의 반환을 청구하지 못한다.

제465조(채권자의 선의소비, 양도와 구상권) ① 전2조의 경우에 채권자가 변제로 받은 물건을 선의로 소비하거나 타인에게 양도한 때에는 그 변제는 효력이 있다. ② 전항의 경우에 채권자가 제3자로부터 배상의 청구를 받은 때에는 채무자에 대하여 구상권을 행사할 수 있다.

제466조(대물변제) 채무자가 채권자의 승낙을 얻어 본래의 채무이행에 갈음하여 다른 급여를 한 때에는 변제와 같은 효력이 있다[5].

제467조(변제의 장소) ① 채무의 성질 또는 당사자의 의사표시로 변제장소를 정하지 아니한 때에는 특정물의 인도는 채권성립 당시에 그 물건이 있던 장소에서 하여야 한다. ② 전항의 경우에 특정물인도 이외의 채무변제는 채권자의 현주소에서 하여야 한다[6]. 그러나 영업에 관한 채무의 변제는 채권자의 현영업소에서 하여야 한다.

제468조(변제기전의 변제) 당사자의 특별한 의사표시가 없으면 변제기전이라도 채무자는 변제할 수 있다. 그러나 상대방의 손해는 배상하여야 한다[7].

---

5) 특수한 요물·유상계약이다. 대물변제가 변제로 이루어지는 경우는 드물고, 예약과 결합하여 변칙적 담보로 활용되는 경우가 많다.
6) 이를 '지참채무'라 하고 변제장소의 원칙이다. 이에 대한 예외 규정은 제1항의 특정물 인도, 매매대금 지급 장소(제586조, 인도장소), 임치물 반환 장소(제700조, 보관장소) 정도이다.
7) 제153조와 중복으로 보인다.

제469조(제3자의 변제) ① 채무의 변제는 제3자도 할 수 있다[8]. 그러나 채무의 성질 또는 당사자의 의사표시로 제3자의 변제를 허용하지 아니하는 때에는 그러하지 아니하다. ② 이해관계 없는[9] 제3자는 채무자의 의사에 반하여 변제하지 못한다.

제470조(채권의 준점유자에 대한 변제) 채권의 준점유자[10]에 대한 변제는 변제자가 선의[11]이며 과실 없는 때에 한하여 효력이 있다[12].

제471조(영수증소지자에 대한 변제) 영수증[13]을 소지한 자에 대한 변제는 그 소지자가 변제를 받을 권한이 없는 경우에도 효력이 있다. 그러나 변제자가 그 권한 없음을 알았거나 알 수 있었을 경우에는 그러하지 아니하다.

제472조(권한 없는 자에 대한 변제) 전2조의 경우 외에 변제받을 권한 없는 자에 대한 변제는 채권자가 이익을 받은 한도에서 효력이 있다.

제473조(변제비용의 부담) 변제비용은 다른 의사표시가 없으면 채무자의 부담으로 한다. 그러나 채권자의 주소이전 기타의 행위로 인하여 변제비용이 증가된 때에는 그 증가액은 채권자의 부담으로 한다[14].

제474조(영수증청구권) 변제자는 변제를 받는 자에게 영수증을 청구할 수 있다[15].

---

8) '자기의 이름'으로 그러나 '타인의 채무'로 하므로 일종의 사무관리이다. 따라서 대물변제나 공탁은 할 수 있지만 자기 채권으로 상계함은 허용되지 않는다. 이는 자기의 채무로 변제하는 것이므로 비채변제(제742조)가 된다.
9) 법률상 이해관계를 말한다.
10) 채권을 사실상 행사하여 수령자의 외관을 가진 자. 채권자의 대리인이라 하면서 채권을 행사하는 때에도 채권의 준점유자에 해당한다.
11) 적극적으로 수령권한이 있다고 믿은 것을 말한다.
12) 효과는 확정적이므로 채권자만이 수령자에게 부당이득 반환을 청구할 수 있다.
13) 진정한 영수증을 말하고 가짜의 경우에는 제470조로 해결한다.
14) 채권자 부담의 경우, 채무자가 변제한 후 구상을 하거나 변제액에서 공제해야지 동시이행을 주장할 수는 없다.
15) 동시이행관계

제475조(채권증서반환청구권) 채권증서가 있는 경우에 변제자가 채무전부를 변제한 때에는 채권증서의 반환을 청구할 수 있다[16]. 채권이 변제 이외의 사유로 전부 소멸한 때에도 같다.

제476조(지정변제충당) ① 채무자가 동일한 채권자에 대하여 같은 종류를 목적으로 한 수개의 채무를 부담한 경우에 변제의 제공이 그 채무전부를 소멸하게 하지 못하는 때에는 변제자는 그 당시[17] 어느 채무를 지정하여 그 변제에 충당할 수 있다. ② 변제자가 전항의 지정을 하지 아니할 때에는 변제받는 자는 그 당시 어느 채무를 지정하여 변제에 충당할 수 있다. 그러나 변제자가 그 충당에 대하여 즉시 이의를 한 때에는 그러하지 아니하다[18]. ③ 전2항의 변제충당은 상대방에 대한 의사표시로써 한다.

제477조(법정변제충당) 당사자가 변제에 충당할 채무를 지정하지 아니한 때에는 다음 각호의 규정에 의한다.
1. 채무 중에 이행기가 도래한 것과 도래하지 아니한 것이 있으면 이행기가 도래한 채무의 변제에 충당한다.
2. 채무 전부의 이행기가 도래하였거나 도래하지 아니한 때에는 채무자에게 변제이익이 많은 채무의 변제에 충당한다[19].
3. 채무자에게 변제이익이 같으면 이행기가 먼저 도래한 채무나 먼저 도래할 채무의 변제에 충당한다.
4. 전2호의 사항이 같은 때에는 그 채무액에 비례하여 각 채무의 변제에 충당한다.

제478조(부족변제의 충당) 1개의 채무에 수개의 급여를 요할 경우에 변제자가 그 채무전부를 소멸하게 하지 못한 급여를 한 때에는 전2조의 규정을 준용한다.

---

16) 영수증과 달리 동시이행관계가 아니다.
17) 수령 후 지체 없이.
18) 법정충당에 의한다.
19) 〈변제이익 관련〉 ① 보증인(또는 어음담보)이 있는 채무와 없는 채무는 변제이익이 동일 ② 이자부 금전채무 > 무이자부 약속어음금채무 ③ 주채무 > 보증채무 ④ 단순채무 > 연대채무 ⑤ 변제자 발생의 어음이 담보하는 채무 > 일반채무 ⑥ 변제기의 유예가 있는 경우는 변제기가 도래하지 않은 것으로 간주.

제479조(비용, 이자, 원본에 대한 변제충당의 순서)[20] ① 채무자가 1개 또는 수개의 채무의 비용 및 이자를 지급할 경우에 변제자가 그 전부를 소멸하게 하지 못한 급여를 한 때에는 비용, 이자, 원본의 순서로 변제에 충당하여야 한다. ② 전항의 경우에 제477조의 규정을 준용한다.

제480조(변제자의 임의대위) ① 채무자를 위하여 변제한 자는 변제와 동시에 채권자의 승낙을 얻어 채권자를 대위할 수 있다. ② 전항의 경우에 제450조 내지 제452조의 규정(채권양도 규정)을 준용한다.

제481조(변제자의 법정대위) 변제할 정당한 이익이 있는 자[21]는 변제로 당연히 채권자를 대위한다.

제482조(변제자대위의 효과, 대위자간의 관계) ① 전2조의 규정에 의하여 채권자를 대위한 자는 자기의 권리에 의하여 구상할 수 있는 범위에서 채권 및 그 담보에 관한 권리를 행사할 수 있다. ② 전항의 권리행사는 다음 각호의 규정에 의하여야 한다.

1. 보증인은 미리 전세권이나 저당권의 등기에 그 대위를 부기하지 아니하면 전세물이나 저당물에 권리를 취득한 제3자에 대하여 채권자를 대위하지 못한다.
2. 제3취득자는 보증인에 대하여 채권자를 대위하지 못한다.
3. 제3취득자 중의 1인은 각 부동산의 가액에 비례하여 다른 제3취득자에 대하여 채권자를 대위한다.
4. 자기의 재산을 타인의 채무의 담보로 제공한 자가 수인인 경우에는 전호의 규정을 준용한다.
5. 자기의 재산을 타인의 채무의 담보로 제공한 자와 보증인간에는 그 인원수에 비례하여 채권자를 대위한다. 그러나 자기의 재산을 타인의 채무의 담보로 제공한 자가 수인인 때에는 보증인의 부담부분을 제외하고 그 잔액에 대하여 각 재산의 가액에 비례하여 대위한다. 이 경우에 그 재산이 부동산인 때에는 제1호의 규정을 준용한다.

---

[20] 지정충당(제476조)의 경우 적용한다. 당사자 특약이 있거나 일방적 지정에 상대방이 이의를 제기하지 않아 묵시적 합의가 있었다고 볼 경우에는 배제할 수 있다. 그렇지 않으면 변제자 일방의 지정충당이 있더라도 이는 인정되지 않는다.
[21] 변제하지 않으면 집행받을 지위에 있는 자(불가분채무자, 연대채무자, 각종 보증인, 제3취득자), 변제하지 않으면 채무자에 대한 자기의 권리나 가치를 상실하게 될 자(후순위 담보권자, 일반채권자).

제483조(일부의 대위) ① 채권의 일부에 대하여 대위변제가 있는 때에는 대위자는 그 변제한 가액에 비례하여 채권자와 함께 그 권리를 행사한다. ② 전항의 경우에 채무불이행을 원인으로 하는 계약의 해지 또는 해제는 채권자만이 할 수 있고 채권자는 대위자에게 그 변제한 가액과 이자를 상환하여야 한다.

제484조(대위변제와 채권증서, 담보물) ① 채권전부의 대위변제를 받은 채권자는 그 채권에 관한 증서 및 점유한 담보물을 대위자에게 교부하여야 한다. ② 채권의 일부에 대한 대위변제가 있는 때에는 채권자는 채권증서에 그 대위를 기입하고 자기가 점유한 담보물의 보존에 관하여 대위자의 감독을 받아야 한다.

제485조(채권자의 담보상실, 감소행위와 법정대위자의 면책) 제481조의 규정에 의하여 대위할 자가 있는 경우에 채권자의 고의나 과실로 담보가 상실되거나 감소된 때에는 대위할 자는 그 상실 또는 감소로 인하여 상환을 받을 수 없는 한도에서 그 책임을 면한다.

제486조(변제 이외의 방법에 의한 채무소멸과 대위) 제3자가 공탁 기타 자기의 출재로 채무자의 채무를 면하게 한 경우에도 전6조의 규정을 준용한다.

II. 공탁

제487조(변제공탁의 요건, 효과) 채권자가 변제를 받지 아니하거나 받을 수 없는 때에는 변제자는 채권자를 위하여 변제의 목적물을 공탁하여 그 채무를 면할 수 있다. 변제자가 과실 없이 채권자를 알 수 없는 경우에도 같다.

제488조(공탁의 방법) ① 공탁은 채무이행지의 공탁소에 하여야 한다. ② 공탁소에 관하여 법률에 특별한 규정이 없으면 법원은 변제자의 청구에 의하여 공탁소를 지정하고 공탁물보관자를

선임하여야 한다. ③ 공탁자는 지체 없이 채권자에게 공탁통지를 하여야 한다.

제489조(공탁물의 회수) ① 채권자가 공탁을 승인하거나 공탁소에 대하여 공탁물을 받기를 통고하거나 공탁유효의 판결이 확정되기까지는 변제자는 공탁물을 회수할 수 있다. 이 경우에는 공탁하지 아니한 것으로 본다. ② 전항의 규정은 질권 또는 저당권이 공탁으로 인하여 소멸한 때에는 적용하지 아니한다.

제490조(자조매각금의 공탁) 변제의 목적물이 공탁에 적당하지 아니하거나 멸실 또는 훼손될 염려가 있거나 공탁에 과다한 비용을 요하는 경우에는 변제자는 법원의 허가를 얻어 그 물건을 경매하거나 시가로 방매하여 대금을 공탁할 수 있다.

제491조(공탁물수령과 상대의무이행) 채무자가 채권자의 상대의무이행과 동시에 변제할 경우에는 채권자는 그 의무이행을 하지 아니하면 공탁물을 수령하지 못한다.

III. 상계

1. 상계적상

가. 채권이 대립하고 있을 것

1) 자동채권

상계자 자신이 피상계자에 대해 가지는 채권을 말한다. 다만, 연대채무[22]와 보증채무[23]는 타

---

22) 제418조(상계의 절대적 효력) ① 어느 연대채무자가 채권자에 대하여 채권이 있는 경우에 그 채무자가 상계한 때에는 채권은 모든 연대채무자의 이익을 위하여 소멸한다. ② 상계할 채권이 있는 연대채무자가 상계하지 아니한 때에는 그 채무자의 부담부분에 한하여 다른 연대채무자가 상계할 수 있다.
23) 제434조(보증인과 주채무자상계권) 보증인은 주 채무자의 채권에 의한 상계로 채권자에게 대항할 수 있다.

인이 가지는 채권으로 상계가 가능한 중대한 예외이다.

　2) 수동채권

피상계인이 상계인에 대해 가지는 채권이다.

나. 양 채권이 동종목적을 가질 것 : 따라서 종류채권(특히 금전)에 한정된다

다. 자동채권이 변제기에 있을 것 : 수동채권은 자기 이익 포기이므로 무관

라. 채권의 성질상 허용되는 채권 : 부작위 채무, 하는 채무는 상계금지

　항변권이 붙은 채권을 자동채권으로 상계할 수 없다. 그런데 동시이행항변권이 붙어 있더라도 양채무가 동종의 급부를 목적으로 하는 경우는 상계가 가능하다. 따라서 도급에서 공사금채무와 하자보수 및 손해배상청구권은 상계가 가능하다.

나. 상계가 금지(제496조, 제497조, 제498조)되어 있지 않은 채권일 것

2. 상계의 효과

　대등액에서 소멸하고 초과되는 부분은 존속한다. 모자라는 경우는 변제충당 규정을 준용해서 상계되는 채권을 결정한다(제499조, 상계충당 준용).

　제492조(상계의 요건) ① 쌍방이 서로 같은 종류를 목적으로 한 채무를 부담한 경우에 그 쌍방의 채무의 이행기가 도래한 때에는 각 채무자는 대등액에 관하여 상계할 수 있다. 그러나 채무의 성질이 상계를 허용하지 아니할 때에는 그러하지 아니하다. ② 전항의 규정은 당사자가 다른

의사를 표시한 경우에는 적용하지 아니한다. 그러나 그 의사표시로써 선의의 제3자에게 대항하지 못한다.

　제493조(상계의 방법, 효과) ① 상계는 상대방에 대한 의사표시로 한다. 이 의사표시에는 조건 또는 기한을 붙이지 못한다. ② 상계의 의사표시는 각 채무가 상계할 수 있는 때에 대등액에 관하여 소멸한 것으로 본다.

　제494조(이행지를 달리하는 채무의 상계) 각 채무의 이행지가 다른 경우에도 상계할 수 있다. 그러나 상계하는 당사자는 상대방에게 상계로 인한 손해를 배상하여야 한다.

　제495조(소멸시효완성 된 채권에 의한 상계) 소멸시효가 완성된 채권이 그 완성 전에 상계할 수 있었던 것이면 그 채권자는 상계할 수 있다[24].

　제496조(불법행위채권을 수동채권으로 하는 상계의 금지) 채무가 고의의 불법행위로 인한 것인 때에는 그 채무자는 상계로 채권자에게 대항하지 못한다[25].

　제497조(압류금지채권을 수동채권으로 하는 상계의 금지) 채권이 압류하지 못할 것인 때에는 그 채무자는 상계로 채권자에게 대항하지 못한다[26].

　제498조(지급금지채권을 수동채권으로 하는 상계의 금지) 지급을 금지하는 명령을 받은 제3채무자는 그 후에 취득한 채권에 의한 상계로 그 명령을 신청한 채권자에게 대항하지 못한다.[27]

---

24) 수동채권이 시효로 소멸한 경우에도 채무자는 시효이익을 포기할 수 있으므로 상계가 가능하다.
25) 고의는 피해자가 입증한다. 이는 보복을 방지하고 채무자에게 현실의 변제를 추구하도록 하는 목적으로 둔 규정이다. 기망에 의한 불법행위도 고의 불법행위이며, 고의에 의한 부당이득반환채권도 역시 상계를 할 수 없다.
26) 채무자 보호를 위한 주식납입채권, 임금, 공무원연금, 재해보상청구권, 형사보상청구권 등이 이에 속한다.
27) 이 같은 제한을 두지 않으면, 압류가 있을 때 항상 반대채권을 만들어 압류채권자를 해할 수 있다. 따라서, 지급명령 후 취득한 채권으로 채무자와 제3채무자 서로 상계를 할 수 없다. 단, 지급금지명령 이후라도 동시이행관계에 있는 자동채권이면 상계가 가능하다. 그 이전에 채권발생의 원인이 이미 존재했기 때문이다.

제499조(준용규정) 제476조 내지 제479조의 규정(변제충당)은 상계에 준용한다.

IV. 경개

제500조(경개의 요건, 효과) 당사자가 채무의 중요한 부분을 변경하는 계약을 한 때에는 구채무는 경개로 인하여 소멸한다[28].

제501조(채무자변경으로 인한 경개) 채무자의 변경으로 인한 경개는 채권자와 신채무자 간의 계약으로 이를 할 수 있다. 그러나 구채무자의 의사에 반하여 이를 하지 못한다.

제502조(채권자변경으로 인한 경개) 채권자의 변경으로 인한 경개는 확정일자 있는 증서로 하지 아니하면 이로써 제3자에게 대항하지 못한다.

제503조(채권자변경의 경개와 채무자승낙의 효과) 제451조 제1항의 규정은 채권자의 변경으로 인한 경개에 준용한다.

제504조(구채무불소멸의 경우) 경개로 인한 신채무가 원인의 불법 또는 당사자가 알지 못한 사유로 인하여 성립되지 아니하거나 취소된 때에는 구채무는 소멸되지 아니한다.

제505조(신채무에의 담보이전) 경개의 당사자는 구채무의 담보를 그 목적의 한도에서 신채무의 담보로 할 수 있다. 그러나 제3자가 제공한 담보는 그 승낙을 얻어야 한다.

---

28) 경개계약은 신채무가 유효하게 성립되면 그 효과는 완결하고 경개계약 이행의 문제는 발생할 여지가 없다. 따라서 신채무의 불이행은 경개계약의 불이행으로 볼 것은 아니므로 경개계약을 해제하는 것은 허용되지 않는다.

V. 면제

　제506조(면제의 요건, 효과) 채권자가 채무자에게 채무를 면제하는 의사를 표시한 때에는 채권은 소멸한다. 그러나 면제로써 정당한 이익을 가진 제3자에게 대항하지 못한다.

VI. 혼동

　제507조(혼동의 요건, 효과) 채권과 채무가 동일한 주체에 귀속한 때에는 채권은 소멸한다. 그러나 그 채권이 제3자의 권리의 목적인 때에는 그러하지 아니하다.

1. 채무자가 변제제공을 하였으나 채권자가 변제받기를 거절한 경우 채무자는 변제준비의 완료를 통지하고 그 수령을 최고하면 채무불이행 책임을 면한다.[1]

2. 특정물의 인도는 채권자의 주소지에서 해야 한다.[2]

3. 이해관계 없는 제3자는 채무자의 의사에 반하여 변제할 수 없다.[3]

4. 영수증을 소지한 자에 대한 변제는 그 소지자가 변제를 받을 권한이 없는 경우에도 효력이 있다.[4]

5. 변제자가 주 채무자인 경우 보증인이 있는 채무와 보증인이 없는 채무의 변제이익은 차이가 없다.[5]

6. 채권의 준점유자에 대한 변제는 변제자가 선의이며 과실 없는 때에 변제효력이 있다.[6]

7. 변제충당에 당사자의 특약이 없으면 원본, 이자, 비용의 순서로 충당하여야 한다.[7]

8. 변제할 정당한 이익이 있는 자는 변제로 당연히 채권자를 대위한다.[8]

9. 채권의 일부에 대해 변제자대위가 인정되는 경우 그 대위자는 채무자의 채무불이행을 이유로 채권자와 채무자간의 계약을 해제할 수 있다.[9]

10. 채권이 중복 양도되어 채권을 주장하는 사람이 많은 경우 채무자는 공탁하여 채무를 면할 수 있다.[10]

11. 동시이행항변권이 붙은 채권을 수동채권으로 상계할 수 없다.[11]

---

1) O
2) X : 특정물은 채권성립 당시에 그 물건이 있던 장소에서 이행해야 한다.
3) O
4) O
5) O
6) O
7) X : 비용 → 이자 → 원본 순으로 충당한다.
8) O
9) X : 계약해제권은 형성권이므로 일신전속적 성격을 갖는다. 따라서 해제권은 채권자만 갖는다.
10) O : 이런 경우 공탁이 가장 실익이 있다.
11) X : 항변권이 붙은 채권을 수동채권으로 한다는 것은 그 항변권을 상계자가 보유하고 있다는 것이다. 상계자가 자신의 항변권을 포기하는 것은 상계자의 자유이다.

12. 불법행위 채권을 자동채권으로 하는 상계는 금지된다. [12]

13. 사용자는 자신이 근로자에 대해 갖는 채권으로 근로자의 임금채권을 상계하지 못한다. [13]

---

12) X : 수동채권으로 하는 상계를 금지한다.
13) O : 압류금지채권을 수동채권으로 하는 상계는 금지된다.

I. 기간

1. 의미

기간은 어느 시점에서 어느 시점까지 계속된 시간을 말한다. 법률사실 중 사건에 속한다. 민법에는 보충적인 기간 규정이 있다[1].

2. 계산방법

민법은 단기간에 대해서는 자연적 계산방법을, 장기간에 대해서는 역법적 계산방법을 각각 채용하고 있다.

가. 자연적 계산방법 : 시·분·초는 즉시로 계산한다[2]

나. 역법적 계산방법

1) 기산점

초일은 산입하지 않되 시간이 0시부터 시작하는 때에는 초일을 산입한다[3]. 0시부터 시작한다는 것은 아직 도래하지 않은 기간을 계산하는 경우 등을 말한다.

---

1) 제155조(본장의 적용범위) 기간의 계산은 법령, 재판상의 처분 또는 법률행위에 다른 정한 바가 없으면 본장의 규정에 의한다.
2) 제156조(기간의 기산점) 기간을 시, 분, 초로 정한 때에는 즉시로부터 기산한다.
3) 제157조(기간의 기산점) 기간을 일, 주, 월 또는 연으로 정한 때에는 기간의 초일은 산입하지 아니한다. 그러나 그 기간이 오전 영시로부터 시작하는 때에는 그러하지 아니하다.

연령계산에 있어서는 출생일을 산입한다[4]. 단 1초를 살았더라도 사람으로 살았기 때문이다.

2) 만료점[5]

기간을 주·월·년의 경우 역에 의해 계산하므로 일수의 장단은 문제 삼지 않는다. 최후의 월·년에서 기산일에 해당하는 날의 전일로 기간은 만료한다. 최후의 월에 해당일이 없으면 그 말일이 기간의 말일이 된다[6]. 그리고 기간의 말일이 공휴일(임시포함)에 해당하는 때에는 기간은 그 익일로 만료한다[7]. 이 규정은 초일에는 적용하지 않는다(판례). 한편, 정년의 경우엔 도달일이 기간 만료일이다(판례).

다. 기간 공부를 하는 이유

이어지는 소멸시효 계산에 직접적으로 필요하다. 절차법적으로는 항소기간 등 위반시 불이익이 큰 불변기간 계산에 있어 매우 중요하다. 기간에 관한 다른 특별규정이 없는 한 이 규정이 적용된다. 이를 보충적 규정이라 한다.

---

4) 제158조(나이의 계산과 표시) 나이는 출생일을 산입하여 만(滿) 나이로 계산하고, 연수(年數)로 표시한다. 다만, 1세에 이르지 아니한 경우에는 월수(月數)로 표시할 수 있다.
5) 제159조(기간의 만료점) 기간을 일, 주, 월 또는 연으로 정한 때에는 기간말일의 종료로 기간이 만료한다.
6) 제160조(역에 의한 계산) ① 기간을 주, 월 또는 연으로 정한 때에는 역에 의하여 계산한다. ② 주, 월 또는 연의 처음으로부터 기간을 기산하지 아니하는 때에는 최후의 주, 월 또는 연에서 그 기산일에 해당한 날의 전일로 기간이 만료한다. ③ 월 또는 연으로 정한 경우에 최종의 월에 해당일이 없는 때에는 그 월의 말일로 기간이 만료한다.
7) 제161조(공휴일 등과 기간의 만료점) 기간의 말일이 토요일 또는 공휴일에 해당한 때에는 기간은 그 익일로 만료한다.

1. 시효

가. 시효의 개념

일정한 사실 상태가 일정기간 계속됨으로써 법률효과(권리취득, 권리소멸)를 일어나게 하는 법률요건이다(법률규정에 의한 권리변동).

나. 종류

1) 취득시효

어떤 사람이 권리자의 외관을 일정기간 계속 가지고 있는 경우 진실로 권리자인지 묻지 않고 처음부터 권리자였던 것으로 인정해 버리는 제도.

2) 소멸시효

권리자가 그 권리를 행사할 수 있음에도 불구하고 일정한 기간 동안 그 권리를 행사하지 않는 상태가 계속된 경우 그 권리를 소멸시켜 버리는 제도.

2. 소멸시효의 요건

가. 대상 : 소멸시효에 걸리는 권리

1) 채권

2) 소유권 이외의 재산권

(가) 채권적 청구권

채권과 같이 소멸시효에 걸리는 것이 원칙이지만 판례는 일정한 예외를 인정하고 있다. 부동산의 매수인이 매도인에 대하여 가지는 등기청구권은 채권적 청구권이지만 만일 매수인이 목적물을 인도받고 있으면 그 등기청구권은 소멸시효에 걸리지 않는다. 권리위에 잠자는 자가 아니라는 이유이다.

(나) 물권적 청구권

물권적 청구권은 물권과 분리할 수 없으므로 별도로 소멸시효에 걸리지 않는다.

(다) 형성권

소멸시효가 아닌 제척기간이 적용된다.

(라) 점유권

점유라는 상태만 지속되면 점유권이 있으므로 소멸시효가 걸릴 여지가 없다.

(마) 담보물권

피담보채권이 존속하는 한 담보물권이 소멸시효에 걸리는 일은 없다.

나. 권리의 불행사(소멸시효의 기산점)

1) 권리불행사의 개념

권리를 행사하는 데 법률상 장해가 없음에도 행사하지 않는 경우 소멸시효가 진행한다. 법률적 장해가 아닌 사실상 장해는 장해로 보지 않으므로 소멸시효의 진행에 영향을 주지 않는다. 따라서 권리자가 그 권리의 존재나 행사가능성을 알지 못하는 것(특히 법률규정으로 생기는 권리), 알지 못함에 과실 유무 등은 시효의 진행에 영향을 주지 못한다. 이러한 법률상장해가 없는 최초의 시점이 소멸시효의 기산점이 된다[8].

2) 권리별 구체적 기산점

(가) 시기부 권리인 경우 : 기한이 도래한 때부터 시효진행 한다.

① 확정기한부 : 기한이 도래한 때부터.
② 불확정기한부 : 객관적으로 기한이 도래한 때이며, 그것을 알았는지나 과실은 묻지 않는다. 따라서 이행지체 책임이 기한 도래를 안 때부터 발생하는 것과 차이가 있다.

(나) 기한을 정하고 있지 않은 채권 : 채권이 발생한 때부터 진행한다.

이행지체는 청구를 받은 때에 발생하지만 소멸시효도 청구 시 진행한다면 청구하지 않고 내버려 두면 영구히 기산점이 없게 되는 불합리가 있다. 주의할 것은, 채무불이행에 의한 손해배상청구권은 동일성이 유지되므로 본래 청구 가능 시부터 시효가 진행된다고 보아야 하는데, 판례는 채무불이행이 있었던 때부터 새로 소멸시효가 진행한다고 보고 있다.

(다) 유예기간이 필요한 권리[9]

---

8) 제166조(소멸시효의 기산점) ① 소멸시효는 권리를 행사할 수 있는 때로부터 진행한다.
9) 제603조(반환시기) ① 차주는 약정시기에 차용물과 같은 종류, 품질 및 수량의 물건을 반환 하여야 한다. ② 반환시기의 약정이 없는 때에는 대주는 상당한 기간을 정하여 반환을 최고 하여야 한다. 그러나 차주는 언제든지 반환할 수 있다.
제635조(기간의 약정 없는 임대차의 해지통고) ① 임대차기간의 약정이 없는 때에는 당사자는 언제든지 계약해지의 통고를 할

시효진행을 이러한 청구나 해지통고를 한 때부터 기산하면 이것을 방치하는 경우 이득을 보는 불합리가 있다. 그렇다고 그것을 할 수 있는 대로부터 시효가 진행한다면 시효기간이 만료할 때까지 실제 권리행사 기간은 유예기간을 제외한 만큼만 되어 권리자에게 불리하다. 따라서 청구나 해지통고를 할 수 있는 때로부터 정해진 유예기간이 경과한 시점부터 시효는 진행한다고 해석한다.

(ㄹ) 할부 채권

1회 변제를 게을리한 경우 잔금 전액을 일시에 청구하여도 이의가 없다든가, 기한이익을 잃는다든가 하는 등의 약정이 있고 그 시일이 경과하여 시효가 문제된 경우 두 가지 해석이 가능하다. 1회 불이행으로 당연히 전액에 대한 시효가 진행된다는 의견과, 잔액 전부의 변제를 청구하는 등의 의사를 표시한 때에 비로소 전부의 시효가 진행된다는 견해이다. 판례는 후자로 보는 듯하다[10].

(ㅁ) 정지조건부 권리 : 조건성취 시.

(ㅂ) 부작위채권 : 위반행위를 한 때부터 진행한다[11].

수 있다. ② 상대방이 전항의 통고를 받은 날로부터 다음 각호의 기간이 경과하면 해지의 효력이 생긴다.
1. 토지, 건물 기타 공작물에 대하여는 임대인이 해지를 통고한 경우에는 6개월, 임차인이 해지를 통고한 경우에는 1개월
2. 동산에 대하여는 5일
제659조(3년 이상의 경과와 해지통고권) ① 고용의 약정기간이 3년을 넘거나 당사자의 일방 또는 제3자의 종신까지로 된 때에는 각 당사자는 3년을 경과한 후 언제든지 계약해지의 통고를 할 수 있다. ② 전항의 경우에는 상대방이 해지의 통고를 받은 날로부터 3월이 경과하면 해지의 효력이 생긴다.
제660조(기간의 약정이 없는 고용의 해지통고) ① 고용기간의 약정이 없는 때에는 당사자는 언제든지 계약해지의 통고를 할 수 있다. ② 전항의 경우에는 상대방이 해지의 통고를 받은 날로부터 1개월이 경과하면 해지의 효력이 생긴다. ③ 기간으로 보수를 정한 때에는 상대방이 해지의 통고를 받은 당기후의 일기를 경과함으로써 해지의 효력이 생긴다.
10) "형성권적 기한이익상실 특약의 경우 이는 채권자의 이익을 위한 것으로서 기한이익의 상실 사유가 발생하였다고 하더라도 채권자가 나머지 전액을 일시에 청구할 것인가 또는 종래대로 할부변제를 청구할 것인가를 자유로이 선택할 수 있으므로, 1회의 불이행이 이더라도 각 할부금에 대해 그 각 변제기의 도래 시마다 그때부터 순차로 소멸시효가 진행하고 채권자가 특히 잔존채무 전액의 변제를 구하는 취지의 의사를 표시한 경우에 한하여 전액에 대하여 그때부터 소멸시효가 진행한다."(2002다28340)
11) 제166조(소멸시효의 기산점) ① 소멸시효는 권리를 행사할 수 있는 때로부터 진행한다. ② 부작위를 목적으로 하는 채권의 소멸시효는 위반행위를 한 때로부터 진행한다.

(사) 해제에 의한 원상회복청구권 : 해제 시.

(아) 선택채권 : 선택할 수 있을 때.

(자) 손해배상 : 불법행위는 불법행위 시부터 10년, 채무불이행은 채무불이행 시.

(차) 동시이행항변권 : 변제기.

(카) 구상권 : 일반적으로 발생 시이나 공동불법행위에서는 현실지급 시이다.

다. 불행사의 지속(소멸시효 기간)

1) 채권

(가) 보통의 채권 : 10년[12]. 단 상사채권은 5년이다.

(나) 3년짜리 채권[13]

여기서 '1년 이내의 기간으로 정한'의 뜻은 1년 이내의 정기로 지급되는 채권(정기급부 채권)이라는 뜻이지 변제기가 1년 이내의 채권이라는 의미가 아니다.

---

12) 제162조(채권, 재산권의 소멸시효) ① 채권은 10년간 행사하지 아니하면 소멸시효가 완성한다.
13) 제163조(3년의 단기소멸시효) 다음 각호의 채권은 3년간 행사하지 아니하면 소멸시효가 완성한다.
    1. 이자, 부양료, 급료, 사용료 기타 1년 이내의 기간으로 정한 금전 또는 물건의 지급을 목적으로 한 채권.
    2. 의사, 조산사, 간호사 및 약사의 치료, 근로 및 조제에 관한 채권.
    3. 도급받은 자, 기사 기타 공사의 설계 또는 감독에 종사하는 자의 공사에 관한 채권.
    4. 변호사, 변리사, 공증인, 공인회계사 및 법무사에 대한 직무상 보관한 서류의 반환을 청구하는 채권.
    5. 변호사, 변리사, 공증인, 공인회계사 및 법무사의 직무에 관한 채권.
    6. 생산자 및 상인이 판매한 생산물 및 상품의 대가.
    7. 수공업자 및 제조자의 업무에 관한 채권.

(다) 1년짜리 채권[14]

(라) 판결 등으로 확정된 권리[15]

소를 제기하면 시효는 중단된다. 그러나 확정판결을 받고도 그대로 두면 시효는 다시 진행한다[16]. 이때는 단기시효에 걸리게 할 필요는 없고 권리보전을 위해 여러 번 중단의 절차를 밟게 하는 불편을 막을 필요가 있어 단기라도 10년으로 규정하고 있다. 이렇게 확장된 시효는 보증인에게 불리하면 효력이 없고, 시효가 긴 것이 10년이 된다는 의미도 아니다(판례).

2) 기타 재산권 : 20년[17]

라. 중단이나 정지(시효의 장애)가 없을 것

1) 중단

소멸시효 진행을 방해하여 이미 경과한 시효기간의 효력을 소멸시키는 것이 중단이며 시효는 다시 기산한다[18]. 중단은 취득시효에도 준용된다[19].

---

14) 제164조(1년의 단기소멸시효) 다음 각호의 채권은 1년간 행사하지 아니하면 소멸시효가 완성한다.
    1. 여관, 음식점, 대석, 오락장의 숙박료, 음식료, 대석료, 입장료, 소비물의 대가 및 체당금의 채권
    2. 의복, 침구, 장구 기타 동산의 사용료의 채권
    3. 노역인, 연예인의 임금 및 그에 공급한 물건의 대금채권
    4. 학생 및 수업자의 교육, 의식 및 유숙에 관한 교주, 숙주, 교사의 채권
15) 제165조(판결 등에 의하여 확정된 채권의 소멸시효) ① 판결에 의하여 확정된 채권은 단기의 소멸시효에 해당한 것이라도 그 소멸시효는 10년으로 한다. ② 파산절차에 의하여 확정된 채권 및 재판상의 화해, 조정 기타 판결과 동일한 효력이 있는 것에 의하여 확정된 채권도 전항과 같다. ③ 전2항의 규정은 판결확정 당시에 변제기가 도래하지 아니한 채권에 적용하지 아니한다.
16) 제178조(중단 후에 시효진행) ② 재판상의 청구로 인하여 중단한 시효는 전항의 규정에 의하여 재판이 확정된 때로부터 새로이 진행한다.
17) 제162조(채권, 재산권의 소멸시효) ② 채권 및 소유권 이외의 재산권은 20년간 행사하지 아니하면 소멸시효가 완성한다.
18) 제178조(중단 후에 시효진행) ① 시효가 중단된 때에는 중단까지에 경과한 시효기간은 이를 산입하지 아니하고 중단사유가 종료한 때로부터 새로이 진행한다.
19) 제247조(소유권취득의 소급효, 중단사유) ② 소멸시효의 중단에 관한 규정은 전2조의 소유권취득기간에 준용한다.

2) 중단의 사유[20]

(가) 청구

① 재판상 청구

소의 제기 및 응소[21]를 말하며 민사소송이 원칙이지만 기타 소송에서도 민사적인 것(부당이득, 배상명령)도 포함한다. 소의 종류, 본소와 반소, 재심을 불문한다.

소의 각하·기각·취하의 경우 시효중단의 효력은 없다. 단, 6개월 내에 재판상 청구 등을 한 경우에는 처음 재판상 청구 시 중단된 것으로 본다[22]. 최고의 효력을 인정하는 것이다.

② 파산절차 참가[23]

규정은 없으나 파산절차신청도 중단사유가 되고, 강제집행 절차에서 배당요구를 하는 것도 시효중단의 효력이 있다. 화의법에 의한 화해절차 참가도 시효 중단의 효력이 있다.

③ 지급명령[24]

지급명령신청서를 법원에 제출할 경우 시효중단의 효력이 있다. 지급명령에 대한 적법한 이의신청이 있으면 소제기의 효과가 있어 시효중단이 되고 확정이 되면 확정판결과 같은 효력이

---

20) 제168조(소멸시효의 중단사유) 소멸시효는 다음 각호의 사유로 인하여 중단된다.
   1. 청구
   2. 압류 또는 가압류, 가처분
   3. 승인
21) "시효를 주장하는 자가 원고가 되어 소를 제기한 데 대하여 피고로서 응소하여 그 소송에서 적극적으로 권리를 주장하고 그것이 받아들여진 경우도 재판상의 청구에 해당한다."(92다47861) 다만, "응소행위로서 시효가 중단되었다고 주장하지 않으면 아니 되고, 피고가 변론에서 시효중단의 주장 또는 이러한 취지가 포함되었다고 볼 만한 주장을 하지 아니하는 한, 위와 같은 피고의 응소행위가 있었다는 사정만으로 당연히 시효중단의 효력이 발생한다고 할 수는 없다."
22) 제170조(재판상의 청구와 시효중단) ① 재판상의 청구는 소송의 각하, 기각 또는 취하의 경우에는 시효중단의 효력이 없다. ② 전항의 경우에 6개월 내에 재판상의 청구, 파산절차참가, 압류 또는 가압류, 가처분을 한 때에는 시효는 최초의 재판상 청구로 인하여 중단된 것으로 본다.
23) 제171조(파산절차참가와 시효중단) 파산절차참가는 채권자가 이를 취소하거나 그 청구가 각하된 때에는 시효중단의 효력이 없다.
24) 제172조(지급명령과 시효중단) 지급명령은 채권자가 법정기간 내에 가집행신청을 하지 아니함으로 인하여 그 효력을 잃은 때에는 시효중단의 효력이 없다.

발생한다(10년의 소멸시효).

④ 화해를 위한 소환[25], 임의출석

조정은 재판상 화해의 효력이 있으므로 조정신청도 시효 중단의 효력이 있다.

⑤ 최고[26]

최고(독촉)란 재판 외의 청구를 말하는데 매우 약한 청구가 된다. 따라서 6개월 이내에 재판상 청구 또는 압류·가압류·가처분과 같은 더 강력한 방법을 취하지 않으면 중단의 효력은 생기지 않는다. 또한 최고를 반복하여도 결정적인 중단의 효력은 생기지 않는다. 이 경우 재판상 청구 등을 한 시점을 기준으로 이로부터 소급하여 6개월 이내에 한 최고 시에 중단의 효력이 발생한다.

(나) 압류·가압류·가처분[27]

취소되면 중단의 효력이 없고 시효의 이익을 받을 자가 집행행위의 대상과 다른 경우에는 통지를 해야 중단의 효력이 생긴다[28]. 예를 들어 물상보증인의 부동산에 압류하였다면 채무자에게 통지한 때에 피담보채권의 시효가 중단된다.

(다) 승인[29]

방식에 특별한 제한이 없고 묵시적으로도 가능하다. 일부변제(전부승인이 된다, 시효완성 후

---

25) 제173조(화해를 위한 소환, 임의출석과 시효중단) 화해를 위한 소환은 상대방이 출석하지 아니 하거나 화해가 성립되지 아니한 때에는 1개월 내에 소를 제기하지 아니하면 시효중단의 효력이 없다. 임의출석의 경우에 화해가 성립되지 아니한 때에도 그러하다.

26) 제174조(최고와 시효중단) 최고는 6개월 내에 재판상의 청구, 파산절차참가, 화해를 위한 소환, 임의출석, 압류 또는 가압류, 가처분을 하지 아니하면 시효중단의 효력이 없다.

27) 제175조(압류, 가압류, 가처분과 시효중단) 압류, 가압류 및 가처분은 권리자의 청구에 의하여 또는 법률의 규정에 따르지 아니함으로 인하여 취소된 때에는 시효중단의 효력이 없다.

28) 제176조(압류, 가압류, 가처분과 시효중단) 압류, 가압류 및 가처분은 시효의 이익을 받은 자에 대하여 하지 아니한 때에는 이를 그에게 통지한 후가 아니면 시효중단의 효력이 없다.

29) 제177조(승인과 시효중단) 시효중단의 효력 있는 승인에는 상대방의 권리에 관한 처분의 능력이나 권한 있음을 요하지 아니한다.

일부변제는 전부의 시효이익 포기가 되고 이는 일부청구와 구분된다.)나 담보의 제공 등이 이에 해당한다.

승인은 반드시 상대방에게 해야 한다. 따라서 2번 저당권을 설정하여도 그것이 1번 저당권자에 대한 승인이 되지 않는다.

3. 시효중단의 효력

가. 경과기간 불산입[30]

나. 인적범위[31]

당사자는 시효중단행위에 관여한 자를 말하고, 승계인에는 포괄승계인과 특정승계인 모두를 포함한다. 이들을 제외한 3자에게는 효력이 미치지 못함이 원칙이다. 다만 지역권[32], 연대채무[33], 보증채무[34] 등의 예외가 있다.

다. 중단 후 시효진행

청구로 중단된 경우에는 재판이 확정된 때부터 다시 진행하는데, 가압류의 경우 판례는 집행보전의 효력이 존속하는 동안에는 소멸시효가 진행되지 않는다는 것이 판례이다(2000다11102). 승인으로 중단된 때에는 승인이 상대방에게 도달한 때부터 다시 기산한다.

---

30) 제178조(중단 후에 시효진행) ① 시효가 중단된 때에는 중단까지에 경과한 시효기간은 이를 산입하지 아니하고 중단사유가 종료한 때로부터 새로이 진행한다.
31) 제169조(시효중단의 효력) 시효의 중단은 당사자 및 그 승계인간에만 효력이 있다.
32) 제295조(취득과 불가분성) ② 점유로 인한 지역권취득기간의 중단은 지역권을 행사하는 모든 공유자에 대한 사유가 아니면 그 효력이 없다.
33) 제416조(이행청구의 절대적 효력) 어느 연대채무자에 대한 이행청구는 다른 연대채무자에게도 효력이 있다.
    제421조(소멸시효의 절대적 효력) 어느 연대채무자에 대하여 소멸시효가 완성한 때에는 그 부담부분에 한하여 다른 연대채무자도 의무를 면한다.
34) 제440조(시효중단의 보증인에 대한 효력) 주 채무자에 대한 시효의 중단은 보증인에 대하여 그 효력이 있다.

4. 시효의 정지[35]

시효기간이 거의 완성할 무렵 권리자가 중단행위를 하는 것이 불가능하거나 또는 대단히 곤란한 사정이 있는 경우에 그 시효기간의 진행을 일시적으로 멈추게 하고 그러한 사정이 없어졌을 때에 다시 나머지 기간을 진행시키는 것을 말한다. 중단처럼 권리자를 보호하는 제도이나 이미 경과한 기간이 없었던 것으로 되지 않는 점에서 중단과 다르다.

5. 소멸시효의 효력

가. 시효완성의 효과[36]

소멸시효 완성으로 권리는 기산일에 소급하여 소멸한다. 다만 소송절차에서는 당사자가 이를 주장하지 않으면 변론주의 원칙상 고려하지 않으므로 시효이익을 받기 위해서는 반드시 시효이익을 원용해야 한다.

나. 시효완성 후 변제

시효이익의 포기가 되어 유효한 변제가 된다(반환 불요).

---

35) 제179조(제한능력자의 시효정지) 소멸시효의 기간만료 전 6개월 내에 제한능력자에게 법정대리인이 없는 경우에는 그가 능력자가 되거나 법정대리인이 취임한 때부터 6개월 내에는 시효가 완성되지 아니한다.
　제180조(재산관리자에 대한 제한능력자의 권리, 부부 사이의 권리와 시효정지) ① 재산을 관리하는 아버지, 어머니 또는 후견인에 대한 제한능력자의 권리는 그가 능력자가 되거나 후임 법정대리인이 취임한 때부터 6개월 내에는 소멸시효가 완성되지 아니한다. ② 부부 중 한쪽이 다른 쪽에 대하여 가지는 권리는 혼인관계가 종료된 때부터 6개월 내에는 소멸시효가 완성되지 아니한다.
　제181조(상속재산에 관한 권리와 시효정지) 상속재산에 속한 권리나 상속재산에 대한 권리는 상속인의 확정, 관리인의 선임 또는 파산선고가 있는 때로부터 6개월 내에는 소멸시효가 완성하지 아니한다.
　제182조(천재 기타 사변과 시효정지) 천재 기타 사변으로 인하여 소멸시효를 중단할 수 없을 때에는 그 사유가 종료한 때로부터 1개월 내에는 시효가 완성하지 아니한다.
　제766조(손해배상청구권의 소멸시효) ③ 미성년자가 성폭력, 성추행, 성희롱, 그 밖의 성적(性的) 침해를 당한 경우에 이로 인한 손해배상청구권의 소멸시효는 그가 성년이 될 때까지는 진행되지 아니한다.
36) 제167조(소멸시효의 소급효) 소멸시효는 그 기산일에 소급하여 효력이 생긴다.

다. 시효이익의 포기

1) 시효완성 전의 포기[37]

채무자의 궁박을 이용해 미리 포기시키는 것을 방지한다. 같은 취지에서 시효완성을 곤란하게 하는 특약은 무효라고 봐야 한다. 이러한 측면에서 소멸시효는 강행규정으로 볼 수 있다.

2) 시효완성 후의 포기

포기는 상대방 있는 단독행위이며 처분행위이다. 시효완성 후의 채무승인은 시효완성을 알고 그 이익을 포기한 것으로 추정하는 것이 판례의 입장이다. 기한의 유예를 요청하거나 등기 이전의 합의 등을 한 경우도 시효이익 포기로 본다.

라. 종속된 권리에 대한 소멸시효의 효력[38]

6. 제척기간

소멸시효와 유사한 제도로 제척기간이 있다. 권리소멸이라는 법률효과는 동일하지만 실질적으로 다른 제도이므로 구별할 필요가 있다.

가. 개념

법이 예정하는 권리의 존속기간이다. 즉 권리의 수명이라 할 수 있다. 이 기간이 차면 권리는 당연히 소멸한다. 이는 법의 영역이며 당사자가 이를 주장하거나 증명할 필요가 없다. 주로 형

---

37) 제184조(시효의 이익의 포기 기타) ① 소멸시효의 이익은 미리 포기하지 못한다. ② 소멸시효는 법률행위에 의하여 이를 배제, 연장 또는 가중할 수 없으나 이를 단축 또는 경감할 수 있다.
38) 제183조(종속된 권리에 대한 소멸시효의 효력) 주된 권리의 소멸시효가 완성한 때에는 종속된 권리에 그 효력이 미친다.

성권에서 문제된다.

이와 달리 소멸시효는 권리를 가지고 있음에도 행사하지 않는 자(권리 위에 잠자는 자)에 대한 제재로 일정한 기간이 지나면 그 권리행사를 막는 개념이다. 주로 청구권(채권)에서 문제된다. 권리행사를 했는지 여부에 대한 것은 법이 아닌 사실의 영역이다. 그래서 제척기간을 법이 직권으로 고려하는 것과 달리, 소멸시효는 당사자가 변론을 통해 주장 입증해야 법원이 고려한다. 소멸시효가 완성되어 권리가 소멸했더라도 당사자가 이를 변론하지 않으면 법원은 권리소멸 효과를 고려할 수 없다.

나. 취지

법률관계를 조속히 확정하려는데 있다. 특히 형성권에 그 필요성이 강하다.

다. 권리보전방법

재판상·재판 외 권리행사 기간이나 점유권이 기한 물상청구권과 채권자취소권은 출소기간(즉 소를 제기 해야 하는 기간)으로 본다.

라. 소멸시효와 차이점

1) 소급효

소멸시효는 소급효가 있으나 제척기간으로 인한 권리소멸은 장래효만 있고 소급하지 않는다.

2) 중단여부

권리행사를 했는지 여부가 쟁점인 소멸시효는 그 기간이 완성되기 전에 당사자가 권리행사를 하면 시효는 중단되고 처음부터 다시 시효를 계산한다. 그러나 제척기간은 이러한 중단의 개념이 없다. 그 기간이 지나면 수명을 다해 권리가 소멸한다. 제척기간은 조속한 권리 확정을 위한 것으로 중단이 없다.

3) 주장입증

소멸시효는 변론주의 적용으로 당사자가 주장 입증해야 하지만 제척기간은 권리의 수명에 관한 것이므로 법률적 사안에 해당되어 법원이 당연히 고려해야 한다.

4) 이익의 포기

소멸시효 완성 후에는 시효이익의 포기가 가능하나 제척기간은 이러한 제도가 없다.

5) 정지규정 : 의견의 대립이 있다.

6) 판별

조문의 문구에 의해 결정하는 것이 일반이다. 즉, "시효로 인하여"라고 되어 있는 것을 소멸시효라고 보고 나머지는 제척기간이라 본다. 다만 절대적 기준은 아니고 규정 취지와 권리 성질에 비추어 신중히 판단할 필요가 있다.

7) 기간

규정이 있으면 이에 따르고 기간이 없는 경우에는 10년이라고 해석된다.

1. 소멸시효와 제척기간은 소급하여 권리가 소멸한다는 공통점이 있다.[1]

2. 소멸시효와 달리 제척기간에는 조속한 권리확정을 위한 제도의 취지상 중단이 없다.[2]

3. 변론주의 원칙상 제척기간의 존재는 당사자가 소송에서 주장해야만 법원이 고려할 수 있다.[3]

4. 부동산 매수인이 목적물을 인도받고 있더라도 등기청구권을 행사하고 있지 않다면 소멸시효는 진행한다.[4]

5. 불확정기한부 채무는 채권자가 이행청구를 한 때로부터 소멸시효가 진행한다.[5]

6. 채무불이행에 기한 손해배상청구권은 원래 채무와 동일성이 유지되므로 본래 채무의 청구가능 시부터 시효가 진행된다.[6]

7. 소멸시효가 20년인 권리도 판결로 확정되면 그때부터 10년의 소멸시효가 진행한다.[7]

8. 시효중단 사유인 재판상청구는 채권자가 소를 제기하는 경우를 말하는 것이지 채권자가 피고로서 응소하여 적극적으로 권리를 주장하여 그것이 받아들여진 경우는 재판상청구로 보지 않는다.[8]

9. 가압류가 경료된 상태라면 다른 시효중단의 노력을 하지 않더라도 시효는 진행하지 않는다.[9]

10. 소멸시효 중단 사유로서 채무의 승인은 시효완성 전에만 가능하다.[10]

11. 시효완성 전의 일부변제는 시효이익 포기로 본다.[11]

12. 사적자치 원칙에 따라 시효이익의 포기는 시효완성 전이라도 가능하다.[12]

---

1) X : 소멸시효는 소급효가 있지만 제척기간은 장래를 향해 권리가 소멸한다는 차이가 있다.
2) O
3) X : 제척기간의 존부는 법률사항이므로 법원이 직권으로 고려해야 한다.
4) X : 우리 법원은 매수 목적물을 인도 받은 상태를 권리행사로 보아 시효가 진행하지 않는다고 한다.
5) X : 기한이 객관적으로 도래한 때부터 시효가 진행한다. 이행지체와 혼동하지 말아야 한다.
6) X : 채무불이행이 있던 때부터 새로 소멸시효가 진행한다는 것이 판례의 입장이다.
7) X : 판결에 의해 10년이 되는 권리는 단기시효 대상인 권리들이다. 10년보다 장기인 권리의 시효가 10년으로 단축되는 것은 아니다.
8) X : 청구가 시효중단이 되는 것은 시효의 기초인 사실상태를 깨트리는 데 그 이유가 있으므로 그 권리행사가 재판에서 어떠한 형태와 방식으로 행하여지는가는 구애될 필요가 없다.
9) O : 권리를 계속 행사하고 있는 상태로 본다.
10) O : 시효완성 후에는 시효이익 포기의 문제만 있을 뿐이다.
11) X : 채무의 승인으로 본다.
12) X : 공익적 제도로서 시효완성 전에는 시효이익을 포기할 수 없다.

13. 소멸시효가 완성되면 이를 원용하지 않더라도 채무는 당연히 소멸한다. [13]

14. 소멸시효 완성 사실을 항변하지 않더라도 법원은 당연히 이를 고려해 재판해야 한다. [14]

15. 미성년자가 성폭력, 성폭행, 그 밖의 성적 침해를 당한 경우에 이로 인한 손해배상청구권의 소멸시효는 그가 성년이 될 때까지는 진행되지 아니한다. [15]

---

13) O
14) X : 소멸시효 완성 사실은 변론주의 대상이므로 재판에서 주장입증 하지 않으면 법원은 이를 직권 고려할 수 없다.
15) O : 민법 제766조 제3항 〈2020.10.20. 신설〉

제4편

채권각론

제1장 계약총론

Ⅰ. 계약이란?

계약이란 당사자의 자유의사에 의한 법적 의미를 가진 합의를 말한다. 계약은 당사자가 일치해야 하고(주관적 합치), 계약내용의 본질적 부분이 일치(객관적 합치)해야 한다. 사람과 내용에 있어 완전한 합의가 계약이다[1]. 대표적인 채권발생 원인(법률요건)이다.

계약 = 약속 = 합의

따라서, 의식적이든 무의식적이든 계약의 본질적 내용에 불합의가 있다면 계약은 성립하지 않는다(무효). 계약의 본질은 합의이며 약속이다.

누구(계약 대상의 자유)와 어떤 내용(내용의 자유)의 계약을 할 것인지는 권리주체의 자유영역에 속하며 국가가 간섭할 수 없는 것이 원칙이다(계약자유의 원칙). 따라서 계약의 종류는 제한이 없다. 이 순간에도 수많은 사람이 수많은 내용의 합의를 하고 있다. 우리 민법은 이러한 계약자유를 근간으로 발달되어 왔다.

---

1) "계약이 성립하기 위하여는 당사자 사이에 의사의 합치가 있을 것이 요구되고 이러한 의사의 합치는 당해 계약의 내용을 이루는 모든 사항에 관하여 있어야 하는 것은 아니나 그 본질적 사항이나 중요사항에 관하여는 구체적으로 의사의 합치가 있거나 적어도 장래 구체적으로 특정할 수 있는 기준과 방법 등에 관한 합의는 있어야 한다." (대법원 2001.3.23. 2000다51650)

Ⅱ. 약속은 지켜져야 한다

계약 체결은 자유이다. 한편, 이는 동전의 양면이다. 계약에 대한 책임도 평등하다. 즉, 약속(계약)은 자유지만 일단 약속을 하면 책임과 구속의 영역으로 들어간다. 만약 당사자가 약속을 지키지 않으면(계약을 위반하면) 그 약속이행을 위해 당사자는 국가의 강제력을 요청할 수 있다[2].

이렇듯 계약은 자유지만, 일단 계약이 성립하면 벗어날 수 없다. 세상은 계약 전후로 자유의 영역과 구속의 영역으로 달라진다. 그래서 계약 성립 시점은 매우 중요하다. 계약이 성립했는지 여부, 성립했다면 언제인지에 모든 신경을 집중해야 한다.

Ⅲ. 계약체결의 모습

1. 계약이 이루어지는 모습(계약 성립 모습)은 크게 3가지다

① 청약 + 승낙(민법 제527조~제531조)[3]
② 청약 + 청약(교차청약, 제533조)[4]
③ 청약 + 행위(의사실현에 의한 계약체결, 제532조)[5]

---

2) 민사집행법 제5조(집행관의 강제력 사용) ① 집행관은 집행하기 위해 필요한 경우에는 채무자의 주거, 창고 그 밖의 장소를 수색하고, 잠근 문과 기구를 여는 등 적절한 조치를 할 수 있다. ② 제1항의 경우에 저항을 받으면 집행관은 경찰 또는 국군의 원조를 요청할 수 있다.

3) 제527조(계약의 청약의 구속력) 계약의 청약은 이를 철회하지 못한다.
제528조(승낙기간을 정한 계약의 청약) ① 승낙의 기간을 정한 계약의 청약은 청약자가 그 기간 내에 승낙의 통지를 받지 못한 때에는 그 효력을 잃는다. ② 승낙의 통지가 전항의 기간 후에 도달한 경우에 보통 그 기간 내에 도달할 수 있는 발송인 때에는 청약자는 지체 없이 상대방에게 그 연착의 통지를 하여야 한다. 그러나 그 도달 전에 지연의 통지를 발송한 때에는 그러하지 아니하다. ③ 청약자가 전항의 통지를 하지 아니한 때에는 승낙의 통지는 연착되지 아니한 것으로 본다.
제529조(승낙기간을 정하지 아니한 계약의 청약) 승낙의 기간을 정하지 아니한 계약의 청약은 청약자가 상당한 기간 내에 승낙의 통지를 받지 못한 때에는 그 효력을 잃는다.
제530조(연착된 승낙의 효력) 전2조의 경우에 연착된 승낙은 청약자가 이를 새 청약으로 볼 수 있다.
제531조(격지자간의 계약성립시기) 격지자 간의 계약은 승낙의 통지를 발송한 때에 성립한다.

4) 제533조(교차청약) 당사자 간에 동일한 내용의 청약이 상호 교차된 경우에는 양청약이 상대방에게 도달한 때에 계약이 성립한다.

5) 제532조(의사실현에 의한 계약성립) 청약자의 의사표시나 관습에 의하여 승낙의 통지가 필요하지 아니한 경우에는 계약은 승낙의 의사표시로 인정되는 사실이 있는 때에 성립한다.

2. 청약의 구속력

청약은 계약 체결을 위한 출발점으로써 계약 내용에 대한 구체적이고 확정적인 의사표시를 말한다. 승낙(OK)만 하면 즉시 효력이 발생할 수 있을 정도로 구체적이며 확정적이어야 한다.

청약이 청약자를 떠나면 승낙자의 영역이다. 승낙여부를 결정하기 위한 시간을 보장해야 하기 때문이다. 따라서 이미 발송한 청약은 청약자가 임의로 철회하지 못한다. 이것을 '청약의 구속력(민법 제527조)[6]'이라 한다.

청약과 구별해야 하는 것이 있는데 바로 '청약의 유인'이다. 청약은 승낙만 있으면 바로 효력이 발생하는 확정적 의사표시라야 하는데, 이러한 청약을 할 수 있는 환경을 제공하는 것을 청약의 유인이라 한다. 예를 들어, 대형 마트 진열대에 상품을 진열해 놓는 것은 청약인가? 아니면 청약의 유인인가? 만약 청약이라면 고객의 승낙만 있으면 즉시 계약이 체결되므로 진열대에 있는 상품을 선택하면 계약이 성립한다. 그러나 이를 청약의 유인이라 본다면 고객이 상품을 선택해 계산대에 놓는 행위가 청약이 되고, 이에 대해 결제하는 행위가 승낙된다. 통상 마트의 상품 진열 행위와 아파트 분양광고는 고객이 상품을 고르기만 하면 즉시 계약이 성립된다기보다 이에 대해 구매하겠다는 고객의 구체적 의사표시를 하도록 유도하는 역할을 하므로 청약의 유인으로 볼 수 있다. 아파트 분양광고의 경우, 이를 청약으로 본다면 이를 보고 모델하우스에 방문하는 행위가 승낙의 의미를 가질 수 있다. 그러나 분양광고를 청약의 유인으로 본다면 고객이 분양받겠다는 의사표시를 하고 이에 대해 분양사가 동의한 경우 계약이 체결된다. 청약과 청약의 유인은 구체적이고 확정적 의사로서 이에 대해 승낙만 하면 즉시 합의(계약)에 이르는지 여부로 판단한다.

3. 승낙적격 안에 도달 못 한 청약의 운명[7]

---

6) 제527조(계약의 청약의 구속력) 계약의 청약은 이를 철회하지 못한다.
7) 제528조(승낙기간을 정한 계약의 청약) ① 승낙의 기간을 정한 계약의 청약은 청약자가 그 기간 내에 승낙의 통지를 받지 못한 때에는 그 효력을 잃는다. ② 승낙의 통지가 전항의 기간 후에 도달한 경우에 보통 그 기간 내에 도달할 수 있는 발송인 때에는 청약자는 지체 없이 상대방에게 그 연착의 통지를 하여야 한다. 그러나 그 도달 전에 지연의 통지를 발송한 때에는 그러하지 아니

가. 원칙 : 청약의 실효

청약을 철회하지 못하는 상태에서 언제까지 승낙을 기다려야 하는가? 청약이 승낙을 기다려주는 기간을 '청약기간', 또는 '승낙적격'이라 한다. 승낙적격 안에 승낙이 오면 계약이 체결된다. 승낙이 승낙적격을 지나 도달한 경우 청약은 실효된다. 즉, 연착된 승낙은 이미 청약이 소멸한 후에 도달한 것이라서 계약은 체결되지 않는다.

승낙적격은 청약자가 청약할 당시 정하는 것이 일반적이다. 청약을 하면서 "1주일 안에 승낙을 주세요."라고 하는 경우이다. 만약 청약자가 구체적으로 승낙적격을 정하지 않는 경우를 대비해 우리 민법은 '상당한 기간'을 승낙적격으로 한다고 규정하고 있다. 상당한 기간은 청약의 내용에 따라 다양하게 결정되며 사건이 발생했을 때 법원이 결정한다.

나. 예외 : 사고연착 모델

연착된 승낙으로는 계약을 체결시킬 수 없다. 여기에 중대한 예외가 있다. 즉 승낙이 연착되었지만 계약이 체결되는 경우가 있다. 이른바 '사고연착' 모델이다.

'사고연착'이란, 승낙자가 충분한 시간을 두고 승낙을 발송했기 때문에 통상의 경우라면 승낙적격 안에 도달해야 하지만, 어떤 이유인지 승낙이 늦게 배달되어 승낙기간을 넘긴 경우를 말한다. 승낙자는 당연히 승낙이 제때 도달되었다고 생각하는데(계약체결), 청약자의 입장에서는 청약이 실효된 다음에 승낙이 도달한 것이다(계약무산). 이렇게 계약이 체결되었는지 여부에 대해 당사자 사이에 다른 생각을 할 수 있어 이를 바로 잡을 필요가 있다.

이러한 사고연착 모델에 있어서 우리 민법은 '계약체결'을 선택하였다. 즉, 승낙이 연착되었음

하다. ③ 청약자가 전항의 통지를 하지 아니한 때에는 승낙의 통지는 연착되지 아니한 것으로 본다.
제529조(승낙기간을 정하지 아니한 계약의 청약) 승낙의 기간을 정하지 아니한 계약의 청약은 청약자가 상당한 기간 내에 승낙의 통지를 받지 못한 때에는 그 효력을 잃는다.

에도 불구하고 이상 없이 계약이 체결되는 예외적 경우이다. 단, 청약자가 승낙자에게 연착통지를 하면 계약이 체결되지 않는 예외를 두었다.

정리하면,

사고연착 모델에서는 비록 승낙이 승낙적격을 지나 지연도달 되더라도 청약은 실효되지 않고 무사히 계약이 성립한다. 청약자가 계약성립을 막으려면 승낙자에게 지연통지를 해야만 한다. 지연통지를 하지 않은 이상 계약은 성립해 버린다는 점을 잘 정리하자.

주의할 것은, 이렇게 청약자에게 승낙지연 통지를 해야 하는 상황은 '사고연착'이라는 비정상적인 상황에 국한된 것이라는 점이다. 사고연착 모델이 아닌 일반적 상황에서는 연착된 승낙은 청약이 실효된 이후에 도달된 것으로서 효력이 없다.

4. 승낙의 재활용

가. 연착된 승낙[8]

승낙적격이 지난 승낙은 이미 청약이 실효된 이후이므로 계약체결의 효과는 없다. 승낙에 대응하는 청약이 이미 소멸했으므로 합의란 것이 있을 수 없다. 다만 청약자가 이를 새로운 청약으로 보고 이에 대해 승낙의 의사표시를 하면 계약이 체결된다. 결국 합의에 도달했기 때문에 그 시점에 계약은 체결된 것이다.

나. 변경된 승낙[9]

내용을 변경한 승낙도 계약체결의 효력은 없다. 계약체결은 위한 승낙은 청약의 내용 그대로

---

8) 제530조(연착된 승낙의 효력) 전2조의 경우에 연착된 승낙은 청약자가 이를 새 청약으로 볼 수 있다.
9) 제534조(변경을 가한 승낙) 승낙자가 청약에 대하여 조건을 붙이거나 변경을 가하여 승낙한 때에는 그 청약의 거절과 동시에 새로 청약한 것으로 본다.

합의하는 내용이라야 하기 때문이다. 그러나 변경된 승낙에 대해 청약자가 마음에 든다면 이를 새로운 청약으로 보고 동의한다는 내용의 승낙을 하면 계약은 체결된다. 변경된 내용에 대해 합의가 이루어졌기 때문에 계약이 체결된 것이다.

IV. 계약체결 시점

1. 청약 + 승낙에 의한 계약 성립

합의(계약)는 최소 두 사람 이상을 전제로 하는데, 두 사람이 마주 본 상태에서는 청약이나 승낙 또는 행위를 표시하는 즉시 상대방이 인식한다. 법적으로는 의사표시가 '발송' 즉시 '도달'한다고 표현한다. 이렇게 발송 즉시 도달하는 상황(서로 대화하는 사이라고 하여 '대화자'라 한다.)에서는 승낙하는 순간 합의가 되므로 특별히 합의시점이 문제될 일은 없다.

그러나 멀리 떨어져서 의사표시를 하는 경우에는 의사표시의 '발송'과 '도달'에 시차가 발생한다. 이를 위 '대화자'와 구별하여 '격지자'라고 표현한다. 이때는 승낙자가 승낙한 때와 승낙이 청약자에게 도달할 때 중 언제를 합의시점으로 삼을지 문제될 수 있다.

이에 대해 우리 민법은 다음과 같이 규정하고 있다.

"격지자간의 계약은 승낙의 통지를 발송한 때에 성립한다[10]."

의사표시 효력은 원칙적으로 도달주의에 따른다. 즉 모든 의사표시는 상대방에게 도달된 경우 효력이 발생한다는 것이다. 하지만 승낙은 독특하다. 승낙은 그 의사표시가 발송된 때 효력(계약 성립)이 발생한다. 이러한 독특한 몇 개의 예외가 우리 민법에 존재한다. 등장할 때마다

---

10) 제531조(격지자 간의 계약성립시기) 격지자 간의 계약은 승낙의 통지를 발송한 때에 성립한다.

체크하여 정리할 필요가 있다.

　주의할 것이 있다. 계약의 체결여부와 체결시점은 다른 문제라는 것이다. 승낙이 승낙적격 안에 청약자에게 도달해야 계약이 체결된다. 다만 계약체결 시점은 그 승낙이 발송된 순간이다. 이를 법률적 용어로 표현하면 다음과 같다.

> "계약은 승낙이 승낙적격 안에 도달하지 못한 경우를 해제조건으로 하여
> 승낙 발송 시에 성립한다."

　따라서, 계약이 성립했는지 확인하려면 승낙이 승낙기간 내에 청약자에게 도달했는지만 보면 된다. 계약이 언제 성립했는지 그 시점을 확인하려면 승낙 발송 시를 확인하면 된다.

2. 청약 + 청약에 의한 계약 성립(교차청약)[11]

　당사자가 동일한 내용으로 서로 청약한 경우 각 청약이 상대방에게 도달한 시점에 계약이 성립한다. 그 시점에 '합의'가 확인되었기 때문이다.

　부동산매매계약에서 매도인이 매수인에게 자기 주택을 1억에 팔겠다는 청약을 우편물로 보냈는데, 이를 모르는 매수인도 매도인에게 같은 주택을 1억 원에 사겠다는 청약을 보냈다면, 계약 당사자와 계약 내용이 동일하므로 각 청약이 상대방에게 도달하면 별도의 승낙이 없더라도 합의가 이루어진 것이다. 계약체결 시점은 서로의 청약이 상대방에게 각각 도달된 시점이다.

3. 청약 + 행동에 의한 계약 성립(의사실현에 의한 계약)[12]

---

11)　제533조(교차청약) 당사자 간에 동일한 내용의 청약이 상호 교차된 경우에는 양청약이 상대방에게 도달한 때에 계약이 성립한다.

12)　제532조(의사실현에 의한 계약성립) 청약자의 의사표시나 관습에 의하여 승낙의 통지가 필요하지 아니한 경우에는 계약은 승낙의 의사표시로 인정되는 사실이 있는 때에 성립한다.

청약자의 의사표시나 관습에 의하여 승낙의 통지가 필요하지 아니한 경우에는 계약은 승낙의 의사표시로 인정되는 사실(행동)이 있는 때에 성립한다. 부동산매매계약의 예에서 매수인이 매도인에게 주택을 1억 원에 사고 싶다고 청약했는데 매도인이 별도의 승낙은 없이 소유권이전등기 서류를 매수인에게 제공한 경우 계약이 체결된 것으로 본다.

1. 불특정 다수인에 대한 승낙은 효력이 없다.[1]

2. 청약자가 청약에 "일정기간 내에 이의를 제기하지 않으면 승낙한 것으로 본다."는 뜻을 표시한 경우, 그 기간이 지나면 당연히 그 계약은 성립한다.[2]

3. 격지자 간의 계약에서 청약은 그 통지가 상대방에게 도달한 때에 효력이 발생한다.[3]

4. 청약은 상대방 있는 의사표시이므로 청약할 때 상대방이 특정되어야 한다.[4]

5. 청약은 효력이 발생하기 전에는 철회할 수 있다.[5]

6. 승낙기간을 정하지 않은 청약은 청약자가 1주일 이내에 승낙의 통지를 받지 못하면 효력을 잃는다.[6]

7. 교차청약의 경우 2번째 청약이 상대에게 도달된 때에 계약이 성립한다.[7]

8. 연착된 승낙은 언제나 계약 성립의 효력이 없다.[8]

9. 통상적인 경우라면 승낙기간 내에 도달했을 발송인 때에는 청약자는 지체 없이 연착의 통지를 해야 하며, 연착의 통지를 하지 않으면 계약은 성립하지 않는다.[9]

10. 청약자가 청약의 의사표시를 발송한 후 제한능력자가 되면 청약은 효력을 잃는다.[10]

11. 청약은 청약의 유인과 달리 승낙만 하면 즉시 계약이 체결될 수 있을 정도로 구체적이고 확정적인 의사표시이다.[11]

12. 계약의 본질적 내용에 대해 무의식적 불합의가 있는 경우 계약을 취소할 수 있다.[12]

---

1) O : 승낙은 청약자에 대해 해야 한다.
2) X : 승낙자의 승낙의 자유를 박탈하므로 이러한 형태의 청약은 인정되지 않는다.
3) O : 일부 예외를 제외하면 모든 의사표시는 도달 시에 효력이 발생한다. 청약의 의사표시도 마찬가지다. 일부 예외 중 하나가 바로 '승낙의 의사표시다. 승낙은 '발송' 시에 계약체결의 효력이 있다. 문제에서는 '청약의 효력을 묻고 있으므로 일반론에 따라 의사표시 도달 시 효력이 발생한다.
4) X : 승낙과 달리 청약은 불특정 다수인에 대한 청약도 가능하다.
5) X : 청약의 구속력
6) X : '상당한 기간' 안에 승낙을 받지 못하면 청약은 실효된다.
7) O
8) X : 사고연착 모델의 경우 승낙이 연착 되더라도 계약이 성립한다.
9) X : 계약이 성립한다. 연착 통지는 계약 성립을 막기 위해 하는 것이다.
10) X : 의사표시는 효력 발생 당시 유효하면 그 이후 표의자의 상태(제한능력자가 되거나 심지어 사망하더라도)에 영향을 받지 않는다. 표의자를 떠난 의사표시는 더 이상 표의자의 영역이 아니다.
11) O
12) X : 계약 = 합의. 의식적인 경우는 당연하고 무의식적인 불합의라도 합의가 없다면 계약은 없는 것이다(무효). 일단 계약이 유효

13. 격지자간의 계약은 승낙의 의사표시가 청약자에게 도달할 때 성립한다.[13]

14. 갑과 을이 모두 A토지에 대해 매매계약을 체결하면서 계약서에 B라고 표시한 경우 A토지에 대한 계약이 성립한다.[14]

15. A는 2019년 5월 1일 B에게 B가 소유하고 있는 부산 주택을 1억 원에 사고 싶은데 만약 동의하면 제안서를 받은 후 1주일 이내에 회신해 달라는 우편물을 발송하였다. 그 우편물은 다음 날인 2019년 5월 2일 B에게 도달했다. B는 고민 끝에 2019년 5월 9일 청약에 동의하는 내용증명을 발송했고, 이는 2019년 5월 10일 A에게 도달했다. 이 경우 계약은 성립하였다.[15]

16. A는 2019년 5월 1일 B에게 B가 소유하고 있는 부산 주택을 1억 원에 사고 싶은데 만약 동의하면 제안서를 받은 후 1주일 이내에 회신해 달라는 우편물을 발송하였다. 그 우편물은 다음 날인 2019년 5월 2일 B에게 도달했다. B는 우편물을 받은 당일인 2019년 5월 2일 청약에 동의하는 내용증명을 빠른등기 우편으로 발송했고, 이는 2019년 5월 10일 A에게 도달했다. 이 경우 계약은 성립하였다.[16]

하게 성립한 후 취소할 수 있는 경우가 아니라 처음부터 계약은 성립하지 않는다.

13) X : 승낙발송 시 성립
14) O : A토지에 대한 합의가 이루어졌으므로 B로 잘못 표시된 것은 합의에 영향을 미치지 않는다. 계약의 본질은 '합의'이다. 합의가 있는 이상 표시의 잘못으로 인한 영향은 없다. 같은 논리로 표시가 일치하더라도 실질적으로 합의가 없으면 계약은 무효이다.
15) X : 2019년 5월 1일부터 1주일 이내에 회신해 달라고 했으므로, 1주일이 되는 2019년 5월 9일이 승낙적격이다. 이 기간 안에 승낙이 도달하면 계약은 성립하지만 2019년 5월 10일 도달했으므로 계약은 성립하지 않았다.
16) O : 2019년 5월 2일 빠른 등기로 우편을 발송하면 통상 하루 안에 상대방에게 도달한다. 그렇다면 승낙적격인 2019년 5월 9일 안에 충분히 도달할 수 있도록 발송했음에도 지연 도착된 경우이므로 이른바 '사고연착'모델에 해당한다. 따라서 이 경우에는 계약이 체결된 것이며, 계약이 체결된 시점은 '승낙발송 시'인 2019년 5월 2일이다. A가 계약체결을 막기 위해서는 B에게 승낙이 연착된 사실을 통지해야 한다.

I. 민법상 15개 전형계약

1. **제554조(증여의 의의)** 증여는 당사자 일방이 무상으로 재산을 상대방에 수여하는 의사를 표시하고 상대방이 이를 승낙함으로써 그 효력이 생긴다.

2. **제563조(매매의 의의)** 매매는 당사자 일방이 재산권을 상대방에게 이전할 것을 약정하고 상대방이 그 대금을 지급할 것을 약정함으로써 그 효력이 생긴다.

3. **제596조(교환의 의의)** 교환은 당사자 쌍방이 금전 이외의 재산권을 상호 이전할 것을 약정함으로써 그 효력이 생긴다.

4. **제598조(소비대차의 의의)** 소비대차는 당사자 일방이 금전 기타 대체물의 소유권을 상대방에게 이전할 것을 약정하고 상대방은 그와 같은 종류, 품질 및 수량으로 반환할 것을 약정함으로써 그 효력이 생긴다.

5. **제609조(사용대차의 의의)** 사용대차는 당사자 일방이 상대방에게 무상으로 사용, 수익하게 하기 위하여 목적물을 인도할 것을 약정하고 상대방은 이를 사용, 수익한 후 그 물건을 반환할 것을 약정함으로써 그 효력이 생긴다.

6. **제618조(임대차의 의의)** 임대차는 당사자 일방이 상대방에게 목적물을 사용, 수익하게 할 것을 약정하고 상대방이 이에 대하여 차임을 지급할 것을 약정함으로써 그 효력이 생긴다.

7. 제655조(고용의 의의) 고용은 당사자 일방이 상대방에 대하여 노무를 제공할 것을 약정하고 상대방이 이에 대하여 보수를 지급할 것을 약정함으로써 그 효력이 생긴다.

8. 제664조(도급의 의의) 도급은 당사자 일방이 어느 일을 완성할 것을 약정하고 상대방이 그 일의 결과에 대하여 보수를 지급할 것을 약정함으로써 그 효력이 생긴다.

9. 제674조의2(여행계약의 의의) 여행계약은 당사자 한쪽이 상대방에게 운송, 숙박, 관광 또는 그 밖의 여행 관련 용역을 결합하여 제공하기로 약정하고 상대방이 그 대금을 지급하기로 약정함으로써 효력이 생긴다.

10. 제675조(현상광고의 의의) 현상광고는 광고자가 어느 행위를 한 자에게 일정한 보수를 지급할 의사를 표시하고 이에 응한 자가 그 광고에 정한 행위를 완료함으로써 그 효력이 생긴다.

11. 제680조(위임의 의의) 위임은 당사자 일방이 상대방에 대하여 사무의 처리를 위탁하고 상대방이 이를 승낙함으로써 그 효력이 생긴다.

12. 제693조(임치의 의의) 임치는 당사자 일방이 상대방에 대하여 금전이나 유가증권 기타 물건의 보관을 위탁하고 상대방이 이를 승낙함으로써 효력이 생긴다.

13. 제703조(조합의 의의) ① 조합은 2인 이상이 상호출자하여 공동사업을 경영할 것을 약정함으로써 그 효력이 생긴다. ② 전항의 출자는 금전 기타 재산 또는 노무로 할 수 있다.

14. 제725조(종신정기금계약의 의의) 종신정기금계약은 당사자 일방이 자기, 상대방 또는 제3자의 종신까지 정기로 금전 기타의 물건을 상대방 또는 제3자에게 지급할 것을 약정함으로써 그 효력이 생긴다.

15. 제731조(화해의 의의) 화해는 당사자가 상호양보하여 당사자 간의 분쟁을 종지할 것을 약정함으로써 그 효력이 생긴다.

공인노무사 테마민법

비 전형	전형계약(현상광고 제외 모두 낙성계약)						
	순번	계약	내용	유상		무상	요물
				쌍무	편무		
∞	1	증여	재산권 무상제공 합의			○	
	2	매매	재산권 유상제공 합의	○			
	3	교환	금전 이외 재산권 서로 이전 합의	○			
	4	소비 대차	금전 기타 대체물 소유권이전 후 동종, 동량, 동질 물건 반환 합의	△			
	5	사용대차	목적물 사용인도 및 반환 합의			○	
	6	임대차	유상 사용대차	○			
	7	고용	노무 유상 제공 합의	○			
	8	도급	일의 완성과 보수제공 합의	○			
	9	여행	여행용역과 보수제공 합의	○			
	10	현상 광고	광고자가 행위완료자에게 보수 지급 의사표시 + 이에 따른 행위완료시 성립		○		○
	11	위임	사무처리 위탁 합의	△			
	12	임치	물건보관 합의	△			
	13	조합	2인 이상 상호출자(동업)	○			
	14	종신정기금	금전기타 대체물 종신까지 지급 약정	△			
	15	화해	서로 양보하여 분쟁종결 합의	○			

△ : 민법규정은 무상계약처럼 규정되어 있지만 유상계약이 가능한 경우이며, 유상계약으로 체결할 경우 쌍무계약이 된다.

II. 전형계약의 의의

계약체결은 자유의 영역이다. 사적자치원칙에 의해 각 개인의 의사합치만 있으면 성립되므로 계약의 종류를 한정하는 것이 큰 의미가 없을 수 있다. 실제 오늘도 헤아릴 수 없을 정도의 다양한 종류의 계약이 체결되고 소멸되기를 반복하고 있다.

다만 위에 열거한 것처럼 우리 민법에는 15개의 계약을 예시로 들고 있다. 표준적 형태라는 의미로 '전형계약', 또는 이름이 있는 계약이라는 의미로 '유명계약(有名契約)'이라 부른다.

이 15개의 계약은 매우 오래전부터 법에 규정된 것이 많아 현재의 법률상황에 맞지 않는 경우가 있고, 새로 만들어진 특별법이 우선되어 사문화된 경우도 있다. 어디까지나 계약의 이해를 위한 재료일 뿐 이것이 계약의 전부도 아니고 이 또한 법에 정해진 틀에 구속될 필요가 없다(내용을 변형할 수 있다는 뜻이다.). 따라서 본 테마에서는 실제 계약의 종류를 논하기보다 민법상 15개 전형계약을 재료 삼아 계약을 성질에 따라 분류하는 형태로 공부한다.

전형계약은 매우 오래전부터 법에 규정된 것이 많아 현재의 법률상황에 맞지 않는 경우가 있고, 새로 만들어진 특별법이 우선되어 사문화 된 경우도 있다. 다만 계약법리를 이해하는 재료로는 활용도가 높으므로 우선 전형계약을 중심으로 계약법을 공부하고, 그 종류가 무한대인 일반계약(무명계약)을 분석하는 능력을 키우면 된다.

자, 이제 15개 전형계약을 그 특성에 따라 분류해 보자.

III. 계약의 분류

1. 유상계약(↔ 무상계약)

계약의 내용에 재산상 지출이 필요한 계약을 유상계약이라 한다. 즉, 계약의 내용이 서로 대가(代價)를 치르는 형태를 말한다. 무상계약의 반대이다.

공인노무사 테마민법

가. 전형계약 중 유상계약(대가를 치르는 계약)

→ 유상계약은 담보책임 법리가 적용된다.

매매(재산권 ↔ 돈), 교환(재산권 ↔ 재산권), 임대차(물건사용 ↔ 차임), 고용(노무 ↔ 돈), 도급(일의 완성 ↔ 돈), 여행계약(용역 ↔ 돈), 현상광고(광고에 응하는 행위 ↔ 보수), 조합(출자 ↔ 출자), 화해(양보 ↔ 양보)

대가가 서로 견련관계(어깨를 나란히 하는 관계)로서 발생과 소멸이 연동되는 계약을 쌍무계약이라 하고, 그렇지 않은 경우를 편무계약이라 한다. 위 유상계약 중 현상광고를 제외한 모든 계약은 쌍무계약이다. 쌍무계약은 아래 제2항에서 추가로 설명한다.

나. 전형계약 중 무상계약(대가 없는 일방적 지출)

1) 증여

증여를 유상으로 하면 매매가 되어 계약의 성격이 바뀐다. 따라서 증여계약은 반드시 무상계약일 수밖에 없다. 한편, '부담부증여'라는 것이 있다. 증여를 하되 일정한 부담을 부여하는 것이다. 부모가 자식에게 부양의 부담을 안기면서 재산을 증여하는 경우 등이다. 부담부증여는 담보책임의 적용에 있어서 유상계약과 동일하게 취급한다.

2) 사용대차

사용대차 계약을 유상으로 하면 임대차가 된다. 따라서 사용대차 계약은 반드시 무상계약일 수밖에 없다.

다. 무상으로 규정되어 있지만 유상계약이 가능한 경우 : 소비대차, 위임, 임치, 종신정기금

2. 쌍무계약(↔ 편무계약)

→ '동시이행항변권'과 '위험부담' 법리가 적용된다.

유상계약 중 각 지출이 서로 대가적 관계인 경우 이를 쌍무계약이라 하고 대가적 관계가 아닌 경우를 편무계약이라 한다.

쌍무계약에서는 양 당사자가 각 급부에 대해 채권자와 채무자의 지위를 교차하여 갖는다. 예를 들어, 부동산매매계약을 체결하면 매도인은 대금청구권이라는 채권을 갖는 채권자, 매수인은 부동산소유권이전 청구권이라는 채권을 갖는 채권자가 된다. 한편 각 채권의 상대방은 해당 채권의 채무자가 된다. 이렇게 서로 교차하는 채권·채무 관계에서 동시이행항변권이 발생한다.

쌍무계약에서 법률효과를 논할 때 반드시 교차하는 채권·채무 관계 중 어떤 것에 대한 것인지 특정해야 혼란을 피할 수 있다. 부동산매매계약에 있어 매매대금청구권의 채권자는 매도인을 말한다. 소유권이전등기청구권의 채권자인 매수인과 '채권자'라는 용어가 혼용될 수 있어 주의해야 한다.

	채권	당사자 지위		관계
		매도인	매수인	
1	매매대금 청구권	채권자	채무자	동시이행
2	부동산소유권 이전등기청구권	채무자	채권자	

대부분의 유상계약은 쌍무계약이며 편무계약인 경우는 그 예를 찾기 힘들다. 그 찾기 힘든 것이 민법상 전형계약 중 하나가 들어 있다. 바로 '현상광고'이다. 매우 특이한 경우이며 그 실효성을 떠나 계약법을 학습함에 있어서는 매우 중요한 도구로 사용되는 것이 현실이다. 편무계약이면서 유일한 유상계약이기 때문이다.

유상계약은 쌍무와 편무를 포함한 개념이다. 따라서 모든 쌍무계약은 유상계약이다. 그러나 모든 유상계약이 쌍무계약인 것은 아니다. 현상광고라는 예외가 존재하기 때문이다.

3. 낙성계약(↔ 요물계약)

합의만 있으면 성립하는 계약이 낙성계약이다. 낙성계약과 달리 계약 성립에 있어 합의 이외에 일정한 급부가 있어야 하는 계약을 요물계약이라 한다.

대부분의 계약은 합의만으로 성립한다. 즉, 낙성계약이 원칙이다. 그런데 민법상 전형계약에 요물계약이 하나 존재하는데 바로 '현상광고'이다. '현상광고'는 유상계약이면서 편무계약이라는 예외와, 요물계약이라는 예외적 특성을 모두 가지고 있는 독특한 계약이다.

전형계약은 아니지만 우리 민법에는 '계약금 계약'이란 것이 있다. 계약금 계약은 합의 이외에 '계약금'을 주고받았을 때만 성립하므로 요물계약이다[[테마 23]에서 상세히 설명].

4. 계속적 계약(↔ 일시적 계약)

채무이행이 일정기간 계속되는 경우 계속적 계약이라 한다. 전형계약 중에는 소비대차, 사용대차, 임대차, 고용, 위임, 임치 등이다. 일시적 계약은 해제되었을 경우 주고받은 급부를 상호 원상회복 하는 방법으로 처리한다. 그러나 계속적 계약은 계약파기 시 원상회복이 아니라 앞으로 이루어질 의무이행만 중단한다. 따라서 계속적 계약은 일시적 계약의 '해제'와 구별하기 위해 '해지'라고 표현한다.

5. 예약(↔ 본계약) : 본계약을 체결을 약속하는 채권계약[1]

---

1) 예약도 합의에 의한 것이므로 일반 계약과 동일한 계약의 하나이다. 다만 그 계약의 내용이 특수하다. 본계약을 별도로 체결할(청약과 승낙) 의무를 만들어 내는 계약이며, 이를 본계약과 구별해 '예약'이라고 표현하는 것이다. 본계약을 체결할 행위가 계약의 목적이므로 명백히 행위청구권이 발생한다. 따라서 예약은 필연적으로 채권계약이 될 수밖에 없다.

1. 부동산매매계약은 유상, 요물계약이다.[1)]

2. 모든 쌍무계약은 유상계약이다.[2)]

3. 부동산교환계약은 무상, 계속적계약이다.[3)]

4. 예약은 채권계약이다.[4)]

5. 모든 유상계약은 쌍무계약이다.[5)]

6. 전형계약 중 요물계약은 현상광고뿐이다.[6)]

7. 사용대차는 언제나 무상계약이다.[7)]

8. 부담부증여도 담보책임 법리가 적용된다.[8)]

9. 모든 쌍무계약에는 담보책임 법리가 적용된다.[9)]

10. 부동산 중개계약은 민법상 전형계약이다.[10)]

11. 임대차계약은 일시적 계약이다.[11)]

12. 증여계약은 편무, 유상계약이다.[12)]

13. 사용대차가 유상성을 가지면 임대차가 된다.[13)]

14. 부동산매매계약에서 소유권이전등기청구권의 채무자는 매수인이다.[14)]

---

1) X : 유상, 낙성계약이다.
2) O
3) X : 유상, 일시적 계약이다.
4) O : 계약체결을 위한 행위청구권을 목적으로 하는 계약이므로 필연적으로 채(행위)권계약이다.
5) X : 유상이지만 편무계약인 경우가 있다(현상광고).
6) O : 전형계약은 아니지만 '계약금계약'도 요물계약이다.
7) O : 사용대차를 유상으로 하면 임대차계약이 되므로 사용대차는 필연적으로 무상계약일 수밖에 없다.
8) O : 증여는 무상계약이므로 담보책임이 적용되지 않지만, 부담부증여는 특성상 유상계약처럼 취급하여 담보책임이 적용된다.
9) O : 모든 쌍무계약은 유상계약이므로 담보책임이 적용된다. 그 이외에 쌍무계약 자체에 적용되는 동시이행항변권과 위험부담 법리도 적용된다.
10) X : 15개 전형계약 중 중개계약은 없다.
11) X : 계속적 계약이다.
12) X : 무상계약
13) O
14) X : 등기이전을 해 줘야 할 의무는 매도인이 부담한다. 매수인은 매매대금청구권의 채무자이다. 이렇게 쌍무계약은 채권과 채무가 서로 교차한다. 따라서 교차되는 채권이 무엇이냐에 따라 채권자 지위와 채무자 지위를 갖게 된다.

I. 개념

영화 등에 보면 은밀한 거래를 하는 사람들 사이에 각 가방을 놓고 말을 건네는 장면이 있다. "물건은 준비됐겠지?" "돈은 준비됐겠지?" 그리고는 가방을 동시에 건네받는다. 동시이행항변의 이미지를 떠올리기 좋은 장면이다.

쌍무계약에 있어 대가관계에 있는 의무가 모두 변제기에 있는 경우, 내 의무만 일방적으로 강요받지 않을(이행지체 책임을 지지 않을) 권능이 동시이행항변권이다[1].

동시이행항변권은 쌍무계약의 대표적인 효과로서 동일한 계약에서 발생한 대가관계에 성립한다. 다만 동일한 계약이라도 동시이행항변권을 배제하는 합의가 가능하고, 다른 계약에 의하더라도 동시이행약정을 추가하는 것도 가능하다.

쌍무계약에서 대가관계에 있는 급부는 어느 한쪽이 소멸하면 같이 소멸하고 어느 한쪽만 일방적으로 이행을 강요받지 않는 효과가 있다. 쌍무계약인 부동산매매를 예로 들면, 부동산의 소유권이전과 매매대금은 서로 대가관계이자 동시이행관계이다. 소유권이전 의무가 사라지면 대금지급 의무도 사라지고, 자신의 의무를 이행하지 않은 상태에서 상대방의 의무만 일방적으로 요구할 수 없다.

---

[1]　제536조(동시이행의 항변권) ① 쌍무계약의 당사자 일방은 상대방이 그 채무이행을 제공할 때 까지 자기의 채무이행을 거절할 수 있다. 그러나 상대방의 채무가 변제기에 있지 아니하는 때에는 그러하지 아니하다. ② 당사자 일방이 상대방에게 먼저 이행하여야 할 경우에 상대방의 이행이 곤란할 현저한 사유가 있는 때에는 전항 본문과 같다.

1. 채무불이행(이행지체) 책임 면제

동시이행 상태에서는 비록 자기 채무가 변제기가 지났더라도 이행지체의 책임(지연손해, 계약해제)을 지지 않는다. 즉, 동시이행 상태에서는 ① 지연손해는 면제되고 ② 상대방의 계약해제권은 차단된다. 이행지체가 되면 상대방은 상당한 기간 이행을 최고한 후 계약을 해제할 수 있다. 따라서 이행지체는 계약해제로 가는 길목에 해당한다. 이행지체 책임이 없다는 것은 계약해제로 가는 길목도 차단된다는 의미이다.

부동산매매계약의 예를 들면, 매도인은 매수인에 대해 소유권등기이전 및 인도의무를 부담하고, 매수인은 매도인에 대해 매매대금지급의무를 부담한다. 매매대금은 통상 계약금, 중도금, 잔금 순으로 변제기가 나눠진다.

위 각 당사자의 의무 중 먼저 변제기가 도래하는 의무는 그 기간이 지나면 이행지체 책임을 진다. 구체적으로 매매대금에 대한 지체책임은 이자상당의 금전이 되겠고, 소유권등기이전 및 인도의무에 대한 지체책임은 임대료 상당의 금전일 것이다. 그러나 어느 한쪽이 아니라 양 당사자의 의무가 모두 변제기를 지나면 이러한 지체책임이 중단된다. 대금에 대한 이자나 임대료 상당의 금전을 서로 지급할 의무가 없다. 이것이 동시이행항변권의 효과다. 이러한 변제기 요건의 예외가 '불안의 항변권'이다.

2. 상계차단

동시이행채권을 '자동채권'으로 상계하는 것은 금지된다. 상계는 상대방과 사이에 변제기나 액수가 동일한 채권을 서로 상쇄시키는 것을 말하는데, 상대가 동시이행항변을 행사할 수 있는 나의 채권을 상계의 방법으로 소멸시킬 수 없는 것이다. 상계에서 내가 소멸 시키고자 하는 채권을 자동채권이라 하므로, 상대방의 동시이행항변권이 붙은 채권을 자동채권으로 상계하는 것을 금지한다고 표현한다.

예를 들어, A가 B에게 자기 토지를 1억 원에 매도한 경우, A는 B에게 소유권이전의무를 부담하고 B로부터 매매대금을 수령할 채권이 있다. 이는 서로 동시이행 관계에 있다. 그런데 위 매매와 별도로 A가 B에게 갚아야 할 채무 5천만 원이 있다면 A의 입장에서는 자신이 B에게 가지고 있는 매매대금 청구권 1억 원(자동채권) 중에서 자신의 채무 5천만 원을 상계하고 5천만 원만 달라고 하는 경우를 생각할 수 있을 것이다. 이것이 금지된다는 것이다. 왜냐하면, B는 소유권이전서류를 받을 때까지 1억 원의 지급을 거부할 권리(동시이행항변권)가 있다. 그런데 소유권이전서류를 받지 못한 상태에서 5천만 원을 상계 당하면 5천만 원에 해당하는 항변권을 상실하게 되기 때문이다. 구체적으로는 5천만 원에 대한 지연이자 상당의 손해가 될 것이다. A가 이를 상계하기 위해서는 자신의 소유권이전의무를 이행하여 동시이행관계를 해소한 다음에 해야 한다.

자동채권의 반대는 수동채권이다. 나의 동시이행항변권이 붙은 상대방의 채권은 내 입장에서 수동채권이 된다. 상대방은 내 동시이행항변권을 소멸시킬 수 없으나 나 스스로 동시이행항변권을 포기할 자유는 있다. 즉, 채무자가 동시이행항변을 포기하고 수동채권으로 상계하는 것은 가능하다. 위의 예에서 B가 동시이행항변이 붙은 매매대금 지급의무 1억 원에서 자신이 받을 5천만 원의 권리와 상계하는 것은 가능하다. 스스로 동시이행항변권을 포기하는 것은 자유이다.

3. 행사 방법

동시이행의 효과는 특별히 행사하지 않더라도 자동으로 발생한다. 동시이행상태인지 여부를 상대방에게 알리거나 동시이행의 효과를 특정해 밝힐 필요가 없다. 다만 민사재판 절차에서는 변론주의 원칙상 동시이행항변권을 주장하지 않으면 법관이 판단할 수 없으므로 반드시 주장하고 변론해야 한다. 실체법적으로 효과가 있는 것과 소송에서 그 효과를 주장하는 것은 다른 문제다. 혼동이 없어야겠다.

법원에서 동시이행항변 주장을 받아들인 경우 항변권의 효과로서 원고 청구가 기각(원고패소) 되는 것이 아니라 일부승소 판결을 한다(선고 주문 : "피고는 원고로부터 소유권이전등기 서류를 교부 받음과 동시에 매매잔금을 지급하라.").

III. 내용

1. 동시이행관계의 동일성 유지

동시이행 관계의 채권 채무는 동일한 당사자 사이에 얽혀 있다. 계약 당사자가 변경되면 변경된 당사자에게 얽혀 있는 채권 채무도 그대로 이전되어 동시이행 상태는 유지된다.

한쪽 채무가 소멸하면 상대 채무도 소멸하므로 동시이행 상태가 깨지지만, 만약 소멸한 채무가 손해배상 채무 등 다른 채무로 변하면 그 채무와 사이에 동시이행 상태가 유지된다.

2. 변제기의 문제(불안의 항변권)

동시이행항변을 주장하려면 채무가 변제기에 있어야 한다. 변제기에 도달하지 않은 채무를 당장 이행하라고 할 수는 없기 때문이다. 나의 채무가 먼저 변제기에 도달했다면 상대방에게 동시이행을 주장하지 못하고 내 채무를 선이행해야 한다.

이러한 변제기 요건에 예외가 있다. 내가 먼저 채무를 이행하더라도 상대방이 나중에 자신의 채무를 이행하지 못할 현저한 이유가 있을 때는 비록 상대방의 채무가 변제기에 도달하지 않았더라도 동시이행을 주장할 수 있다. 이를 '불안의 항변권'이라 한다(제536조 제2항).

3. 선이행 의무자의 동시이행 항변권

통상 부동산매매계약에서는 계약금, 중도금, 잔금 순으로 변제기를 설정하고 잔금 지급 시 소유권이전 서류를 교부하는 방식으로 약정한다. 그렇다면 잔금지급과 소유권등기 이전서류 교부는 동시이행관계가 된다. 계약서에 명시적으로 약정하지 않더라도 우리 대법원은 잔금지급과 소유권등기 이전서류 교부를 동시이행관계로 판단하고 있다.

한편, 계약금은 계약 시 지급했다고 가정할 때 주로 중도금 지급의무는 매도인의 소유권이전 의무와 동시이행 관계가 아니다. 즉, 매수인은 정해진 변제기에 중도금을 지급해야 하고, 만약 불이행하면 지연손해금과 계약해제의 위험이 발생한다. 그런데 계약해제가 되지 않은 상태에서 잔금지급기일에 도달한 경우는 문제가 복잡하다.

잔금지급의무가 소유권이전의무와 동시이행 관계라는 사실은 분명하다. 그러나 이미 이행지체였던 중도금은 어떠한가? 매도인이 여전히 자신의 소유권이전서류 교부를 거부하면서 중도금의 선지급을 요구할 수 있는가? 아니면 중도금도 잔금과 함께 동시이행의 관계에 들어가 이행지체 책임이 중단되는가?

이에 대해 우리 대법원은 비록 계약금과 중도금의 지급을 지체했더라도 일단 잔금지급일에 도달하면 그 전체가 동시이행관계에 들어와 소유권이전서류를 제공받기 전에는 더 이상 지체책임을 부담하지 않는다는 입장이다. 지연손해나 계약해제 등 매우 중요한 쟁점과 연결되므로 반드시 기억해 두자.

4. 동시이행관계 해소

동시이행관계에 있으면 변제기를 지나더라도 이행지체 책임을 지지 않는다. 이행지체 책임은 지연손해금 발생과 계약해제 등이다. 따라서 계약을 속히 진행하려는 쪽은 동시이행관계를 해소하기 위해 상대방을 이행지체 상태로 만들어야 한다. 이렇게 동시이행 관계를 해소하고 상대를 이행지체 상태로 만들기 위해서는 그것과 팽팽하게 엮인 나의 채무를 이행하면 된다.

채무의 이행은, '이행의 제공'이라는 행위와 상대방의 '수령'행위가 결합한 것을 말한다. 문제는 상대가 수령하지 않고 버티는 경우다. 이때는 나의 이행행위 즉 '이행의 제공'만 있으면 동시이행 관계는 깨지고 상대는 이행지체 상태로 진입한다. 부동산매매계약에 있어 이행의 제공이란, 매도인의 입장에서는 소유권이전등기 서류를 준비하여 등기대행 사무소에 비치하고 통지하는 등의 행위이고, 매수인의 입장에서는 매수대금을 준비하였으니 언제든 지급할 수 있도록 계좌번호 등을 달라고 요구하는 행위가 될 것이다.

주의할 점은, 이행의 제공은 계속되어야 하고 만약 이행의 제공을 중단하면 상대방은 다시 동시이행관계를 회복하여 지체책임을 부담하지 않는다. 예를 들어, 법무사 사무실에 등기서류를 맡겨 놓고 상대방에게 통보하였다가 어느 날 다시 그 서류를 회수하는 경우는 이행의 제공이 중단된 것이므로 상대방은 동시이행관계의 보호막을 회복하는 것이다.

목적물이 훼손되는 등 어느 한쪽의 급부가 이행불능 되면 동시이행관계는 깨지고 계약관계는 해제나 손해배상으로 처리된다.

IV. 동시이행관계의 예시

1. 법률규정에 의한 예

① 전세권이 소멸 시 전세권자의 목적물인도 및 전세권설정등기 말소의무와 전세권설정자의 전세금반환의무[2]

② 계약해제로 인한 쌍방의 원상회복의무[3]

---

2) 제317조(전세권의 소멸과 동시이행) 전세권이 소멸한 때에는 전세권설정자는 전세권자로부터 그 목적물의 인도 및 전세권설정 등기의 말소등기에 필요한 서류의 교부를 받는 동시에 전세금을 반환하여야 한다.

3) 제548조(해제의 효과, 원상회복의무) ① 당사자 일방이 계약을 해제한 때에는 각 당사자는 그 상대방에 대하여 원상회복의 의무가 있다. 그러나 제3자의 권리를 해하지 못한다. ② 전항의 경우에 반환할 금전에는 그 받은 날로부터 이자를 가하여야 한다.
제549조(원상회복의무와 동시이행) 제536조의 규정은 전조의 경우에 준용한다.
제583조(담보책임과 동시이행) 제536조의 규정은 제572조 내지 제575조, 제580조 및 제581조의 경우에 준용한다.

공인노무사 테마민법

③ 부담부증여에서 쌍방의 의무[4]

④ 완성된 목적물에 하자가 있는 경우에 수급인의 하자보수의무와 도급인의 보수지급의무[5]

⑤ 가등기담보 등에 관한 법률에서 청산금지급채무와 목적부동산의 인도의무(가등기담보법 제4조, 제5조)

2. 판례로 인정되는 경우

① 변제와 영수증교부

구별할 것이 변제와 채권증서 교부이다. 채권증서는 반드시 주고받는 것이 아니므로 동시이행이 될 수 없으나, 금전을 수령한 경우 영수증 교부는 의무이므로 동시이행 관계를 인정한다.

② 매수인의 잔대금지급의무와 매도인의 소유권이전등기의무

③ 임대차종료 후 임대인의 임차보증금반환의무와 임차인의 목적물반환의무

비교할 것이, 주택임대차에서 임대인의 임대차보증금 반환의무와 임차인의 임차권등기 말소의무는 동시이행 관계가 아니다. 보증금을 반환받은 후에 임차권등기를 말소하면 되므로 보증금반환이 선이행의무이다. 같은 원리로 저당채무 변제와 저당권설정등기 말소의 경우도, 채무를 먼저 변제해야 저당권말소 의무가 발생한다. 따라서 채무변제가 선이행의무이므로 동시이행 관계가 될 수 없다.

④ 계약이 무효·취소된 경우 부당이득반환의무

---

4) 제561조(부담부증여) 상대부담 있는 증여에 대하여는 본절의 규정 외에 쌍무계약에 관한 규정을 적용한다.
5) 제667조(수급인의 담보책임) ② 도급인은 하자의 보수에 갈음하여 또는 보수와 함께 손해배상을 청구할 수 있다. ③ 전항의 경우에는 제536조의 규정을 준용한다.

1. 동시이행관계에 있는 쌍방의 채무 중 어느 한 채무가 이행불능되어 손해배상채무로 바뀌는 경우, 동시이행의 항변권은 소멸한다. [1]

2. 선이행의무자가 이행을 지체하는 동안에 상대방의 채무의 변제기가 도래한 경우, 특별한 사정이 없는 한 쌍방의 의무는 동시이행관계가 된다. [2]

3. 계약해제로 인한 당사자 상호 간의 원상회복의무는 동시이행관계다. [3]

4. 임차권등기명령에 의해 등기된 임차권등기말소의무와 보증금반환의무는 동시이행관계다. [4]

5. 임대차 종료 후 보증금을 반환받지 못한 임차인이 동시이행의 항변권에 기하여 임차목적물을 점유하는 것은 계약이 종료된 이후의 점유이므로 불법행위가 된다. [5]

6. 동시이행항변권은 당사자의 주장이 없어도 법원이 직권 고려한다. [6]

7. 채권자의 이행청구소송에서 채무자가 주장한 동시이행의 항변이 받아들여진 경우, 채권자는 전부 패소판결을 받게 된다. [7]

8. 동시이행관계에 있는 어느 일방의 채권이 양도되더라도 그 동일성이 인정되는 한 동시이행관계는 존속한다. [8]

9. 일방당사자가 선이행의무를 부담하더라도 상대방의 채무이행이 곤란할 현저한 사유가 있는 경우에는 동시이행항변권을 행사할 수 있다. [9]

10. 변제와 채권증서 반환은 동시이행관계이다. [10]

11. 계약이 무효 또는 취소되는 경우 상호 부당이득반환의무는 동시이행관계이다. [11]

---

1) X : 변동된 손해배상채무에 그대로 이전되어 유지된다.
2) O
3) O
4) X : 보증금 반환이 선이행의무이다. 보증금 받은 다음 임차권등기를 말소해 주면 된다.
5) X : 동시이행항변권도 권리이고, 권리행사는 불법행위가 되지 않는다.
6) X : 동시이행의 효과는 주장 없이도 되지만, 재판에서는 그 효과를 반드시 변론해야 한다(변론주의).
7) X : 일부승소. 판결주문은 다음과 같다. "피고는 원고에게 매매대금을 받음과 동시에 소유권이전등기 절차를 이행하라."
8) O : 양수한 사람과 사이에 채권채무 관계가 그대로 이전하므로
9) O : 불안의 항변권
10) X : 영수증과 달리 채권증서 교부는 의무가 아니다.
11) O

12. 동시이행의 항변권을 배제하는 당사자 사이의 특약은 유효하다. [12)

13. 동시이행 관계를 해소하기 위해서는 대가관계에 있는 의무를 이행해야 하는데 이를 상대가 수령하지 않으면 동시이행관계는 해소되지 않는다. [13)

14. 부동산 매도인이 소유권이전서류를 법무사사무실에 맡기고 매수인에게 일단 통보하면 그 후 서류를 회수해도 동시이행관계는 회복되지 않는다. [14)

15. A와 B는 B가 소유하고 있는 부산 주택을 1억 원에 매매하는 계약을 체결하였는데 그 내용은 다음과 같다.

    - 계약체결일 : 2019년 8월 1일

    - 계약금 : 1천만 원, 계약 당일 지급

    - 중도금 : 4천만 원(지급일 : 2019년 10월 1일)

    - 잔금 : 5천만 원(지급일 : 2019년 12월 1일)

    - 소유권이전서류 : 위 잔금일 교부

    A는 계약 당일 계약금을 지급한 후, 잔금지급일이 1달 지난 2019년 12월 30일 현재까지 잔금지급일까지 중도금을 지급하지 못했다. 이때 2019년 10월 2일부터 발생한 중도금에 대한 지연이자는 2019년 12월 30일까지 누적되고 있다. [15)

---

12) O : 배제 또는 다른 계약에 의해 설정하는 것도 가능하다.

13) X : 상대방의 수령여부와 무관하게 언제든 수령할 수 있을 정도로 제공행위만 하면 된다.

14) X : 이행의 제공은 계속되어야 동시이행관계를 깰 수 있다. 서류를 회수하면 동시이행이 회복되어 상대방에게 이행지체 책임을 물을 수 없다.

15) X : 비록 중도금이 이행지체 중이라도 잔금지급일이 지나는 순간 잔금과 함께 동시이행관계에 돌입한다. B는 자신의 의무(소유권이전서류 교부)를 이행하지 않은 상태에서 A에게 먼저 잔금은 물론 중도금의 선지급도 요구할 수 없다. 이런 것이 싫었다면 B는 중도금이 이행지체 중에 있을 때 계약해제를 했어야 한다. 또한 지금이라도 B는 자신의 의무를 이행하여 동시이행관계를 해소하고 A의 중도금 및 잔금지급 의무를 이행지체에 빠트릴 수 있다(지연손해청구, 계약해제 가능). 동시이행의 효과로 인해 중도금에 대한 지연이자는 중도금 지급일 다음 날인 2019년 10월 2일부터 잔금지급일이자 동시이행관계의 경계선인 2019년 12월 1일의 전날(2019년 11월 30일)까지만 발생한다.

I. 내용

계약 체결 이후 당사자 쌍방 그 누구의 책임도 아닌 상황에서 대가 관계에 있는 채무가 이행불능이 된 경우(후발적 불능), 이로 인한 계약의 효과를 어떻게 정리할 것인지, 불능이 될 채무에 대한 부담을 누가 떠안게 할 것인지가 '위험부담'의 문제이다. 이행불능에 누군가의 책임이 개입되었다면 문제해결은 쉽다. 책임 있는 사람에게 그 위험을 떠안기면 된다. 그러나 아무도 책임이 없이 발생한 이행불능은 누구를 희생시킬지 결단이 필요한 부분이다.

이에 대해 우리 민법은 '채무자'가 그 위험을 떠안는다고 규정하고 있다[1]. 사례를 통해 이해해 보자.

A와 B는 B가 부산에 소유하고 있는 주택을 1억 원에 매매하는 계약을 체결하였는데 그 내용은 다음과 같다.

- 계약체결일 : 2019년 8월 1일
- 계약금 : 1천만 원, 계약 당일 지급
- 중도금 : 4천만 원(지급일 : 2019년 10월 1일)
- 잔금 : 5천만 원(지급일 : 2019년 12월 1일)
- 소유권이전서류 : 위 잔금일 교부

A는 계약 당일 계약금 1,000만 원을 지급 완료하였다. 이사는 소유권이전등기가 완료되면 하

---

[1] 제537조(채무자위험부담주의) 쌍무계약의 당사자 일방의 채무가 당사자쌍방의 책임 없는 사유로 이행할 수 없게 된 때에는 채무자는 상대방의 이행을 청구하지 못한다.

기로 했다.

그런데 중도금 지급을 앞두고 있던 2019년 9월 1일 강력한 태풍이 부산지역을 지나면서 위 매매대상 주택이 무너져 기둥만 남았다. A는 매매대상 주택이 무너졌으니 계약은 불능이 되었고, 따라서 이미 지급한 계약금을 돌려 달라고 했다.

B는 일단 계약을 체결했으니 계약의 구속력으로 인해 기둥만 남은 상태에서 중도금과 잔금을 주고 주택 소유권을 이전해 가라고 한다.

누구의 말이 맞을까?

우선 태풍에 의한 피해는 매매당사자 그 누구의 잘못도 아니다. 또한 B의 소유권이전 채무는 이행불능이 되었다. 쌍방 책임 없이 일방의 채무가 이행불능이 된 경우이므로 위험부담의 사례에 해당한다. 그렇다면 무너진 주택에 대한 손실은 누가 떠안는가? 이것이 위험부담을 누가 떠안느냐의 문제이다. 우리 민법에 따르면 채무자이다.

주택의 소유권을 이전해 줄 의무는 매도인에게 있다. 즉 주택에 대한 채무자는 B이다. 따라서 무너진 주택에 대한 손실은 매도인 B가 떠안는다. 매수인 A는 무너진 주택으로 인한 손실(위험)에서 자유롭다. 따라서 계약금 등 계약상 의무의 일환으로 지급한 급부가 있다면 그 반환을 청구할 수 있다. A는 이미 지급한 계약금을 돌려 달라고 할 권리가 있고, 주택 소실로 인한 아픔은 B의 몫이 된다. 이것이 위험부담의 법리이다.

II. 적용 범위

위험부담은 계약 당사자 누구에게도 잘못이 없이 후발적 불능이 되는 경우에 적용된다.

→ 후발적 불능이 아닌 원시적 불능(계약체결 전 발생한 문제가 계약 이후 드러난 경우)은 '담보책임'의 문제이지 위험부담과 무관하다.

→ 후발적 불능 중 채무자의 책임이 있는 경우는 '채무불이행'의 문제이지 위험부담과 무관하다. 채무불이행은 채무자가 손해배상이나 계약해제의 책임을 진다.

→ 후발적 불능 중 채권자의 책임이 있는 경우는 '채권자 지체'의 문제이다[2]. 채권자지체의 경우 채무자는 위험부담을 하지 않으므로 채권자에게 반대급부 이행을 청구할 수 있다. 위 예에서 태풍이 아니라 매수인이 잘못해서 집에 화재가 발생한 경우, 매도인은 매매대금을 달라고 요구할 수 있다.

III. 위험부담의 효과

1. 채무소멸 및 부당이득 반환

채무자가 계약체결 후 이행 전에 발생한 위험을 떠안기 때문에, 그 사이 그 누구의 잘못도 아닌 이유로 채무불이행이 되는 경우 반대채무를 청구할 수 없다. 결과적으로 위험이 이전되기 전에 불능이 발생하면 양 채무는 모두 소멸한다. 따라서 만약 계약금 등 받은 것이 있으면 반환해야 한다. 부당이득이 되기 때문이다.

2. 위험부담 이전

만약 채무자가 채무를 이행했다면 위험부담은 이행받은 사람이 부담한다. 이를 위험부담의 이전이라 한다. 부동산매매에 있어서는 등기 또는 인도가 된 경우에 위험이 이전된다. 등기나 인도를 받은 경우에는 그 받은 사람이 위험을 부담하므로 부동산이 소실된 경우라도 자신의 매

---

2) 제538조(채권자귀책사유로 인한 이행불능) ① 쌍무계약의 당사자 일방의 채무가 채권자의 책임있는 사유로 이행할 수 없게 된 때에는 채무자는 상대방의 이행을 청구할 수 있다. 채권자의 수령지체 중에 당사자 쌍방의 책임 없는 사유로 이행할 수 없게 된 때에도 같다. ② 전항의 경우에 채무자는 자기의 채무를 면함으로써 이익을 얻은 때에는 이를 채권자에게 상환하여야 한다.

공인노무사 테마민법

매대금은 지급해야 한다. 위 사례에서 만약 A가 이사를 한 상태이거나 등기를 넘겨받은 상태에서 태풍이 불었다면, 주택이 소실되었더라도 A는 매매대금을 지급해야 한다.

3. 대상청구권

만약 불능이 된 대상물을 대신하여 발생한 보험금, 수용금 등이 있으면 그 보험금, 수용금 등을 계약 대상물로 하여 청구할 수 있다. 이를 대상청구권이라 한다([테마 13] 참조). 위 연습사례에서 만약 매도인 B가 주택에 화재보험을 가입해 두었고 주택소실로 보험금이 발생했다면 A는 매매대금을 지급하면서 주택 대신 보험금을 지급해 달라고 청구할 수 있다. 보험금이 매매대금보다 고액인 경우 대상청구권 행사의 실익이 있을 것이다.

1. 갑이 을의 주택을 1억에 매수하기로 계약을 체결한 후 갑과 을의 책임 없는 사유로 주택이 소실된 경우, 을은 갑에게 매매대금의 지급을 청구할 수 없다. [1]

2. 갑이 을의 주택을 1억에 매수하기로 계약을 체결한 후 갑과 을의 책임 없는 사유로 주택이 소실된 경우, 을이 계약금을 수령하였다면 갑은 그 반환을 청구할 수 있다. [2]

3. 갑이 을의 주택을 1억에 매수하기로 계약을 체결한 후 우선 이사를 하였다. 그 후 갑과 을의 책임 없는 사유로 주택이 소실된 경우, 을이 계약금을 수령하였다면 갑은 그 반환을 청구할 수 있다. [3]

4. 계약체결 전에 목적물에 하자가 발생하였으나 계약체결 이후 그 하자가 발견된 경우에는 위험부담법리가 적용되지 않는다. [4]

5. 후발적불능이라도 당사자의 책임이 개입된 경우에는 위험부담이 적용되지 않는다. [5]

6. 편무계약은 위험부담의 원리가 적용되지 않는다. [6]

7. 당사자일방이 대상청구권을 행사하려면 상대방에 대하여 반대급부를 이행해야 한다. [7]

8. 부동산매수인의 수령지체 중 양 당사자의 책임 없는 사유로 부동산이 소실된 경우 매도인은 매매대금을 청구할 수 없다. [8]

---

1) O : 채무자가 위험부담

2) O : 위험부담 법리에 의해 양 채무는 소멸하므로, 채무 없이 지급한 계약금은 원인 없이 지급된 것이므로 부당이득이 되어 반환 요구가 가능하다.

3) X : 부동산을 인도받으면 위험도 매수인에게 이전한다. 따라서 갑에게 위험부담이 전가되어 계약금 반환을 청구할 수 없다.

4) O : 위험부담은 계약체결 후에 발생한 불능(후발적 불능)에 적용된다. 계약 전 하자의 문제는 담보책임이 적용된다.

5) O : 위험부담은 당사자가 아무런 잘못이 없는 불가항력에 의해 불능이 된 경우에만 적용된다. 만약 당사자의 책임이 개입되면 이는 채무불이행책임 또는 채권자지체(제538조) 책임이 적용된다.

6) O : 쌍무계약의 특징이다. 동시이행항변권과 위험부담이 쌍무계약의 특징이다.

7) O : 대상물과 동시이행관계가 유지되므로 그 이행을 청구하려면 대가관계에 있는 의무를 이행해야 한다. 그 대상물에 매매계약이 성립하는 것으로 보면 된다.

8) X : 매수인이 수령지체 중에 발생한 불능에 대해서는 지체책임이 있는 매수인이 진다. 위험부담은 양 당사자 모두 책임이 없는 경우에 적용된다. 따라서 매수인의 지체 중 발생한 손실은 매도인이 떠안을 의무가 없고 매수인에게 매매대금을 청구할 수 있다.

I. 계약의 구속에서 벗어나는 방법

1. 개요

계약체결은 자유지만, 일단 체결된 계약을 벗어나는 것은 원칙적으로 금지된다. 계약은 체결하는 것보다 이행의 책임 또는 구속에서 벗어나는 것이 더 어렵고 중요하다. 계약에서 빠져나오지 못하는 이상 자신의 채무를 이행해야 하는데, 이를 이행하지 못하면 채무불이행 책임을 부담한다. 채무불이행책임의 대표적인 효과는 지연손해금을 배상하거나 계약해제(법정해제)를 당하는 것 등이다. 이행지체에서는 채권자의 선택에 따라 원래 계약내용의 이행을 강제당할 수도 있다.

본 테마에서는 이러한 채무불이행의 효과인 법정해제를 다룰 예정이다. 다만 이해를 돕기 위해 계약에서 빠져나오는 방법을 전반적으로 먼저 살펴볼 것이다.

2. 계약이 해소되는 경우

가. 채무불이행에 따른 법정해제(지)권 발생 → 행사

가장 대표적인 계약해제의 형태이며 어느 일방의 채무불이행(고의, 과실로 인한 계약불이행)

---

1) 일반 계약을 해제 하는 경우 소급효가 있어 계약은 처음부터 없던 것이 된다. 그러나 계속적계약의 경우는 원래부터 없던 것으로 할 수 없고 다만 미래를 향해 계약관계는 해소된다. 따라서 이를 구별하기 위해 '해지'라는 용어를 사용한다. 이러한 소급효 여부 이외에는 모든 효과가 동일하다. 다만 편의상 이들을 '해제'라는 용어로 총칭해서 사용하기도 한다. 사안에 따라 구별해 이해하면 된다.
　　제550조(해지의 효과) 당사자 일방이 계약을 해지한 때에는 계약은 장래에 대하여 그 효력을 잃는다.

을 전제로 한다. 이행지체에서는 반드시 독촉(이행최고) 절차를 거쳐야 해제권이 발생하고, 원상회복의 경우 금전은 받은 날부터 이자 가산, 손해발생 시 별도의 배상책임 발생, 소급효와 제3자 보호 등의 효과가 있다.

나. 당사자 사이에 합의한 약정해제(지)권 발생 → 행사

약정해제권은 채무불이행과 무관하므로 채무이행의 독촉(최고) 없이 해제할 수 있고 손해배상 규정은 배제된다. 나머지는 법정해제권과 동일하다.

다. 합의해제(지) = 해제(지)계약

채무불이행과 무관하게 새로운 합의로 기존 합의(계약)를 없던 것으로 돌리는 것을 말한다. 따라서 채무불이행에 의한 법정해제권과 관련된 손해배상과, 받은 날부터 지연이자 규정은 배제된다. 계약을 없던 것으로 돌린 후 후속조치를 어떻게 할 것인지는 당사자가 자유롭게 합의하면 된다. 다만 계약을 없던 것으로 돌리는 효과인 소급효와 이로 인한 제3자 보호규정은 합의해제에도 적용된다. 일반 계약과 해제계약이 다른 점이다. 한편 판례는 합의해제를 명시적으로 한 경우 말고도 묵시적인 합의해제를 인정한다.

라. 해약금(계약금) 해제

계약체결 당시 계약금, 보증금 등 금전을 수수한 경우, 교부자는 이를 포기하고 수령자는 배액(받은 것에 같은 금액을 더한 금액)을 반환하면 계약에서 벗어날 수 있다. 채무불이행과 무관하며 따라서 채무불이행자의 책임을 묻는 것이 아니라, 계약금 등 일정한 금전적 손실을 스스로 감수하고 계약을 빠져나오는 독특한 방법이다. 채무불이행과 무관하므로 별도의 손해배상, 원상회복, 지연이자 등도 무관하다. → [테마 23]에서 자세히 다룬다.

마. 의사표시(청약, 승낙)의 무효/취소

계약의 전제가 되는 청약 또는 승낙의 의사표시에 어떤 하자(무효, 취소)가 발생한 경우 그 효과로써 계약 자체가 소멸하는 경우가 있다. 비유를 군이 하자면, 계약의 해제는 이미 태어난 사람이 병이 들거나 노화하여 사망하는 경우를 말하고, 무효와 취소는 사람이 태어나기 전의 어떤 사유로 태어나기 전 상태로 되돌리는 것으로 비유할 수 있다.

이미 성립한 계약이 사후적인 문제로 해제되는 것과 별개로, 성립 이전의 사유로 무효취소가 되는 것이 병존할 수 있다. 각 사유에 대해 당사자가 자신에게 유리한 것을 적용하여 법적절차를 진행할 수 있다(권리경합).

예를 들어, 부동산매매계약에서 매수인이 매매부동산을 잘못 파악하여 계약을 체결한 것을 알고 매매대금을 지급하지 않고 버티는 경우, 매도인은 매수인의 대금지급 의무가 불이행되었다는 이유로 계약을 해제할 수 있다. 이와 별도로 매수인은 당초 자신이 착오에 의해 계약을 체결했으므로 이를 취소하여 계약이 없던 상태(무효)로 돌릴 것을 주장할 수 있다. 이처럼 한쪽이 해제권을 행사하고 다른 쪽이 취소권을 행사하는 것이 각각 가능하고, 계약해제로 인한 책임(위약금 배상 등)을 면하거나 덜기 위해 취소를 해야 하는 실익이 있을 수 있다. 의사표시의 무효 취소가 인정되면 타임머신을 타고 돌아가 계약 성립 자체를 없던 것으로 할 수 있으므로, 계약이 일단 성립했다는 전제로 이루어지는 해제의 문제를 차단할 수 있기 때문이다. → [테마 8] 의사표시 하자, [테마 10] 무효와 취소에서 자세히 다룬다.

바. 해제조건 성취, 실권약관 적용

매수인이 중도금을 약속한 날짜에 지급하지 않으면 계약이 해제된 것으로 한다는 특약이 있는 매매계약에서 매수인이 중도금을 지급하지 않으면 계약은 자동해제 된다. → 해제조건은 [테마 11] 조건과 기한에서 자세히 다룬다.

1. 법정해제권의 발생 : 채무불이행

채무불이행은 채무자의 잘못(고의 또는 과실)으로 채무이행이 지체되거나(이행지체), 이행이 불가능하게(이행불능) 된 상태를 말한다. 즉, 이행지체와 이행불능에 채무자의 잘못(고의 또는 과실)이 개입된 경우이다. 따라서 이러한 채무자의 잘못에 대한 제재가 필요한데 그중에 하나가 바로 채권자에게 '해제권'을 주는 것이다(다른 제재로는 손해배상 의무가 있다). 이러한 해제권이 법에 규정되어 있기 때문에 '법정해제권'이라 표현한다.

우리 민법은 해제권 발생을 위해 독촉절차(최고)를 반드시 진행해야 하는지 여부를 기준으로 법정해제권 발생요건을 구분하고 있다.

가. 최고(독촉)가 필요한 경우 : 이행지체

채무자가 변제기가 지나도 채무를 이행하지 않는 경우, 채권자는 '상당한 기간'을 정하여 그 이행을 최고(독촉)하고, 그럼에도 채무자가 그 기간 내에 이행하지 않는 경우에는 채권자에게 해제권이 발생한다[2]. 여기서 상당한 기간은 계약 내용에 따라 다를 수 있고, 미리 기간을 정하지 않고 최고를 하더라도 분쟁이 생기면 법원에 의해 적정한 기간이 결정된다. 따라서 반드시 최고를 할 때 기간을 정해야 하는 것은 아니다.

최고가 필요한 경우 최고절차를 생략하면 법정해제권이 발생하지 않는다. 발생하지 않는 해제권은 아무리 행사해도 법률효과가 발생하지 않는다. 법정해제권은 강력한 형성권이다. 핵폭탄에 비유되는 형성권이 내 손에 있는지는 매우 중요하다. 눈에 보이지 않는 권리의 세계이기

---

[2] 제544조(이행지체와 해제) 당사자 일방이 그 채무를 이행하지 아니하는 때에는 상대방은 상당한 기간을 정하여 그 이행을 최고하고 그 기간 내에 이행하지 아니한 때에는 계약을 해제할 수 있다. 그러나 채무자가 미리 이행하지 아니할 의사를 표시한 경우에는 최고를 요하지 아니한다.

때문에 요건 파악이 중요하다. 이행지체에서 해제권 발생을 위한 가장 중요한 요건은 법이 정한 '최고(독촉)'절차를 거쳤는지 여부이다. 따라서 이를 증명하기 위해 최고절차는 주로 내용증명 우편으로 진행한다. 최초 내용증명으로 최고(독촉)를 한 뒤, 그럼에도 이행하지 않는 경우 '해제'의 의사표시를 내용증명으로 하는 경우가 일반이다. 일반 속설에 내용증명을 두 번 보낸다는 말이 여기서 기인한 것으로 보인다.

동시이행 관계에서는 단순히 최고(독촉)만으로 부족하고 항변권을 깨기 위해 채권자가 자신의 채무에 대해 이행의 제공을 해야 한다. → [테마 20 참조]

나. 최고(독촉)가 불필요한 경우 : 이행불능[3], 이행거절[4], 정기행위[5]

이행불능은 불능이므로 독촉이 필요 없고, 이행거절은 독촉을 무의미하게 하는 행위이고, 정기행위(결혼식에 사용할 음식 주문 등, 특정 시점에 이행이 반드시 필요하여 이행이 지체되는 경우 더 이상 이행이 무의미한 급부)는 지체된 이행은 무의미하기 때문에 각 독촉(최고)이 필요 없다.

다. 최고여부가 중요한 이유

이행지체에서 최고절차가 얼마나 중요한지 보여 주는 실제 사례를 소개한다. 본 사례는 형성권[테마 2], 계약의 성립[테마 18], 계약의 종류[테마 19], 동시이행관계[테마 20], 채무불이행과 계약해제[테마 13, 22], 매매[테마 26], 계약금과 손해배상예정[테마 23] 등 중요한 쟁점들이 망라되어 있어 표준사례로 학습해 두길 권장한다. 실제 사례는 복잡하나 학습을 위해 편의상 쟁점

---

3) 제546조(이행불능과 해제) 채무자의 책임 있는 사유로 이행이 불능하게 된 때에는 채권자는 계약을 해제할 수 있다.
4) 제544조(이행지체와 해제) 당사자 일방이 그 채무를 이행하지 아니하는 때에는 상대방은 상당한 기간을 정하여 그 이행을 최고하고 그 기간 내에 이행하지 아니한 때에는 계약을 해제할 수 있다. 그러나 채무자가 미리 이행하지 아니할 의사를 표시한 경우에는 최고를 요하지 아니한다.
5) 제545조(정기행위와 해제) 계약의 성질 또는 당사자의 의사표시에 의하여 일정한 시일 또는 일정한 기간 내에 이행하지 아니하면 계약의 목적을 달성할 수 없을 경우에 당사자 일방이 그 시기에 이행하지 아니한 때에는 상대방은 전조의 최고를 하지 아니하고 계약을 해제할 수 있다.

위주로 단순화하였다.

　김변이 자문하는 부동산개발 회사(A)가 B라는 토지주로부터 20억 원 상당의 토지를 매수하는 계약을 체결하였다. 계약금은 3억으로 하고(위약금 특약도 완료) 잔금은 6개월 이내에 지급하기로 하였다. 그런데 회사의 자금이 부족한 A는 매매대금에 대해 돈이 마련될 때마다 1,000만 원, 3,000만 원, 500만 원 등 조금씩 지급하였다. 그렇게 누적되어 지급된 돈이 1년에 걸쳐 약 5억 원이 되었고 이미 잔금지급 기일 6개월을 넘겨 1년이 지나도록 15억 원의 잔금을 지급하지 못했다. 그 상태로 다시 6개월이 지났다. 즉, 계약 시부터 1년 6개월이 지났고, 잔금지급 기일은 이미 1년이 지났으며 여전히 15억 원의 잔금이 남아 있었다.

　B는 더 이상 기다리는 것이 무의미하다고 여겨 A에게 계약해제 통보를 하고 해당 토지를 다른 사람에게 매도해 버렸다. 그리고 A에게 계약을 지키지 못한 책임을 물어 그동안 받은 돈 5억 원은 손해배상으로 갈음한다고 통보하였다. 5억 원을 고스란히 잃어야 하는 위기에 봉착했다.

　김변은 A회사를 대리하여 오히려 B를 상대로 계약을 해제하고 총 8억 원을 지급하라는 소송을 제기하여 승소하였다. B는 A가 계약을 위반했다며 A가 책임을 저야 한다고 항변했으나 기각 당했다(패소). 이유는 무엇일까?

　정답은 → '최고' 절차를 간과했기 때문이다. 최고는 단순한 독촉의 의미가 아니라 형성권인 계약해제권을 탄생시키는 핵심요건이다.

　A가 계약을 위반한 것은 사실이다. 매매대금을 약속한 변제기에 지급하지 못한 것이다. 금전 채권을 변제기에 지급하지 못한 상황은 채무불이행 책임 중 이행지체가 된다. 채무자의 이행지체 상태에서 채권자가 계약해제권을 갖기 위해서는 상당한 기간을 정하여 이행최고(독촉)를 해야 한다. 그럼에도 그 기간 내에 이행이 되지 않으면 형성권인 해제권이 채권자의 손에 탄생한다. 이렇게 탄생한 해제권을 행사(의사표시)하면 드디어 계약이 해제되고, 해제의 책임이 있는

상대방(채무자)은 손해배상의 책임도 부담한다.

자, 위 사례에서 A의 이행지체는 분명하다. 이에 대해 B는 계약해제권을 행사했다. 그런데 B에게는 계약해제권이 없다. 가지고 있지도 않은 폭탄(형성권)을 던진 것이다. 그래서 민법의 세계에서는 아무런 미동도 없다. 민법은 누구에게, 언제, 어떤 권리가 발생하고 변경하고 소멸하는지 찾는 세계라고 하였다. B는 없는 권리를 있다고 믿는 실수를 했다.

B가 계약해제권(형성권)을 갖기 위해서는 A에 대해 상당한 기간을 정해 '최고(독촉)'해야 한다. 더군다나 부동산매매는 쌍무계약이고 이미 변제기를 지나 모든 매매대금 지급의무와 소유권이전의무는 동시이행관계이다. 즉, B는 단순히 매매대금 지급 독촉만 하면 안 되고 자신의 소유권이전서류를 준비해 이행의 제공을 하면서 매매대금 독촉을 해야 한다([테마 20] 동시이행항변권에서 매우 중요한 쟁점으로 다룬다.). B는 이러한 절차를 생략했으므로 해제권이 발생하지 않았다. 즉, 계약은 아무런 미동도 없이 유지되고 당사자는 그 구속에서 벗어나지 못한 상태다.

이제 A의 입장에서 보자. 계약이 유지되는 상황에서 B는 매매목적물을 팔아 버렸다. 이는 B의 이행거절 또는 이행불능이다. 즉, B가 채무불이행을 한 것이다. 또한 이행거절과 이행불능은 어느 경우든 '최고(독촉)'절차 없이 계약해제권이 발생한다. 따라서 A가 B에 대하여 한 계약해제권 행사는 유효하다. 나아가 계약해제의 책임은 B가 져야 한다. B는 없는 해제권을 행사했고, A는 실재하는 해제권을 행사한 것이다.

책임의 범위와 관련해서는 계약이 해제되면 원상회복 의무가 있으므로 우선 B는 받은 돈 5억 원을 모두 A에게 반환해야 한다. 게다가 받은 날부터 이자까지 붙여서 반환해야 한다(아래 제4항 참조). 이에 더해 위약금 특약에 따라 계약금 상당인 3억 원을 추가로 배상해야 한다(위약금에 대해서는 테마 23 참조). 따라서 총 8억(받은 돈 5억 원 + 위약금 3억 원) 원과 5억에 대해서는 받은 날부터 이자를 붙여 배상해야 한다.

계약해제권은 형성권이다. 누가 갖는지는 핵폭탄을 보유하는 것과 같다. 따라서 해제권이 언제 누구에게 주어지는지 명확히 알아야 한다. 채무불이행에서는 그 핵심요건은 '최고(독촉)'절차이다. 그런데 이렇게 중요한 최고절차가 현실에서는 쉽게 간과되는 경향이 있어 주의를 요한다.

3. 해제권의 성격

가. 해제권은 형성권이다(형성권에 대해서는 [테마 2] 참조)

형성권은 일방적 행위로 법률효과를 발생시키는 막강한 권리이다. 형성권은 상대방의 동의 없이 행사할 수 있는 일방적 권리이므로 일단 행사자의 손을 떠나면 이를 철회할 방법이 없다[6]. 소송에서 형성권 행사를 하였다가 소를 취하하더라도 해제권 행사의 효과는 주워 담을 수 없다.

나. 불가분성(해제권은 쪼갤 수 없다)[7]

계약의 상대방이 여럿인 경우, 해제권자는 그 전원에 대하여 행사해야 한다. 해제권자가 여럿인 경우에는 해제권 행사도 전원이 해야 한다. 한 명의 해제권이 소멸하면 모두의 해제권이 소멸한다. 이러한 해제권의 불가분성은 형성권 특유의 성격인데 특히 실무상 해제권에서 문제되어 주의를 요한다.

4. 해제권 행사의 효과[8]

---

6) 제543조(해지, 해제권) ① 계약 또는 법률의 규정에 의하여 당사자의 일방이나 쌍방이 해지 또는 해제의 권리가 있는 때에는 그 해지 또는 해제는 상대방에 대한 의사표시로 한다. ② 전항의 의사표시는 철회하지 못한다.

7) 제547조(해지, 해제의 불가분성) ① 당사자의 일방 또는 쌍방이 수인인 경우에는 계약의 해지나 해제는 그 전원으로부터 또는 전원에 대하여 하여야 한다. ② 전항의 경우에 해지나 해제의 권리가 당사자 1인에 대하여 소멸한 때에는 다른 당사자에 대하여도 소멸한다.

8) 제548조(해제의 효과, 원상회복의무) ① 당사자 일방이 계약을 해제한 때에는 각 당사자는 그 상대방에 대하여 원상회복의 의무가 있다. 그러나 제3자(선악불문)의 권리를 해하지 못한다. ② 전항의 경우에 반환할 금전에는 그 받은 날로부터 이자를 가하여야 한다.

가. 소급효

계약은 처음부터 소급적으로 없었던 것이 된다. 그런데 시간을 돌릴 수 없는 이상 '소급효'는 관념적인 현상이다. 따라서 소급효란 실제 계약이 없었던 것이 된다는 의미보다, 계약이 없던 것처럼 정산하고 조정한다는 의미가 맞을 것이다.

나. 미이행 채무소멸

다. 이행된 채무의 원상회복

이미 이행된 채무는 서로 반환하여 원상회복한다.

원상회복에는 일정한 원칙이 있다. 원상회복은 원물반환이 원칙이나 원물반환이 불가능하면 가액반환을 한다. 또한 이행된 급부로 인해 얻은 열매(과실)나 이익이 있으면 같이 반환하는데, 금전은 그 받은 날부터 이자를 붙여 함께 반환한다.

물권은 공시 방법과 무관하게 당연히 복귀한다. 즉, 부동산의 경우 이미 등기가 이전된 상태에서 해제권이 행사되는 경우 등기가 회복되기 전이라도 즉시 소유권은 매도인에게 복귀한다(유인설). 따라서 일시적으로 소유권자와 등기명의자가 달라지는 현상이 발생하고, 이를 바로 잡기 위해 소유권자는 등기명의자를 상대로 소유권에 기해 이전등기말소청구권을 행사할 수 있다.

그런데 계약해제 전에 등기명의자는 등기가 자기 앞으로 되어 있는 것을 기회로 다른 사람에게 부동산을 처분할 수 있다. 이렇게 계약 해제 전(前) 새로운 이해관계를 맺은 (선악불문)제3자는 위 규정에 의해 보호된다. 이렇게 제3자가 보호되는 결과 매도인은 계약을 해제하더라도 부동산소유권을 회복하지 못하는 경우가 발생한다. 이를 통해 원상회복이 되지 못한 부분은 손해배상을 통해 보완하는 것이다.

원상회복의무는 쌍방 동시이행관계이다[9].

라. 회복되지 않는 손해에 대한 손해배상[10]

5. 해제에 있어 제3자 보호 문제

가. 계약해제 전(前) 새로운 법률관계의 제3자 : 선악불문 보호(민법 제548조 제1항)

매수인이 등기를 이전받은 상황에서 제3자에게 매도하여 소유권을 이전한 후 계약이 해제된 경우, 새로 부동산을 매수한 제3자는 민법 규정에 따라 선악불문(해제 사유가 있었는지를 알았거나 몰랐거나 무관하게) 보호된다.

나. 계약해제 후(後) 반환 전 새로운 법률관계의 제3자 : 선의 제3자 보호(판례)

매수인이 등기를 받은 상태에서 계약이 해제되었는데, 매도인에게 등기를 말소해 주지 않은 상태에서 제3자에게 매도한 경우 그 제3자를 항상 보호하면 부동산을 빼돌리는 것을 돕는 결과가 된다. 따라서 이 경우에는 계약을 해제되었는지 모르는(선의) 경우에만 제3자를 보호해 준다.

다. 사례연습

A와 B는 B가 소유하고 있는 주택을 1억 원에 매매하는 계약을 다음과 같이 체결하였다.

- 계약체결일 : 2019년 8월 1일
- 계약금 : 1천만 원, 계약 당일 지급
- 중도금 : 4천만 원(지급일 : 2019년 10월 1일)

---

9) 제549조(원상회복의무와 동시이행) 제536조의 규정은 전조의 경우에 준용한다.
10) 제551조(해지, 해제와 손해배상) 계약의 해지 또는 해제는 손해배상의 청구에 영향을 미치지 아니한다.

공인노무사 테마민법

- 잔금 : 5천만 원(지급일 : 2019년 12월 1일)
- 소유권이전서류 : 위 잔금일 교부

A는 계약 당일 계약금, 2019년 10월 1일에 중도금 4천만 원을 모두 지급하였다. 다만 기존에 세 들어 살던 집에서 일찍 이사를 나와야 하는 관계로 매도인 B에게 부탁하여 잔금지급일 이전에 소유권을 이전받고 이사도 완료하였다. 그런데 A는 잔금 지급일까지 잔금을 마련하지 못한 채 해를 넘겼다. 그러자 B는 2020년 1월 15일 A에게 내용증명으로 1주일 이내에 잔금을 지급해 달라고 촉구하였고 그 내용증명은 다음 날 A에게 도달되었다. 그러나 A는 그 기간 내에도 잔금을 지급하지 못했다. B는 2020년 2월 1일 A에게 계약해제권을 행사하고 원상회복으로 주택의 소유권을 반환해 달라고 요구했다.

한편 A는 계약이 해제된 이후인 2020년 2월 15일 부산 주택을 같은 조기축구 회원인 C에게 1억 원에 매도하고 소유권이전등기까지 완료하였다. A가 계약해제 사실을 숨겼기 때문에 C도 B가 계약해제권을 행사한 사실을 몰랐다.

B는 C에게 말하기를, A와의 사이의 매매계약이 해제되었으니 이에 근거해 이전받은 주택 소유권을 자신에게 돌려 달라고 요구하였다. C는 이 요구를 거부할 수 있는가?

다음과 같은 이유로 거부할 수 있다.

A는 잔금에 대해 이행지체 즉 채무불이행 책임이 있다.
이행지체의 경우 상당한 기간을 정해 독촉(최고)한 뒤 그럼에도 이행하지 않으면 계약해제권이 발생한다. B는 이러한 최고절차를 거쳤으므로 계약해제권(형성권)이 발생하였고, 이를 2020년 2월 1일 행사하였다. 따라서 계약은 적법하게 해제되었다.

계약이 해제되면 소급효가 발생하여 물권은 자동으로 복귀한다. 따라서 등기와 무관하게 주택의 소유권은 B에게 복귀하는 것이 원칙이다.

이렇게 물권이 즉시 복귀됨에 있어 새로운 법률관계를 맺은 제3자의 권리를 어떻게 할 것인지 문제될 수 있다. 이에 대해 우리민법에 따르면 계약해제의 의사표시 전에 새로운 법률관계를 체결한 제3자는 해제사유를 알았는지 여부에 불문하고 보호된다.

계약해제가 되었음에도 매매부동산이 처분되는 경우가 발생할 수 있다. 이는 민법 제548조가 규정하고 있지 않다. 다만 우리 대법원은 판례를 통해 계약해제 후 새로운 법률관계를 맺은 제3자도 계약해제 사실을 몰랐다면(선의) 보호된다는 입장이다(선의만 보호).

본 사례에서 C는 A가 계약해제를 당한 이후에 매매부동산을 매수한 제3자이다. 따라서 계약해제 전에 부동산을 구입한 경우와 달리(이 경우에는 민법 제548조에 의해 선악불문 보호) 계약해제 사실을 모른 경우(선의)에만 보호된다.

그런데 A가 계약해제 사실을 숨겼고 C도 B가 계약해제권을 행사한 사실을 몰랐던 경우에 해당하므로 C는 보호되는 제3자에 속한다. 따라서 C는 B의 소유권 반환청구를 거부할 수 있다.

6. 해제권 소멸

가. 제척기간 10년

해제권의 성격은 형성권이며(형성권에 대해서는 [테마 2] 참조), 형성권은 권리 고유의 정해진 수명이 있는데 그 수명이 10년이다. 즉, 형성권은 10년이 지나면 수명을 다해 소멸한다.

나. 최고에 의한 소멸[11]

---

11) 제552조(해제권행사여부의 최고권) ① 해제권의 행사의 기간을 정하지 아니한 때에는 상대방은 상당한 기간을 정하여 해제권 행사여부의 확답을 해제권자에게 최고할 수 있다. ② 전항의 기간내에 해제의 통지를 받지 못한 때에는 해제권은 소멸한다.

해제권 행사 기간을 정하지 않은 경우 상대방은 상당한 기간을 정해 해제권을 행사할 것인지 여부의 확답을 해제권자에게 최고할 수 있다. 상대방이 그 기간 안에 해제 통지를 받지 못한 경우 해제권은 소멸한다. 언제 행사될지 모르는 해제권(강력한 형성권)으로 인한 불안한 법률관계를 조속히 정리하려는 취지이다.

다. 해제권자의 귀책사유에 의한 소멸[12]

해제권자의 잘못으로 계약 목적물이 현저히 훼손되거나 이를 반환할 수 없게 된 때 또는 가공이나 개조로 인하여 다른 종류의 물건으로 변경된 때에는 해제권은 소멸한다.

---

[12] 제553조(훼손 등으로 인한 해제권의 소멸) 해제권자의 고의나 과실로 인하여 계약의 목적물이 현저히 훼손되거나 이를 반환할 수 없게 된 때 또는 가공이나 개조로 인하여 다른 종류의 물건으로 변경된 때에는 해제권은 소멸한다.

1. 계약을 합의해제 한 경우에는 민법상 해제의 효과에 따른 제3자 보호규정이 배제된다.[1]

2. 매도인의 이행불능을 이유로 매수인이 계약을 해제하려면 매매대금의 변제제공을 하여야 한다.[2]

3. 공유자가 공유토지에 대한 매매계약을 체결한 경우, 특별한 사정이 없는 한 공유자 중 1인은 다른 공유자와 별개로 자신의 지분에 관하여 매매계약을 해제할 수 있다.[3]

4. 계약이 합의해제 된 경우, 특약이 없는 한 반환할 금전에 그 받은 이자를 붙여 지급할 의무가 없다.[4]

5. 계약의 상대방이 여럿인 경우, 해제권자는 그 전원에 대하여 해제권을 행사하여야 한다.[5]

6. 해제의 의사표시가 상대방에게 도달하면 이를 철회하지 못한다.[6]

7. 당사자 일방이 수인인 경우, 그중 1인에 대하여 해지권이 소멸한 때에는 다른 당사자에 대하여도 소멸한다.[7]

8. 계약의 해제는 손해배상의 청구에 영향을 미치지 않는다.[8]

9. 당사자 일방이 정기행위를 일정한 시기에 이행하지 않으면 상대방은 이행의 최고 없이 계약을 해제할 수 있다.[9]

10. 계약이 합의해제 된 경우, 다른 사정이 없으면 채무불이행으로 인한 손해배상을 청구할 수 없다.[10]

11. 계약이 적법하게 해제된 후에도 착오를 원인으로 그 계약을 취소할 수 있다.[11]

12. 부동산매매에 있어 계약이 해제된 후에도 매수인에게 등기가 남아 있을 때 해제 사실을 잘

---

1) X : 합의로 타인의 권리를 해칠 수 없다. 합의해제의 경우에도 제3자 보호는 적용된다.
2) X : 이행불능의 경우 동시이행관계는 깨지므로 최고나 이행의 제공 없이도 계약해제가 가능하다.
3) X : 해제권은 쪼갤 수 없다. 당사자가 여러 명인 경우 계약의 해제는 모두가 해야 한다.
4) O : 합의해제는 합의 내용에 따른다. 이자 지급은 법정해제권 행사에 관한 것이다.
5) O : 해제권은 쪼갤 수 없다(불가분성).
6) O : 형성권인 해제권은 단독행사 할 수 있는 막강한 권리이고, 한번 행사하면 당사자도 이를 거둘 수 없다.
7) O : 불가분성
8) O : 계약해제와 손해배상 청구는 별도로 선택적으로 할 수 있다.
9) O : 정기행위는 이행지체 시 최고를 할 실익이 없다. 이미 이행의 의무가 소멸했기 때문이다. 따라서 새삼 이행을 촉구하는 최고(독촉)가 필요 없다. 이행불능, 이행거절, 정기행위의 경우 최고가 필요 없다.
10) O : 법정해제와 달리 합의해제는 채무불이행과 무관하므로 채무불이행을 전제로 하는 손해배상도 적용되지 않는다.
11) O : 해제로 인한 불이익을 피하기 위해 계약 성립 자체가 무효 또는 취소임을 주장할 수 있다.

알고 있는 제3자에게 소유권이전등기를 한 경우, 그 제3자는 보호받지 못한다.[12]

13. 매매계약이 해제되기 전에 새로운 법률관계를 체결한 제3자는 선악불문 보호된다.[13]

14. 해제권은 10년이 지나면 시효로 소멸한다.[14]

15. 부동산매매의 매수인이 부동산 등기와 인도를 모두 받아 사용하면서도 1년이 지나도록 매매대금을 지급하지 않았다면, 매도인은 즉시 계약을 해제할 수 있다.[15]

16. 해제권 행사 기간을 정하지 않은 경우 상대방은 상당한 기간을 정해 해제권을 행사할 것인지 여부의 확답을 해제권자에게 최고할 수 있다. 상대방이 그 기간 안에 해제 통지를 받지 못하면 해제권은 유지된다.[16]

17. 계약이 해제되는 경우 원상회복은 원물반환이 원칙이지만 원물반환이 불가능하면 가액반환을 한다.[17]

18. 반환할 급부로 인해 얻은 과실(열매)이나 이익이 있으면 반환해야 하고 금전을 반환할 때는 받은 다음 날부터 이자를 붙여 함께 반환해야 한다.[18]

19. 이행이 가능한 금전채무의 경우에는 채무자가 명백한 이행거절을 하더라도 최고를 해야 해제권이 발생한다.[19]

20. 이행불능, 이행거절, 정기행위는 채무불이행의 경우에도 최고 없이 해제할 수 있다.[20]

---

12) O : 계약해제 후 새로운 법률관계를 맺은 제3자는 선의(즉, 해제사실을 모르는)인 경우에만 보호 받는다. 문제에서 제3자는 해제 사실을 알았으므로 보호받지 못한다.

13) O : 민법 제548조

14) X : 10년이 지나서 소멸하는 것은 맞는데, 시효로 소멸하는 것이 아니라 제척기간 도과로 소멸한다. 소멸시효는 청구권 등에 대해 일정한 기간 권리행사를 게을리하는 자(권리 위에 잠자는 자)의 권리를 소멸시키는 것인데 반해(기간 안에 권리행사를 하면 시효는 중단되고 다시 시작한다.), 제척기간은 형성권과 같은 권리의 존속기간 즉, 수명에 해당한다. 해제권은 형성권으로서 10년의 수명을 갖는다.

15) X : 매도인에게 행사할 해제권이 없다. 이행지체 상황에서 매도인이 해제권을 가지려면 상당한 기간을 정해 매수인에게 최고해야 한다. 최고절차를 거치지 않으면 해제권이 발생하지 않으므로 없는 해제권을 행사한 것이다. 아무리 이행지체 기간이 길어도 해제하기 위해서는 먼저 '최고'절차를 거쳐야 한다.

16) X : 그 기간 안에 해제통지를 받지 못한 경우 해제권은 소멸한다. 언제 행사될지 모르는 해제권으로 인한 불안한 법률관계를 조속히 정리하려는 취지이다.

17) O

18) X : 해제에 의한 원상회복에 있어, 물건을 반환할 때에는 열매(과실)나 이익을 붙여 반환해야 하고 돈은 이자를 붙여 반환한다. 그런데 그 이자는 받은 다음 날이 아니라 받은 날부터 가산한다.

19) X : 명백한 이행거절로 최고가 무의미한 경우는 이행불능과 같이 최고 없이 해제권이 발생한다.

20) O

I. 논의의 필요성

　　매매 등 유상계약에서 계약 시 주고받는 금전이 있다. 통상은 '계약금'이라고 부르지만 그 호칭은 어떤 것이든 계약 시 주고받는 돈에 대한 설명을 하고자 한다. 이러한 논의를 하는 이유는, 계약금과 관련된 거래관행과 법률규정 및 그 돈의 실제 법적성격 등이 혼재되어 막상 이를 둘러싼 법률분쟁이 발생했을 경우 계약 당사자가 매우 곤란한 상황을 겪는 일이 많기 때문이다. 게다가 계약금은 통상 거래금액의 10% 내외이므로 거래대상에 따라 그 금액이 고액인 경우가 많다. 계약금에 대한 이해 부족으로 소중한 재산을 잃는 낭패를 당하지 않기 위해서 본 테마는 매우 유용한 지침이 될 것이다.

　　우리가 통상 거래관계에서 주고받는 계약금이라는 돈에 대해 민법상 직접적 규정은 없다. 다만 '계약금'이라는 단어는 한번 등장하는데 바로 '해약금'에 관한 규정이다. '계약금'이라는 단어에 매몰되어 '해약금' 규정을 잘못 해석하지 않도록 우선 '해약금' 규정에 대해 정확히 이해해야 한다. 이에 따르면 계약금은 해약금으로 추정될 뿐이다. 물론 추정이므로 당사자 합의로 다른 약정을 하는 것은 얼마든지 가능하다.

　　해약금 규정은 매매에 규정되어 있으나 다른 유상계약에도 적용되는데[1], 특히 실무상 임대차에서 보증금의 일부를 계약금으로 지급하는 경우 이 규정이 적용된다.

---

1)　제567조(유상계약에의 준용) 본절의 규정은 매매 이외의 유상계약에 준용한다.

II. 해약금(민법 제565조)

민법 제565조 규정은 '해약금'에 대한 규정이다[2]. 계약 당시 '계약금' '보증금' 등 어떤 명칭이든 돈을 주고받으면 그 법적성격은 '해약금'이다. 명칭에 집중하지 말고 법적성격에 집중하자. 계약 당시 주고받은 금전이 있다면 이는 '해약금'이다. 이제 해약금이 무엇인지 집중해 보자.

1. 해약금의 개념

그럼 해약금이란 무엇인가? 말 그대로 해약하기 위한 돈이다. 해약이란 약속을 해제하는 것, 즉 계약에서 빠져나오는 것을 말한다.

계약총론에서 언급한 바와 같이 약속은 지켜져야 하고, 일단 합의에 이른 이상 당사자는 함부로 그 합의에서 벗어날 수 없다. 합의는 자유지만 그 자유에는 책임이 따르고 특별한 사정이 없으면 그 합의에 구속된다. 다만 예외적으로 일정한 경우 계약에서 빠져나오는 경우를 규정해 뒀는데 대표적인 것이 계약해제이다[테마 22]. 그러나 계약해제도 채무불이행 등 당사자의 잘못으로 계약을 유지할 수 없는 특별한 경우에만 예외적으로 인정되고, 의사표시의 무효나 취소도 매우 엄격한 범위에서 제한적으로 적용된다.

다만 우리민법은, 채무불이행이나 무효, 취소 등의 중대한 문제가 없는 경우라도(예를 들어 단순변심), 계약 초기에 스스로 일정한 금전적 손실만 감수하면 계약에서 빠져나올 수 있는 길을 열어 두었다. 이때 감수하는 금전적 손실이 바로 '해약금'이다. 그리고 해약금은 계약 초기 그 명칭을 불문하고 주고받은 금전을 말한다.

2. 해약금 금액은?

---

[2] 제565조(해약금) ① 매매의 당사자 일방이 계약당시에 금전 기타 물건을 계약금, 보증금등의 명목으로 상대방에게 교부한 때에는 당사자 간에 다른 약정이 없는 한 당사자의 일방이 이행에 착수할 때까지 교부자는 이를 포기하고 수령자는 그 배액을 상환하여 매매계약을 해제할 수 있다. ② 제551조의 규정은 전항의 경우에 이를 적용하지 아니한다.
제551조(해지, 해제와 손해배상) 계약의 해지 또는 해제는 손해배상의 청구에 영향을 미치지 아니한다.

명칭 불문 계약 초기 주고받은 금액이 바로 해약금이다. 주로 계약금이라는 명목으로 주고받는 돈이 이에 해당할 것이다. 금액은 당사자가 자유롭게 약정하면 되지만 주로 총 계약대상의 10% 정도를 계약금으로 삼는 경우가 많다. 이러한 주고받은 금액이 계약에서 자유롭고 싶을 때 스스로 감수하면 되는 기준금액이 된다.

3. 해약금 지급방법은?

해약금의 특징은 계약 당시 미리 주고받는다는 것이다. 계약 당시 미리 주고받지 않으면 해약금이 아니다. 따라서 해약금(계약금)에 대한 합의(계약)는 요물계약이다. 요물계약에 대해서는 [테마 19] 계약의 종류 참조.

해약금은 계약 시 미리 주고받았으므로 해약금의 교부자는 그 해약금을 그대로 포기하면 된다. 계약의 구속에서 빠져나간다는 의미로 해약금 포기선언을 하면 된다.

그럼 해약금을 받은 사람은 어떠한가? 일단 받은 해약금을 돌려주고 자기 돈으로 해약금과 같은 금액을 추가로 주면 된다. 이를 '배액'을 상환한다고 표현한다. 배액을 상환한다는 것은 이행행위를 하면 되는 것이지(즉, 배액을 마련해 준비해 놓고 언제든 줄 수 있는 형태에서 이를 통보하는 행위를 하면 이행의 제공이 된다.) 상대가 이를 수령하지 않는다고 공탁까지 해야 하는 것은 아니다.

해약금 지급은 이렇게 스스로 포기하거나, 스스로 지급하는 것이다. 그 대가로 계약을 탈출해 자유를 얻는 것이다. 계약을 마지막까지 이행하는 것보다 탈출하는 것이 이익이라 판단될 때 사용할 수 있는 제한적 방법이다. 따라서 이는 내가 계약에서 탈출하는 방법일 뿐, 상대방을 계약에서 내몰면서 그 사람에게 교부받은 금전을 포기하게 하거나, 해약금 상당을 돌려 달라고 요구할 수 있는 것이 아니다.

4. 해약금 해제를 할 수 있는 마지막 기회

이러한 변심에 의한 계약탈출은 해약금을 주고받은 상태에서만 가능하다. 이를 넘어 중도금 지급처럼 추가로 이행의 착수가 있으면 더 이상 해약금 탈출은 불가능하다. 해약금은 서로 아무런 이행이 없기 때문에 해약금 이외에는 더 이상 정산할 것이 없는 경우 딱 그만큼의 손실을 스스로 감수하고 계약탈출을 허용하는 매우 제한적이고 예외적인 경우임을 잊지 말아야 한다.

위와 같이 일방의 이행착수 이전이라는 요건만 해당하면 해약금 해제에 제한이 없다. 계약의 무효나 취소 상황도 영향을 받지 않고, 토지거래허가구역에서의 토지거래(유동적 무효)에서도 해약금 해제는 자유롭다. 심지어 상대가 중도금 등 청구소송을 제기한 경우라도 계약금만 주고받은 상태라면 해약금 해제가 가능하다.

5. 채무불이행과 무관

해약금 해제는 채무불이행과 무관하다. 계약에 아무런 문제가 없고 그 누구의 잘못(채무불이행)도 없는 경우에도 적용된다. 따라서 채무불이행을 전제로 하는 손해배상과 관계가 없는 다른 영역이다. 또한 이행의 착수 이전에 계약을 빠져나오는 것이므로 계약이 해제되더라도 '원상회복'이란 것은 존재하지 않는다. 회복할 대상이 존재하기 전에만 해약금 규정이 적용되므로 당연하다.

III. 손해배상 예정(위약금)

지금부터는 전혀 존재평면이 다른 이야기를 한다. 해약금과 무관한 채무불이행의 세상이다. 채무불이행 세상에 있는 '손해배상 예정'에 관한 것이다.[3]

---

3) 제398조(배상액의 예정) ① 당사자는 채무불이행에 관한 손해배상액을 예정할 수 있다. ② 손해배상의 예정액이 부당히 과다한 경우에는 법원은 적당히 감액할 수 있다. ③ 손해배상액의 예정은 이행의 청구나 계약의 해제에 영향을 미치지 아니한다. ④ 위

1. 채무불이행에 있어 손해배상

계약 당사자의 채무불이행이 있는 경우, 채권자에겐 계약해제권 이외에 손해배상청구권이 발생한다. 손해배상의 범위와 내용에 대한 증명책임은 채권자에게 있다. 그런데, 실제손해를 증명하는 것은 매우! 매우! 매우! 매우! 어렵다. 그래서 손해배상 소송에서 손해배상 책임은 있으나 손해의 범위가 증명되지 않아 패소하는 경우도 있다.

그래서 고안해 낸 아이디어가 손해배상의 예정이다. 손해를 일일이 증명하는 수고를 덜고 계약 당시 미리 손해액을 합의해 두는 것이다. 통상은 아래와 같은 형태로 합의가 이루어지고, 어느 한쪽이 계약을 위반한 경우 손해에 대한 별도의 증명 없이 미리 합의한 예정액을 손해로 보고 위약자에게 청구할 수 있다.

ex 1) 채무불이행자는 상대방에게 1억 원을 배상한다(정액배상).
ex 2) 채무불이행자는 상대방에게 매매대금의 20%를 배상한다(비율배상).
ex 3) 채무불이행자는 상대방에게 계약금만큼 배상한다(배상금 인용).

2. 손해배상 예정에 있어 문제점 : 금액이 과한 경우

손해배상 예정이 실제 손해배상을 증명하기 어려운 점을 극복하는 것은 좋지만, 그렇더라도 합의한 예정액이 형평을 잃을 정도로 과도한 것은 실손배상이라는 '손해배상' 영역의 성격상 그대로 두기 어려운 경우가 있다. 이때는 법원이 직권으로 개입하여 합리적 금액으로 감액할 수 있다.

만약 주택을 1억에 매도하는 계약에서 채무불이행에 따른 손해배상 예정액을 5억으로 한 경우라면 합리적 위약금이라 하기 어렵다. 따라서 이러한 경우에는 법원에서 합리적 금액으로 감

약금의 약정은 손해배상액의 예정으로 추정한다. ⑤ 당사자가 금전이 아닌 것으로써 손해의 배상에 충당할 것을 예정한 경우에도 전4항의 규정을 준용한다.

액할 수 있다.

그럼, 얼마가 합리적인 범위인가? 계약의 종류에 따라 다양하므로 일률적으로 말하기는 곤란하다. 그런데, 대략 거래금액 대비 10% 정도가 손해라고 간주하면 거래 쌍방이 특별히 불만을 가지지 않는 경향이 있고, 실제 거래에서도 빈번히 거래대금의 10%를 손해배상 예정으로 하는 경우가 많다. 법원도 거래금액의 10%를 기준으로 손해배상 예정액을 조정하는 경향이 강하다.

그런데 통상적인 계약금도 거래대금의 10% 정도로 하는 경우가 많다. 따라서 계약금에 대해 손해배상예정으로 삼는다는 위약금특약을 하는 경우가 많다. 이렇게 계약금을 위약금으로 하는 특약이 있으면 이를 손해배상예정으로 하여 법원의 직권감액을 인정한다.

3. 위약금 = 손해배상예정

'위약금'이란 계약을 위반한 경우 지급하는 돈이라는 의미이다. 계약을 위반한다는 것은 채무불이행을 말한다. 즉, 계약위반에 대한 책임을 묻는 손해배상 개념이다. 위약금은 당사자가 별도로 약정한 경우에만 적용된다. 민법에 의해 자동으로 적용되는 위약금은 없다. 당사자가 위약금 합의를 하면 이것을 손해배상예정으로 추정하여 법원의 직권감액을 인정한다.

4. 계약금과 위약금(손해배상 예정)의 관계

계약금은 민법에 의해 자동으로 해약금으로 추정한다(민법 제565조). 이것은 채무불이행과 관련이 없다. 단순변심의 경우 등 아무 이유 없이 계약탈출 할 때 적용한다.

위약금은 계약을 위반했을 때 즉, 채무불이행의 경우 지급하는 손해배상 성격의 돈이다. 위약금은 당사자 특약이 있을 때 적용되고, 이는 손해배상 예정이 되는 것이다. 계약금 상당의 금액을 위약금으로 특약하는 문구는 다음과 같다.

"만약 일방이 계약을 위반한 경우 위반자는 상대방에 대해 손해배상 해야 하고 그 금액은 계약금 상당액으로 한다."

"만약 매수인이 계약을 위반한 경우에는 매도인인 계약금을 몰취하고, 매도인이 위반한 경우에는 계약금의 배액을 상환한다."

즉, 계약금은
① 즉시 민법 565조에 의해 해약금 성격이 되고(이행착수 전까지)
② 계약 위반 시 위약금으로 삼기로 특약까지 하면 손해배상예정도 된다.

5. 사례연습

A는 B가 소유하고 있는 부산 주택을 1억 원에 매수하는 계약을 다음과 같이 체결하였다.
- 계약체결일 : 2019년 8월 1일
- 계약금 : 1천만 원, 계약 당일 지급
- 중도금 : 4천만 원(지급일 : 2019년 10월 1일)
- 잔금 : 5천만 원(지급일 : 2019년 12월 1일)
- 소유권이전서류 : 위 잔금일 교부
- 위약금 특약 : 만약 어느 일방이 계약을 위반하면 계약금 상당액을 손해배상액으로 한다.

① 계약금을 지급한 다음날 A가 변심하여 계약을 해제하고 싶은 경우 방법과 근거는?
→ 계약금은 해약금으로 추정되고, 어느 일방의 이행착수 전에는 비록 변심하더라도 해약금 성격의 계약금을 스스로 포기하면 계약탈출이 가능하다. A는 B에게 계약금 1,000만 원을 포기하겠다고 통지하고 계약에서 벗어나면 된다. 이렇게 일정한 금전손실을 부담하고 스스로 계약에서 빠져나오는 독특한 해제방법이 바로 해약금 규정이다(제565조).

② 계약금을 받은 다음 날 B가 변심하여 계약을 해제하고 싶을 때 A에게 지급할 돈은 얼마인가?

→ 계약금의 배액인 2,000만 원을 지급하면 된다. 즉 계약금으로 받았던 1,000만 원과 추가로 같은 금액의 해약금 1,000만 원의 합이다.

③ B가 중도금을 받은 다음 변심한 경우 위와 같은 해제가 가능한가?

→ 중도금을 받은 상황에서는 더 이상 제565조에 의한 해약금 규정이 적용되지 않는다. 따라서 금전손실을 부담하고서 스스로 계약에서 빠져나오는 방법은 없다.

④ 2019년 10월 2일 현재 A가 중도금을 지급하지 않았다. B가 계약을 해제하고 싶을 경우 방법과 근거는?

→ 중도금 지급기일이 지나도록 중도금을 지급하지 않았으므로 이는 계약위반 즉, 채무불이행에 해당한다. 채무불이행 중 이행지체에 해당하므로 B는 상당한 기간을 정하여 이행을 최고(독촉)하고 그럼에도 이행하지 않는 경우 B는 법정해제권을 갖는다. 이 법정해제권을 행사하면 계약이 해제된다.

⑤ B의 법정해제권 행사에 따라 계약이 해제된 경우 A가 B에게 배상해야 할 손해액과 근거는?

→ 계약금 상당액에 대한 위약금 합의에 따라 1,000만 원을 배상해야 한다. 이는 위약금 합의에 따른 것이다. 위약금은 손해배상 예정이므로 만약 이 금액이 과다하면 법원이 직권감액 할 수 있지만 본 사안의 경우에는 전체 거래금액(1억)의 10%에 해당하므로 과도한 경우는 아니다. 구조상으로는 계약해제로 인한 원상회복으로 B는 A에게서 받은 1,000만 원을 돌려준 다음 다시 A에게서 위약금 1,000만 원을 받아야 한다. 다만 이는 번거롭기 때문에 이러한 절차를 생략해 이미 받은 계약금을 그대로 몰취하면 된다.

1. 증약금

계약금을 주고받았다면 이는 계약을 체결했다는 증거가 된다.

2. 위약벌

때로는 상대에게 채무를 부과하는 것이 단순한 배상의무를 넘어 '체벌'이 될 수도 있다. 이러한 체벌성격의 돈을 주고받는 약정을 별도로 할 수 있다. 위약벌이란 이렇게 채무불이행의 경우 손해배상과 별도의 당사자 사이에 벌금에 대한 약정하는 것을 말한다. 예를 들어 "손해배상과 별도로 지급된 계약금은 몰수한다."는 형태로 약정할 수 있다. 이러한 경우 계약금 받은 것은 그대로 몰수하고, 추가로 위약금까지 배상하는 경우가 발생할 수 있다. 손해배상 예정과 달리 법원의 직권 감액은 허용되지 않는다. 다만 그 금액이 과도하면 공서양속 위반(제103조)으로 무효가 될 수 있다([테마 7] 참조).

3. '계약금의 계약금'(가계약금)의 문제

계약금(해약금) 계약은 요물계약이므로 약정된 계약금 전체가 지급되어야 성립한다. 민법의 해약금 규정에 의해 계약을 해제하려면 우선 계약금 명목의 돈이 지급되어야 한다. 따라서 몰수 또는 배액상환의 금액도 당초 계약금액이 되므로 그보다 적은 금액에 따른 효과는 발생하지 않는다.

만약 부동산 매수인이 계약금 1,000만 원에 대해, 계약금을 당장 마련하기 어려우니 우선 100만 원만 계약 당일 지급하고 3일 뒤 나머지 900만 원을 주기로 하였다고 할 때, 그 후 변심하여 해약금 조항(제565조)에 의해 100만 원 포기하고 계약 해제한다고 통보하였다면 계약은 해제되는가?

결론은 해제되지 않는다. 민법 제565조가 적용되려면 계약금 1,000만 원 전액이 지급되어야 하기 때문이다.

그렇다면 매수인이 해약금 조항에 따라 계약을 해제하려면 어떻게 해야 하는가? 계약금 나머지 금액 900만 원을 모두 지급해야 해제할 수 있다. 즉, 계약금을 1,000만 원으로 정한 경우 이를 해약금으로 하여 계약에서 자유로워지고 싶다면 결국 1,000만 원의 금전적 부담을 떠안아야 한다는 것이다.

자, 그렇다면 매수인은 100만 원의 부담만 떠안은 상태에서는 해약금 규정에 따른 해약이 불가능하다. 그렇다면 당초 계약은 유효하게 존속한다. 따라서 매도인은 계약금 잔금은 물론 각 변제기마다 중도금과 잔금의 추가지급을 요구할 수 있다. 매수인이 이를 이행하지 않으면 채무불이행이 되며, 매도인은 채무불이행 책임으로 지연손해금 배상과 계약해제(이행지체이므로 일정한 독촉절차를 거친 후 발생한 해제권 행사)를 할 수 있다. 이때는 위약금 특약이 적용되어 매도인은 매수인에게 1,000만 원의 위약금(손해배상 예정금)의 청구권을 갖는다.

다만 이러한 원리는 계약금 계약이 유효하게 체결된 경우를 전제로 한다. 그것이 아니라 계약의 협상 단계에 그친 상태에서 가계약금을 주고받은 경우라면 계약으로 인한 구속력이 없고, 주고받은 금전은 해약금으로서의 성격을 갖지 못한다.

1. 계약금 포기에 의한 계약해제의 경우, 상대방은 채무불이행을 이유로 손해배상을 청구할 수 없다.[1]

2. 계약금계약은 계약에 부수하여 행해지는 종된 계약이다.[2]

3. 계약금 계약은 낙성계약이다.[3]

4. 중도금이 지급된 경우, 상대방은 해약금 해제를 할 수 없다.[4]

5. 매매해약금에 관한 민법규정은 임대차에도 적용된다.[5]

6. 해약금에 기해 계약을 해제하는 경우에는 원상회복의 문제가 생기지 않는다.[6]

7. 계약금만 수령한 매도인이 매수인에게 매매잔금의 지급을 청구하는 소송을 제기한 경우, 매수인은 계약금을 포기하고 계약을 해제할 수 있다.[7]

8. 해약금에 기한 해제권을 배제하기로 약정하였다면 더 이상 그 해제권을 행사할 수 없다.[8]

9. 계약금은 증약금의 성격도 있다.[9]

10. 위약벌은 법원이 직권 감액할 수 없으므로 이를 감액할 방법은 없다.[10]

11. 매수인이 주택을 구입하기 위해 답사를 갔다가 그 자리에서 매매합의를 하고 이를 확인하기 위해 계약금 1,000만 원을 지급하였는데, 다만 계약금을 위약금으로 하는 특약 없이 계약금만 주고받은 경우, 매수인이 변심하여 중도금 지급 등 의무를 이행하지 않아 매도인이 계약을 해제한 경우 매수인은 계약금을 반환해 달라고 요구할 수 있다.[11]

---

1) O : 해약금 해제는 채무불이행과 무관하다.
2) O
3) X : 합의만으로 성립되는 것이 아니라 계약금을 주고받아야만 성립하는 요물계약이다.
4) O : 어느 한쪽이 이행의 착수를 하면 더 이상 해약금 규정은 적용되지 않는다.
5) O : 계약 당시 명칭 불문 금전을 교부 받은 경우 적용된다. 임대차에서 보증금의 일부를 주고받은 경우도 마찬가지다.
6) O : 해약금 규정 특성상 이행의 착수로 나간 사실이 없으므로 당연히 원상회복은 존재할 수 없다.
7) O : 계약금만 주고받은 상황에서는 언제든 행사할 수 있다. 이 경우 해약금은 그 실익이 있고 위력을 발휘한다.
8) O : 해약금규정 배제 합의는 가능하고 유효하므로 이에 따른다.
9) O : 계약금은 계약이 있었다는 사실의 가장 강력한 증거이다. 특히 계약서가 없는 계약의 경우 계약성립을 증명하는 중요한 증거가 된다.
10) X : 위약벌은 해약금(손해배상예정)과 달리 직권감액 규정이 없다. 다만 과도한 경우 민법 제103조 반사회질서(공서양속 위반) 행위가 되어 무효가 될 수 있다.
11) O : 계약금을 위약금으로 하는 특약이 없는 한 어느 일방의 채무불이행으로 계약이 해제되었다면 해제의 효과인 원상회복의 일환으로 양 당사자가 받은 금전이나 물건은 모두 상대에게 반환해야 한다. 만약 채무불이행으로 인해 발생한 손해가 있다면 이를 별도로 증명하지 않으면 청구할 수 없다. 위약금 합의가 중요한 이유이다.

I. 내용

1. 의의[1]

예를 들어, 내 소유 토지를 남에게 판매하면서 그 매매대금은 내가 아닌 내 친구에게 지급하는 내용(제3자 약관)으로 부동산매매계약을 체결하는 것을 말한다. 다만 제삼자를 위한 계약[2]이 효력을 발생하기 위해서는 친구가 받아들여야(매수인에 대한 수익의 의사표시) 한다.

2. 용어정리

가. 각 당사자 지위

위 예에서 매매대금을 친구에게 지급하라고 요구한 매도인 '나'는 '요약자', 이를 받아들인 '매수인'은 '낙약자'이다. 매매대금을 받는 내 친구는 '수익자(제삼자)'라 한다. 계약당사자는 '요약자'와 '낙약자'뿐이다. '수익자'는 계약당사자가 아니다.

나. 당사자 관계

1) 보상관계(계약관계 O)

---

1) 제539조(제삼자를 위한 계약) ① 계약에 의하여 당사자 일방이 제삼자에게 이행할 것을 약정한 때에는 그 제삼자는 채무자에게 직접 그 이행을 청구할 수 있다. ② 전항의 경우에 제삼자의 권리는 그 제삼자가 채무자에 대하여 계약의 이익을 받을 의사를 표시한 때에 생긴다.
2) 학습의 편의를 위해 본 교재에서는 '제3자를 위한 계약에서 '제3자'를 '제삼자'로 표시한다. 당사자가 아닌 '타인'을 지칭하는 '제3자'와 구별하기 위한 도구이다. 수험목적의 범위에서만 임시로 사용하는 약속이다. 이론학습이 아닌 연습문제에서는 실전감을 위해 다시 일반적 표현(제3자)을 사용하였다.

1. 민법과 권리
2. 법률행위
3. 채권총론
4. 채권각론
5. 수험조언

계약당사자인 요약자와 낙약자의 계약관계를 '보상관계'라 한다. 보상관계는 계약의 본질적 내용이므로 보상관계의 흠결이나 하자는 계약의 효력에 영향(채무불이행, 계약해제 등)을 미친다.

2) 대가관계(계약관계 X)

요약자와 수익자의 관계를 '대가관계'라 한다. 대가관계는 요약자와 낙약자 사이에 맺어지는 계약과 무관하며, 대가관계의 존재나 하자는 계약에 아무런 영향을 미치지 않는다.

3. 제삼자 약관

가. 제삼자(수익자)의 지위 : 누리되 관여하지 않는다

제삼자는 수익을 받을 뿐 계약 당사자가 아니므로 계약 당시에는 권리능력, 의사능력, 행위능력이 필요 없다. 즉 계약 당시에는 현존하지 않아도 되고 현존하더라도 정신능력이나 행위능력은 계약에 아무런 영향을 미치지 못한다. 다만 수익을 받을 때는 현존하고 특정되어야 한다.

낙약자가 채무불이행하더라도 수익자는 계약해제를 할 수 없고, 해제 시 낙약자의 원상회복도 요약자에게 해야 한다.

새로운 이해관계를 맺은 자가 아니므로 의사표시 하자에 있어 제3자에 해당하지 않는다.

나. 수익의 내용 : 채권/물권 불문, 부수적 부담 하에 권리부여도 가능

다. 수익의 시기

제삼자가 낙약자에 대해 수익의 의사표시를 한 때(형성권) 수익자의 권리가 확정된다(이때부터 수익자의 지위 발생). 위 의사표시는 묵시적으로도 가능하다. 수익의 내용이 확정되면 수익자는 낙약자에게 직접 그 이행의 청구나 이를 갈음하는 손해배상 청구도 가능하다. 이 경우 낙약자는 요약자와 사이의 계약 내용(기본관계)에 따른 항변을 수익자에게 할 수 있다[3].

제삼자가 수익의 의사표시를 하지 않고 있는 경우(형성권이므로 제척기간 10년), 낙약자는 제삼자에 대하여 상당한 기간을 정해 수익을 받아들일지 최고(독촉)하며, 그 기간 내에 확답을 받지 못하면 제삼자가 이를 거절한 것으로 본다[4]

라. 수익의 확정

제삼자가 수익의 의사표시(형성권 행사)를 하는 순간 수익자의 권리는 확정된다[5]. 따라서 그 이후에 계약당사자(요약자, 낙약자)는 이를 임의로 변경 또는 소멸시키지 못한다. 즉, 계약을 임의로 합의해제 하여도 수익자의 권리는 유지된다. 물론 처음부터 계약 내용에 수익자의 권리를 연동시키는 내용을 포함하거나 수익자가 동의한 경우에는 그에 따라 처리된다. 즉, 제삼자는 수익의 의사표시를 하여 계약의 효과는 누리지만, 계약의 효력 자체에는 관여하지 못한다.

4. 요약자의 지위

요약자는 계약 당사자로서 낙약자에게 계약이행 청구권이 있고, 제삼자의 권리가 확정된 후에도 요약자는 수익자의 동의 없이 단독으로 계약상 권리의 일환으로 계약을 해제할 수 있다.

---

3) 제542조(채무자의 항변권) 채무자는 제539조의 계약에 기한 항변으로 그 계약의 이익을 받을 제삼자에게 대항할 수 있다.
4) 제540조(채무자의 제삼자에 대한 최고권) 전조의 경우에 채무자는 상당한 기간을 정하여 계약의 이익의 향수여부의 확답을 제삼자에게 최고할 수 있다. 채무자가 그 기간 내에 확답을 받지 못한 때에는 제삼자가 계약의 이익을 받을 것을 거절한 것으로 본다.
5) 제541조(제삼자의 권리의 확정) 제539조의 규정에 의하여 제삼자의 권리가 생긴 후에는 당사자는 이를 변경 또는 소멸시키지 못한다.

1. 제3자가 하는 수익의 의사표시 상대방은 요약자이다.[1]

2. 수익자는 계약의 해제권이나 해제를 원인으로 한 원상회복청구권이 없다.[2]

3. 낙약자는 요약자에 대한 동시이행항변권을 이유로 수익자의 이행청구에 대항할 수 없다.[3]

4. 수익의 의사표시를 한 수익자는 낙약자에게 직접 그 이행을 청구할 수 있다.[4]

5. 면책적 채무인수는 제3자를 위한 계약이 아니다.[5]

6. 병존적 채무인수는 제3자를 위한 계약이 아니다.[6]

7. 수익의 의사표시가 있은 후 요약자와 낙약자가 합의해제를 하더라도 수익자의 권리를 빼앗을 수 없다.[7]

8. 수익의 의사표시가 있은 후 어느 당사자의 채무불이행이 있는 경우 상대방은 수익자의 동의 없이도 계약해제를 할 수 있다.[8]

9. 수익의 의사표시가 있은 후 계약이 무효 또는 취소되는 경우 수익자는 선의더라도 보호되는 제3자가 될 수 없다.[9]

10. 수익자는 요약자의 제한능력을 이유로 계약을 취소하지 못한다.[10]

11. 낙약자가 상당한 기간을 정하여 제3자에게 수익여부의 확답을 최고하였음에도 그 기간 내에 확답을 받지 못한 때에는 제3자가 수익의 의사를 표시한 것으로 본다.[11]

---

1) X : 수익을 줄 사람, 즉 낙약자에게 해야 한다.
2) O : 수익자는 계약당사자가 아니기 때문이다.
3) X : 요약자와 사이에 계약상 발생한 항변을 수익자에게 주장할 수 있다.
4) O : 자기에게 발생한 권리의 행사는 가능하다.
5) O : 제삼자에게 새로운 권리를 부여하는 것이 아니라, 기존 채무가 그대로 타인에게 이전할 뿐이므로 제삼자가 얻을 '수익'이 존재하지 않는다. 따라서 제삼자를 위한 계약이 될 수 없다. 계약의 이행행위만 이전하는 '이행인수'도 제삼자에게 새로운 이익이 발생하지 않으므로 마찬가지다.
6) X : 제삼자에게 채무를 변제할 채무자가 추가되는 것이므로, 제삼자가 얻는 '수익'이 존재한다. 따라서 이는 제삼자를 위한 계약에 해당한다.
7) O : 당사자가 임의로 합의하여 수익자의 권리를 뺏을 수 없다.
8) O : 계약당사자의 계약상 권리 행사는 수익자의 동의가 필요하지 않다.
9) O : 새로운 이해관계를 맺은 것이 아니기 때문이다.
10) O : 계약당사자가 아니므로 계약을 취소할 수 없다.
11) X : 거절한 것으로 본다.

12. 제3자의 수익의 의사표시 후 특별한 사정이 없다면 낙약자와 요약자의 합의로 제3자의 수익을 변경시킬 수 없다.[12]

---

12) O

제2장 계약각론

[테마 25] 증여

I. 개요

증여계약은 대표적인 무상계약이다. 무상계약의 특성상 증여계약에만 인정되는 특수한 해제 사유가 있으니 이에 대한 이해가 필요하다.

한편, 유상계약의 특성인 담보책임이 무상계약인 증여에 적용되지 않는 것이 원칙이지만 부담부 증여와 같은 예외가 있다.

위와 같은 증여계약만의 차이점을 염두에 두고 규정을 살펴보자.

II. 규정

제554조(증여의 의의) 증여는 당사자 일방이 무상으로 재산을 상대방에 수여하는 의사를 표시하고 상대방이 이를 승낙함으로써 그 효력이 생긴다[1].

제555조(서면에 의하지 아니한 증여와 해제) 증여의 의사가 서면으로 표시되지 아니한 경우에

---

1) 증여는 단독행위가 아니라 계약이다. 즉, 양 당사자의 합의에 의해 무상으로 재산을 이전하는 채권을 발생시키는 것이지, 합의 없이 일방적으로 타인에게 재산을 줄 수는 없다.

는 각 당사자는 이를 해제할 수 있다[2].

제556조(수증자의 행위와 증여의 해제) ① 수증자가 증여자에 대하여 다음 각호의 사유가 있는 때에는 증여자는 그 증여를 해제할 수 있다.

1. 증여자 또는 그 배우자나 직계혈족에 대한 범죄행위가 있는 때

2. 증여자에 대하여 부양의무 있는 경우에 이를 이행하지 아니하는 때

② 전항의 해제권은 해제원인 있음을 안 날로부터 6개월을 경과하거나 증여자가 수증자에 대하여 용서의 의사를 표시한 때에는 소멸한다.

제557조(증여자의 재산상태변경과 증여의 해제) 증여계약 후에 증여자의 재산상태가 현저히 변경되고 그 이행으로 인하여 생계에 중대한 영향을 미칠 경우에는 증여자는 증여를 해제할 수 있다.

제558조(해제와 이행완료부분) 전3조의 규정에 의한 계약의 해제는 이미 이행한 부분에 대하여는 영향을 미치지 아니한다.

제559조(증여자의 담보책임) ① 증여자는 증여의 목적인 물건 또는 권리의 하자나 흠결에 대하여 책임을 지지 아니한다. 그러나 증여자가 그 하자나 흠결을 알고 수증자에게 고지하지 아니한 때에는 그러하지 아니하다. ② 상대부담 있는 증여에 대하여는 증여자는 그 부담의 한도에서 매도인과 같은 담보의 책임이 있다[3].

제560조(정기증여와 사망으로 인한 실효) 정기의 급여를 목적으로 한 증여는 증여자 또는 수증자의 사망으로 인하여 그 효력을 잃는다.

---

[2] 제556조와 제557조와 함께 무상계약인 증여계약에 있는 특수한 해제권이다. 증여계약에서 특수하게 발생하는 형성권(해제권)을 발생 원인을 잘 정리해 둘 필요가 있다.

[3] 담보책임은 유상계약의 특성이므로 원칙적으로 무상계약인 증여에서는 적용되지 않는다. 다만 부담부 증여에 있어 부담부분은 유상계약의 특성이 있으므로 그 범위에서 담보책임이 적용된다.

제561조(부담부증여) 상대부담 있는 증여에 대하여는 본절의 규정 외에 쌍무계약에 관한 규정을 적용한다.

제562조(사인증여) 증여자의 사망으로 인하여 효력이 생길 증여에는 유증에 관한 규정을 준용한다.

1. 증여는 낙성계약이므로 비록 문서로 계약하지 않았더라도 구속력이 발생하므로 법정해제 사유가 없으면 해제하지 못한다.[1]

2. 증여는 무상계약이므로 담보책임이 적용될 여지는 없다.[2]

3. 수증자가 증여자의 배우자에 대해 범죄행위를 한 경우 계약을 해제하고 이미 증여한 것에 대하여도 반환을 청구할 수 있다.[3]

---

1) X : 증여의 의사가 서면으로 표시되지 아니한 경우 당사자는 언제든지 해제할 수 있다.
2) X : 부담부증여는 부담부분에 관하여 담보책임이 적용되고, 나아가 쌍무계약의 규정도 적용된다.
3) X : 이미 이행한 부분에 대하여는 영향을 미치지 않는다.

I. 매매[1]

1. 개념

매매는 대표적인 낙성, 불요식계약이며 민법의 꽃이다. 매매의 규정은 계약의 성질상 예외를 제외하고는 다른 유상계약에도 그대로 적용된다[2]. 매매의 목적물은 '물건'이 아니라 '재산권'이다. 즉 매매는 한쪽 채무가 금전지급으로 이루어진 권리거래이다.

2. 목적물

매매의 목적물은 반드시 현존해야 하는 것은 아니다. 이행기까지 존재하면 되므로 아직 완공되지 않은 아파트의 거래도 가능하다.

타인권리도 매매할 수 있다(남의 집을 내가 매매하는 계약이 가능하다는 의미이다. 계약 자체의 문제와 계약의 이행을 구별할 필요가 있다.)[3]. 이행기까지 그 권리를 취득해 채무를 이행하면 되기 때문이다. 만약 이를 이행하지 못하면 담보책임이나 채무불이행으로 처리될 뿐 계약 자체가 불가능한 것이 아니다.

---

1) 제563조(매매의 의의) 매매는 당사자 일방이 재산권을 상대방에게 이전할 것을 약정하고 상대방이 그 대금을 지급할 것을 약정함으로써 그 효력이 생긴다.
　제568조(매매의 효력) ① 매도인은 매수인에 대하여 매매의 목적이 된 권리를 이전 하여야 하며 매수인은 매도인에게 그 대금을 지급 하여야 한다. ② 전항의 쌍방의무는 특별한 약정이나 관습이 없으면 동시에 이행 하여야 한다.
2) 제567조(유상계약에의 준용) 본절의 규정은 매매 이외의 유상계약에 준용한다. 그러나 그 계약의 성질이 이를 허용하지 아니하는 때에는 그러하지 아니하다.
3) 제569조(타인의 권리의 매매) 매매의 목적이 된 권리가 타인에게 속한 경우에는 매도인은 그 권리를 취득하여 매수인에게 이전 하여야 한다.

3. 비용 분담

매매계약에 관한 비용은 당사자가 합의하면 된다. 다만 합의가 없거나 대립이 있을 때는 쌍방이 균분(동일한 비율)하여 부담한다[4]. 매매계약에 관한 비용이 아니라 채무를 이행하는데 필요한 변제비용은 채무자가 부담한다.

4. 동일기한의 추정

당사자 일방에 대한 의무이행의 기한이 있는 때에는 상대방의 의무이행에 대하여도 동일한 기한이 있는 것으로 추정한다[5].

5. 대금지급 장소

금전지급 장소에 대한 민법의 원칙은 채권자 주소지이다. 즉, 돈을 지급해야 하는 채무자는 채권자가 있는 곳으로 이동하여 지급해야 하는 것이 원칙이다. 채권자에게 가서 지급하는 채무를 '지참채무'라 한다. 민사소송을 제기하는 경우 관할법원을 정하는데도 매우 유용한데, 원칙적으로 피고 주소지를 소송관할로 정하고 있으나 금전지급의 경우는 지참채무이고 변제 장소에도 관할이 인정되므로 채권자는 자신의 주소지 관할 법원에 금전지급 청구소송을 제기할 수 있다.

이러한 지참채무의 예외에 해당하는 규정이 매매에 있는데, 이에 따르면 매매 목적물의 인도와 동시에 대금을 지급하는 경우에는 그 인도장소에서 매매대금을 지급하는 것으로 규정되어 있다[6].

6. 과실의 귀속, 대금의 이자

---

4) 제566조(매매계약의 비용의 부담) 매매계약에 관한 비용은 당사자 쌍방이 균분하여 부담한다.
5) 제585조(동일기한의 추정) 매매의 당사자 일방에 대한 의무이행의 기한이 있는 때에는 상대방의 의무이행에 대하여도 동일한 기한이 있는 것으로 추정한다.
6) 제586조(대금지급장소) 매매의 목적물의 인도와 동시에 대금을 지급할 경우에는 그 인도장소에서 이를 지급하여야 한다.

매매계약이 있은 후에도 인도하지 아니한 목적물로부터 생긴 과실은 매도인이 갖는다[7]. 여기서 과실은 열매를 말하는데 대표적인 법정과실은 임대수입이다. 즉, 이미 주택을 매도한 경우라도 매수인이 대금을 지급하기 전에는 주택의 임대수입을 매도인이 취해도 된다는 의미이다.

그런데 이미 매도인이 주택을 매수인에게 넘겨준 경우(인도)에는 임대수입을 취할 수 없으므로 이 경우에는 매매대금의 이자를 법정과실로 보아 매도인에게 지급하도록 규정되어 있다[8]. 부동산매매에 있어 임대수입과 대금의 이자는 서로 대칭관계에 있는 것이다.

7. 대금지급거절권[9]

II. 예약

1. 개념

예약은 본계약을 체결하는 것을 약속하는 계약을 말한다. 예약 자체도 법적 의미 있는 합의이므로 일반적 형태의 계약이지만 그 내용이 본계약을 체결한다는 특징이 있다. 따라서 예약에 의한 합의의 효과로 본계약을 체결해야 하는 구속에 놓이게 된다. 그 구속을 구체화하는 것을 예약완결이라 하고 어느 일방에게 예약완결 권한이 있는 경우 그 예약완결권은 형성권이 된다.

---

7) 제587조(과실의 귀속, 대금의 이자) 매매계약 있은 후에도 인도하지 아니한 목적물로부터 생긴 과실은 매도인에게 속한다. 매수인은 목적물의 인도를 받은 날로부터 대금의 이자를 지급하여야 한다. 그러나 대금의 지급에 대하여 기한이 있는 때에는 그러하지 아니하다.

8) 제587조(과실의 귀속, 대금의 이자) 매매계약 있은 후에도 인도하지 아니한 목적물로부터 생긴 과실은 매도인에게 속한다. 매수인은 목적물의 인도를 받은 날로부터 대금의 이자를 지급하여야 한다. 그러나 대금의 지급에 대하여 기한이 있는 때에는 그러하지 아니하다.

9) 제588조(권리주장자가 있는 경우와 대금지급거절권) 매매의 목적물에 대하여 권리를 주장하는 자가 있는 경우에 매수인이 매수한 권리의 전부나 일부를 잃을 염려가 있는 때에는 매수인은 그 위험의 한도에서 대금의 전부나 일부의 지급을 거절할 수 있다. 그러나 매도인이 상당한 담보를 제공한 때에는 그러하지 아니하다.
제589조(대금공탁청구권) 전조의 경우에 매도인은 매수인에 대하여 대금의 공탁을 청구할 수 있다.

2. 성질

예약도 하나의 법적합의이므로 계약법의 일반원칙에 따른다. 예약을 하면 본계약을 해야 하는 의무를 부담한다. 따라서 예약은 상대방의 계약거절을 방지하는 기능이 있다. 다만 근래에는 채권담보의 수단으로 활용되는 경우가 더 많다.

예약은 본계약 체결이라는 행위요구권을 발생시키는 계약이므로 그 특성상 반드시 채권계약이 된다.

3. 예약완결권

예약의 취지에 따라 본계약 체결을 강제하는 것을 예약완결이라 한다. 예약이 완결된다는 것은 예약의 취지에 따라 매매가 성립한다는 의미이다. 예약을 완결할 권리를 한쪽이 갖는 것을 일방예약, 쌍방이 모두 갖는 것을 쌍방예약이라 한다. 우리민법은 일방예약을 원칙으로 규정하고 있다[10].

예약을 완결하는 권리를 '예약완결권'이라 한다. 예약완결권을 행사하면 즉시 본계약이 체결(예약의 완결)되므로 예약완결권은 형성권이다. 예약완결권 행사 즉시 본계약의 이행을 청구할 수 있다. 부동산물권을 이전할 본계약의 예약완결권은 가등기할 수 있다.

완결권은 별도 약정이 없으면 10년의 제척기간이 적용된다. 제척기간은 법이 직권으로 고려할 수 있는데, 본계약의 의무가 이미 불능이 된 경우에는 행사할 예약완결의 대상이 없게 된다.

---

10) 제564조(매매의 일방예약) ① 매매의 일방예약은 상대방이 매매를 완결할 의사를 표시하는 때에 매매의 효력이 생긴다. ② 전항의 의사표시의 기간을 정하지 아니한 때에는 예약자는 상당한 기간을 정하여 매매완결여부의 확답을 상대방에게 최고할 수 있다. ③ 예약자가 전항의 기간 내에 확답을 받지 못한 때에는 예약은 그 효력을 잃는다.

　담보책임은 유상계약의 대표적 특징으로 매매에 규정하고 다른 유상계약에 준용하는 구조로 되어 있다. 이미 성립된 계약이 이행되었는데 나중에 목적물의 하자나 흠결이 발생된 경우, 채무자의 잘못이 있다면 채무불이행으로 처리하면 되는데 채무자가 무과실인 경우 이를 해결할 방법이 없다. 그렇다고 매수인에게 이를 떠안으라고 강요하는 것은 공평하지 않다. 따라서 민법은 공평과 과실 책임을 조화하기 위해 하자나 흠결의 경우를 나눠서 채무자에게 무과실책임을 일부 부담시키는 규정을 방대하게(민법 제568조~제584조) 두고 있는데, 이것이 담보책임이다 (무과실, 법정책임). 표를 정리하는 것으로 설명을 갈음한다.

조문	내용	매수인	담보책임				제척기간
			대금감액청구권	손해배상청구권	계약해제권	완전물급부청구권	
570	권리전부가 타인에게 속한 경우	선		○	○		
		악			○		
572	권리의 일부가 타인에게 속한 경우	선	○	○	○		1년 (선의: 안 날부터 악의: 법률행위 시부터)
		악	○				
574	수량부족, 일부멸실	선	○	○	○		
		악					
575	제한물권 있는 경우	선		○	○		
		악					
576	저당권, 전세권의 행사	선		○	○		
		악		○	○		
580	특정물 하자담보책임	선		○	○		6개월
		악					
581	종류물 하자담보책임	선		○	○	○	
		악					

IV. 환매(환매권 유보부 매매)

1. 개념

환매란 매매계약 당시 특약으로 매도인이 다시 매매목적물을 살 수 있는 권리(환매권)를 정하고, 그 기간 안에 환매권을 행사하여 목적물을 다시 사는 것을 말한다. 이러한 환매권을 특약으로 정한 매매를 환매권유보부 매매라고 한다[11]. 환매특약은 반드시 매매계약과 동시에 해야 한다. 다른 계약이나 별도의 특약으로 부동산을 다시 사들일 수는 있으나 이는 재매매 약정이지 환매는 아니다.

환매특약은 매매계약의 종된 계약이므로 매매계약이 해소되면 환매특약도 소멸한다. 환매권은 형성권이며 그 행사는 단독행위이다.

2. 기간제한

환매권 행사기간을 무한히 하면 법률관계가 안정되지 않는다. 그래서 우리민법은 환매권 행사기간의 상한을 규정하고 있는데, 부동산은 5년 동산은 3년이다. 이를 초과할 수 없고, 연장할 수도 없다. 기간을 정하지 않은 경우 위 기간으로 한다[12].

3. 비용부담[13]

---

11) 제590조(환매의 의의) ① 매도인이 매매계약과 동시에 환매할 권리를 보류한 때에는 그 영수한 대금 및 매수인이 부담한 매매비용을 반환하고 그 목적물을 환매할 수 있다. ② 전항의 환매대금에 관하여 특별한 약정이 있으면 그 약정에 의한다. ③ 전2항의 경우에 목적물의 과실과 대금의 이자는 특별한 약정이 없으면 이를 상계한 것으로 본다.

12) 제591조(환매기간) ① 환매기간은 부동산은 5년, 동산은 3년을 넘지 못한다. 약정기간이 이를 넘는 때에는 부동산은 5년, 동산은 3년으로 단축한다. ② 환매기간을 정한 때에는 다시 이를 연장하지 못한다. ③ 환매기간을 정하지 아니한 때에는 그 기간은 부동산은 5년, 동산은 3년으로 한다.

13) 제594조(환매의 실행) ① 매도인은 기간 내에 대금과 매매비용을 매수인에게 제공하지 아니하면 환매할 권리를 잃는다. ② 매수인이나 전득자가 목적물에 대하여 비용을 지출한 때에는 매도인은 제203조(점유자의 상환청구권)의 규정에 의하여 이를 상환하여야 한다. 그러나 유익비에 대하여는 법원은 매도인의 청구에 의하여 상당한 상환기간을 허여할 수 있다.

다른 약정이 없으면 환매권자는 매수인이 부담한 매매대금과 매매에 투입된 비용을 반환하고 환매할 수 있다. 이러한 대금과 비용을 기간 내에 제공하지 않으면 환매권을 상실한다.

목적물의 과실(임차수입 등 법정열매)과 대금의 이자는 상계한 것으로 본다. 매수인이나 전득자가 목적물에 지출한 비용이 있으면 매도인은 이를 상환해야 한다.

4. 등기

부동산매매에서 환매특약은 등기할 수 있고, 등기로 공시하면 제3자에 대하여도 효력이 있으므로 목적물의 전득자에게도 환매권을 행사할 수 있다[14].

5. 환매권의 대위행사

환매권은 양도성과 재산적 가치가 있기 때문에 환매권자의 채권자는 이를 대위 행사할 수 있다[15].

---

14) 제592조(환매등기) 매매의 목적물이 부동산인 경우에 매매등기와 동시에 환매권의 보류를 등기한 때에는 제3자에 대하여 그 효력이 있다.
15) 제593조(환매권의 대위행사와 매수인의 권리) 매도인의 채권자가 매도인을 대위하여 환매하고자 하는 때에는 매수인은 법원이 선정한 감정인의 평가액에서 매도인이 반환할 금액을 공제한 잔액으로 매도인의 채무를 변제하고 잉여액이 있으면 이를 매도인에게 지급하여 환매권을 소멸시킬 수 있다.

1. 매매는 당사자 일방이 물건을 상대방에게 이전하고 상대방이 그 대금을 지급하는 내용의 계약이다. [1]

2. 타인의 권리는 매매대상이 될 수 없다. [2]

3. 매매에 소요되는 비용과 채무이행 비용은 당사자가 같은 비율로 분담한다. [3]

4. 예약은 반드시 채권계약이 된다. [4]

5. 예약완결권은 청구권이다. [5]

6. 환매권자는 매수인이 부담한 매매대금과 매매비용을 반환하고 환매할 수 있다. [6]

7. 매매계약이 있은 후에도 매도인은 보유하고 있는 목적물의 임대수입을 취할 수 있다. [7]

8. 담보책임은 법정책임이므로 당사자가 이를 배제하는 약정을 할 수 없다. [8]

9. 매도인의 담보책임은 무과실책임이다. [9]

10. 환매특약은 반드시 매매계약 당시에 매매계약과 동시에 해야 한다. [10]

11. 환매권자의 채권자는 환매권을 대위행사 할 수 있다. [11]

12. 담보책임은 쌍무계약의 대표적인 성격이다. [12]

13. 매매 목적물의 인도와 동시에 대금을 지급하는 경우에는 그 인도장소에서 매매대금을 지급한다. [13]

---

1) X : 매매에서 매도인은 물건이 아닌 '재산권'을 매도한다. 재산권이란 물권과 채권을 말한다. 소유권과 같은 물권을 팔기도 하고, 채권의 매매도 가능하다. 매매는 재산권의 처분행위이다.

2) X : 타인권리도 매매가 가능하다. 계약체결과 계약의 이행은 구별된다. 이행을 못하면 담보책임이나 채무불이행책임으로 처리될 뿐 계약 자체가 불가능한 것은 아니다.

3) X : 매매비용은 균분하지만 변제비용은 변제자가 부담한다.

4) O : 본계약 체결이라는 행위청구권이 발생하는 합의이므로 반드시 채권(행위청구권)계약이 된다.

5) X : 형성권이다. 예약완결권을 행사하면 즉시 본계약 체결이라는 법률효과가 발생한다.

6) O

7) O : 단, 목적물을 인도했다면 임대수입은 얻지 못하지만 매수인으로부터 매매대금의 이자를 받을 수 있다. 결국 매매목적물의 열매(임대수입 등 법정과실 포함)와 매매대금의 이자는 대가관계에 있는 것이다.

8) X : 담보책임은 임의규정으로서 당사자가 이를 배제하는 다른 특약을 할 수 있다.

9) O : 채무자의 고의나 과실을 요건으로 하는 채무불이행책임과 달리 담보책임은 법이 정한 무과실책임이다. 따라서 각 경우에 따라 공평에 부합하도록 다양한 경우를 규정해 두고 있다.

10) O : 다른 약정으로 부동산을 회수하면 이는 재매매예약일 뿐 환매는 아니다.

11) O

12) X : 유상계약의 대표적인 성격이다. 유상계약 중 쌍무계약이 아닌 경우도 있으므로(현상광고) 쌍무계약이 담보책임의 성격이라는 표현은 정확하지 않다.

13) O

I. 개요

남의 물건을 사용하는 권리(용익)는 계약처럼 채권계약으로 하는 경우가 있고, 지배권인 물권으로서 하는 경우가 있다. 채권은 행위청구권이므로 임차인은 물건을 직접 지배하지 못하고 임대인에게 물건을 사용할 수 있도록 배려(행위)해 달라고 요청해야 한다. 물권은 소유자마저 배제하고 직접 물건을 지배한다는 점에서 채권과 본질적인 차이가 있다. 채권적 방법의 대표는 임대차이다. 대표적인 용익물권은 전세권, 지상권, 지역권이다.

한편 용익대상물에 대한 차이가 있다.

임대차의 대상물은 물건(동산, 부동산)이다. 부동산 중 특정 건물에 대해서만 성립하는 임대차가 있다. 즉, 임대차와 특별관계인 주택임대차와 상가건물임대차가 그것이다. 결국 임대차에 적용 범위는 주택과 상가건물을 제외한 나머지 물건(토지, 공장, 창고, 동산 등)만 남게 되었다.

용익관계			
방식	종류	대상물	비고
채권 (계약)	민법상 임대차	주택과 상가를 제외한 나머지 물건(나머지 부동산과 동산)	물권화된 임대차
	주택임대차	주택	
	상가건물임대차	상가	
물권	전세권	부동산(토지, 건물)	
	지상권	토지	
	지역권	토지	

민법상 임대차는 채권(특정한 사람에게만 행위를 요구할 수 있는 권리)이므로 임차인이 보호되지 못하는 한계가 있다. 특히 주택과 상가의 임차인은 임대인이 변경되는 경우 보증금을 떼이

거나 기간 보장을 못 받고 쫓겨나는 경우가 많았다. 상가의 경우는 권리금이나 인테리어 비용을 투입하고도 이를 회수하기 전에 임대 기간이 종료되는 문제도 발생하였다. 이로 인해 주택과 상가는 평등의 원칙을 기본으로 하는 민법에서 벗어나, 불평등을 솔직하게 인정하고 임차인을 약자로 간주해 특별히 보호하는 취지의 특별법을 제정하게 된 것이다. 이렇게 특별법으로 빠져나온 부분으로 인해 기존 민법상 임대차는 일부의 대상물에만 적용되거나 특별법이 규정하지 않은 내용을 보충하는 역할에 집중하고 있다.

II. 민법상 임대차의 개념[1]

임대 목적물은 물건(동산과 부동산)이며 물건의 일부도 임대차의 목적이 될 수 있다. 임대차는 채권계약이므로 임대인이 반드시 목적물의 처분권을 가질 필요는 없으며, 인적요소가 강해 임차권의 처분은 원칙적으로 금지된다.

임대차는 유상계약으로서 반드시 차임(반드시 돈이라야 하는 것은 아니다)지급이 있어야 한다. 차임지급이 없는 임대차는 '사용대차'이다.

III. 임대차 기간

1. 존속 기간

임대차 존속기간의 제한이 없어 장기임대도 가능하다. 기간을 약정하지 않고 임대차계약을 체결할 수도 있다. 기간 없는 임대차는 당사자가 언제든 계약의 해지통고를 할 수 있는데, 부동

---

1) 제618조(임대차의 의의) 임대차는 당사자 일방이 상대방에게 목적물을 사용, 수익하게 할 것을 약정하고 상대방이 이에 대하여 차임을 지급할 것을 약정함으로써 그 효력이 생긴다.
제621조(임대차의 등기) ① 부동산임차인은 당사자 간에 반대약정이 없으면 임대인에 대하여 그 임대차등기절차에 협력할 것을 청구할 수 있다. ② 부동산임대차를 등기한 때에는 그때부터 제3자에 대하여 효력이 생긴다.

산의 경우 임대인이 해지통고를 하면 6개월, 임차인이 해지 통고하면 1월이 지나면 해지의 효력이 생긴다(동산은 각 당사자 모두 5일이다.)[2]. 이 경우 적법한 전차인이 있다면 임대인은 전차인에게 그 사유를 통지해야 전차인에게 대항할 수 있다. 해지통고에 대한 규정은 편면적 강행규정으로서 임차인에게 불리한 약정은 임차인이 합의하였더라도 번복할 수 있다.

2. 묵시의 갱신(법정갱신)[3]

임대차기간이 만료한 후 임차인이 목적물을 사용, 수익을 계속하고 있는데도 임대인이 상당한 기간 내에 이의를 하지 아니하면 전임대차와 동일한 조건으로 임차한 것으로 본다. 다만 기간 약정 없는 임대차로 간주하여 해지통고 규정이 적용된다.

IV. 임대차 효력

1. 임차인의 의무

가. 차임지급 의무

차임은 임대차계약의 핵심요소이다. 임차인이 2기(2번 연체가 아니라 차임 누적액이 2기분에 달한다는 의미이며, 연속연체일 필요도 없다.)에 해당하는 차임을 지급하지 않는 경우 임대인은

---

2) 제635조(기간의 약정 없는 임대차의 해지통고) ① 임대차기간의 약정이 없는 때에는 당사자는 언제든지 계약해지의 통고를 할 수 있다. ② 상대방이 전항의 통고를 받은 날로부터 다음 각호의 기간이 경과하면 해지의 효력이 생긴다.
   1. 토지, 건물 기타 공작물에 대하여는 임대인이 해지를 통고한 경우에는 6개월, 임차인이 해지를 통고한 경우에는 1월
   2. 동산에 대하여는 5일
   제636조(기간의 약정 있는 임대차의 해지통고) 임대차기간의 약정이 있는 경우에도 당사자일방 또는 쌍방이 그 기간 내에 해지할 권리를 보류한 때에는 전조의 규정을 준용한다.
3) 제639조(묵시의 갱신) ① 임대차기간이 만료한 후 임차인이 임차물의 사용, 수익을 계속하는 경우에 임대인이 상당한 기간 내에 이의를 하지 아니한 때에는 전임대차와 동일한 조건으로 다시 임대차한 것으로 본다. 그러나 당사자는 제635조의 규정에 의하여 해지의 통고를 할 수 있다. ② 전항의 경우에 전임대차에 대하여 제3자가 제공한 담보는 기간의 만료로 인하여 소멸한다.

즉시 임대차 계약을 해지할 수 있다[4]. 이렇게 차임 미지급으로 임대차가 해지되면 임차인이 해지 시 갖는 각종 권리(부속물매수청구권, 계약갱신 청구권과 지상물매수청구권)가 강행규정에 해당하더라도 모두 잃는다. 차임지급 의무는 임대차 계약의 본질적 내용에 해당하므로, 이를 위반할 경우 유효한 계약을 전제로 부여하였던 강행규정상 보호도 사라지는 것이다. 달리 말하면, 임차인은 임대차계약상 본질적 의무인 차임지급의무를 충실히 하는 이상 여러 강행규정으로 보호 받을 수 있다는 의미가 된다.

토지임대인이 변제기를 경과한 최후 2년의 차임채권에 의하여 그 지상에 있는 임차인 소유 건물을 압류한 때는 저당권과 동일한 효력이 있다(법정저당권)[5].

임차인은 임차물의 일부가 과실 없이 사용이 곤란해진 경우 그 비율에 의한 차임 감액을 청구할 수 있고[6], 각 당사자는 경제 사정 변동 등으로 차임이 현실적이지 않은 경우 상대방에 대해 증액 또는 감액을 청구할 수 있다[7]. 차임증감 청구권은 편면적 강행규정으로 임차인에게 불리한 합의는 무효이다.

나. 임차물 보존 의무

임대목적물을 훼손하지 않고 사용한 후 원상회복하여 반환해야 한다. 임대인이 목적물의 보존행위를 할 경우 임차인은 이를 거절하지 못한다.

---

4) 제640조(차임연체와 해지) 건물 기타 공작물의 임대차에는 임차인의 차임연체액이 2기의 차임액에 달하는 때에는 임대인은 계약을 해지할 수 있다.
5) 제649조(임차지상의 건물에 대한 법정저당권) 토지임대인이 변제기를 경과한 최후 2년의 차임채권에 의하여 그 지상에 있는 임차인소유의 건물을 압류한 때에는 저당권과 동일한 효력이 있다.
6) 제627조(일부멸실 등과 감액청구, 해지권) ① 임차물의 일부가 임차인의 과실 없이 멸실 기타 사유로 인하여 사용, 수익할 수 없는 때에는 임차인은 그 부분의 비율에 의한 차임의 감액을 청구할 수 있다. ② 전항의 경우에 그 잔존부분으로 임차의 목적을 달성할 수 없는 때에는 임차인은 계약을 해지할 수 있다.
7) 제628조(차임증감청구권) 임대물에 대한 공과부담의 증감 기타 경제사정의 변동으로 인하여 약정한 차임이 상당하지 아니하게 된 때에는 당사자는 장래에 대한 차임의 증감을 청구할 수 있다.

다. 무단양도, 무단전대 금지[8]

2. 임대인의 의무

임차인이 임대물을 사용, 수익할 수 있도록 목적물 인도, 수선(사소한 것은 제외), 방해제거 등을 해 줘야 한다. 임차권은 채권이므로 임대인에게 임차목적 달성을 위한 행위를 청구할 수 있는 것이다. 임대인이 이러한 의무를 위반해 임차인이 목적물을 사용할 수 없을 정도가 되면 임차인은 계약을 해지할 수 있다[9]. 임대인의 이러한 의무는 임대차 계약의 본질적 의무이므로 이를 위반할 경우 임대차계약을 유지할 근거가 사라지기 때문에 임차인에게 계약에서 벗어날 권리를 주는 것이다.

특히 임대인은 임차인이 지출한 필요비(통상의 용도보존을 위한 비용, 임대차 종료와 무관하게 즉시 청구 가능)와 유익비(가치증가 비용, 임대차가 종료한 경우 가액증가가 현존할 때 지출비용 또는 증가액 중 임대인이 선택)를 반환할 의무가 있다[10]. 임차인은 위 비용을 6개월 이내에 청구할 수 있으며 비용을 지급받을 때까지 임차물을 점유하여 유치권을 행사할 수 있다. 금액이 높은 경우가 많은 유익비의 경우 법원이 지급기한을 연장해 줄 수 있는데 이때는 유치권 성립도 유보된다.

임차인의 비용상환청구권에 관한 규정은 임의규정이므로 특약으로 이를 포기할 수 있다. 이와 관련하여 일반적으로 사용하는 부동산 임대차계약서에는 임대차 종료 시 임차인의 '원상회복' 의무가 포함되어 있는데, 이러한 원상회복 조항이 곧 비용상환청구권의 포기이다. 비용상환청구권이 배제되면 이에 근거한 유치권도 배제된다.

---

8) 제629조(임차권의 양도, 전대의 제한) ① 임차인은 임대인의 동의 없이 그 권리를 양도하거나 임차물을 전대하지 못한다. ② 임차인이 전항의 규정에 위반한 때에는 임대인은 계약을 해지할 수 있다.

9) 제625조(임차인의 의사에 반하는 보존행위와 해지권) 임대인이 임차인의 의사에 반하여 보존행위를 하는 경우에 임차인이 이로 인하여 임차의 목적을 달성할 수 없는 때에는 계약을 해지할 수 있다.

10) 제626조(임차인의 상환청구권) ① 임차인이 임차물의 보존에 관한 필요비를 지출한 때에는 임대인에 대하여 그 상환을 청구할 수 있다. ② 임차인이 유익비를 지출한 경우에는 임대인은 임대차 종료 시에 그 가액의 증가가 현존한 때에 한하여 임차인의 지출한 금액이나 그 증가액을 상환하여야 한다. 이 경우에 법원은 임대인의 청구에 의하여 상당한 상환기간을 허여할 수 있다.

3. 건물 임차인의 부속물매수청구권 - 강행규정

건물 기타 공작물의 임차인이 그 사용의 편익을 위하여 임대인의 동의를 얻어 이에 부속한 물건이 있는 때에는 임대차의 종료 시에 임대인에 대하여 그 부속물의 매수를 청구할 수 있다[11]. 임대인으로부터 매수한 부속물도 마찬가지다. 이는 강행규정이지만 임차인이 차임미지급으로 해지되는 경우에는 배제된다.

4. 토지 임차인의 지상물매수청구권 - 강행규정(지상권 준용)

건물 기타 공작물의 소유 또는 식목, 채염, 목축을 목적으로 한 토지임대차의 기간이 만료한 경우에 건물, 수목 기타 지상시설이 현존한 때에는 임차인은 계약갱신청구권을 행사할 수 있고 거절당했을 때는 지상물매수청구권을 행사할 수 있다[12]. 이는 강행규정이지만 임차인에게 불리하지 않은 경우에는 포기할 수 있다. 차임지연으로 인한 해지 시에는 계약갱신청구권이 없으므로 지상물매수청구권도 성립하지 않는다.

---

11) 제646조(임차인의 부속물매수청구권) ① 건물 기타 공작물의 임차인이 그 사용의 편익을 위하여 임대인의 동의를 얻어 이에 부속한 물건이 있는 때에는 임대차의 종료 시에 임대인에 대하여 그 부속물의 매수를 청구할 수 있다. ② 임대인으로부터 매수한 부속물에 대하여도 전항과 같다.
　　제647조(전차인의 부속물매수청구권) ① 건물 기타 공작물의 임차인이 적법하게 전대한 경우에 전차인이 그 사용의 편익을 위하여 임대인의 동의를 얻어 이에 부속한 물건이 있는 때에는 전대차의 종료 시에 임대인에 대하여 그 부속물의 매수를 청구할 수 있다. ② 임대인으로부터 매수하였거나 그 동의를 얻어 임차인으로부터 매수한 부속물에 대하여도 전항과 같다.
12) 제643조(임차인의 갱신청구권, 매수청구권) 건물 기타 공작물의 소유 또는 식목, 채염, 목축을 목적으로 한 토지임대차의 기간이 만료한 경우에 건물, 수목 기타 지상시설이 현존한 때에는 제283조의 규정을 준용한다.
　　제283조(지상권자의 갱신청구권, 매수청구권) ① 지상권이 소멸한 경우에 건물 기타 공작물이나 수목이 현존한 때에는 지상권자는 계약의 갱신을 청구할 수 있다. ② 지상권설정자가 계약의 갱신을 원하지 아니하는 때에는 지상권자는 상당한 가액으로 전항의 공작물이나 수목의 매수를 청구할 수 있다.
　　제644조(전차인의 임대청구권, 매수청구권) ① 건물 기타 공작물의 소유 또는 식목, 채염, 목축을 목적으로 한 토지임차인이 적법하게 그 토지를 전대한 경우에 임대차 및 전대차의 기간이 동시에 만료되고 건물, 수목 기타 지상시설이 현존한 때에는 전차인은 임대인에 대하여 전전대차와 동일한 조건으로 임대할 것을 청구할 수 있다. ② 전항의 경우에 임대인이 임대할 것을 원하지 아니하는 때에는 제283조 제2항의 규정을 준용한다.

해지권자	즉시해지사유	근거
임대인	무단양도, 무단전대	제629조[13]
	용법에 맞지 않는 목적물 사용	채무불이행책임
	임차인 파산으로 인한 해지통고	제637조[14]
	차임지연에 의한 해지	제640조[15]
임차인	임차인 의사에 반하는 보존행위로 목적달성 불가능	제625조[16]
	목적물 일부 또는 전부멸실	제627조 제2항[17]

V. 전대차

전대는 임차인이 다시 목적물을 임대하는 것이다. 무단전대는 임대차 해지사유이며 전차인은 목적물의 불법점유자가 되고, 임대인은 퇴거청구를 하거나 임차인과의 임대계약을 해지할 수 있다. 그 이외에 임대인의 동의 없는 전대차는 특별히 임대차에서 논할 법률관계가 없다. 따라서 여기서는 임대인의 동의 있는 합법전대차에 대해 설명한다[18].

편의상 임대인과 임차인 사이 계약을 임대계약, 임차인과 전차인 사이 계약을 전차계약이라 한다. 결국 임차인은 임대인의 관계에서는 임차인, 전차인과 관계에서는 전대인이 된다.

---

13) 제629조(임차권의 양도, 전대의 제한) ① 임차인은 임대인의 동의 없이 그 권리를 양도하거나 임차물을 전대하지 못한다. ② 임차인이 전항의 규정에 위반한 때에는 임대인은 계약을 해지할 수 있다.

14) 제637조(임차인의 파산과 해지통고) ① 임차인이 파산선고를 받은 경우에는 임대차기간의 약정이 있는 때에도 임대인 또는 파산관재인은 제635조의 규정에 의하여 계약해지의 통고를 할 수 있다. ② 전항의 경우에 각 당사자는 상대방에 대하여 계약해지로 인하여 생긴 손해의 배상을 청구하지 못한다.

15) 제640조(차임연체와 해지) 건물 기타 공작물의 임대차에는 임차인의 차임연체액이 2기의 차임액에 달하는 때에는 임대인은 계약을 해지할 수 있다.

16) 제625조(임차인의 의사에 반하는 보존행위와 해지권) 임대인이 임차인의 의사에 반하여 보존행위를 하는 경우에 임차인이 이로 인하여 임차의 목적을 달성할 수 없는 때에는 계약을 해지할 수 있다.

17) 제627조(일부멸실 등과 감액청구, 해지권) ① 임차물의 일부가 임차인의 과실 없이 멸실 기타 사유로 인하여 사용, 수익할 수 없는 때에는 임차인은 그 부분의 비율에 의한 차임의 감액을 청구할 수 있다. ② 전항의 경우에 그 잔존부분으로 임차의 목적을 달성할 수 없는 때에는 임차인은 계약을 해지할 수 있다.

18) 제630조(전대의 효과) ① 임차인이 임대인의 동의를 얻어 임차물을 전대한 때에는 전차인은 직접 임대인에 대하여 의무를 부담한다. 이 경우에 전차인은 전대인에 대한 차임의 지급으로써 임대인에게 대항하지 못한다. ② 전항의 규정은 임대인의 임차인에 대한 권리행사에 영향을 미치지 아니한다.

1. 전차인의 지위

전차인은 임대인에게 직접 의무를 부담하므로 전차인은 전대인에게 차임을 지급했다는 이유로 임대인의 차임지급 요구에 대항할 수 없다. 목적물 보관의무 등 전대관계에서의 전대인의 의무를 임대인에게 직접 부담한다. 또한 임대관계와 전대관계가 동시에 종료한 경우 전차인은 목적물을 임대인에게 직접 반환해도 된다. 전차인이 임대인에 관해 부담한 의무만큼은 전대인에 대한 의무가 면제된다. 그런데 이렇게 전차인이 임대인에 관해 직접 의무를 부담한다고 해서 임대인과 사이에 직접 임대차 관계가 성립하는 것은 아니다.

2. 임차인(전대인)의 지위

전대관계 여부와 상관없이 임대관계는 기존과 같이 유효하다. 전차인의 고의, 과실로 목적물이 훼손된 경우 임차인은 임대인에게 이에 대한 책임을 진다. 다만 임대인이 동의하였으므로 전차인의 선임, 감독에 과실이 있는 경우에만 책임진다.

3. 전차인 보호

가. 전대차 유지

전대차는 임대차의 범위에서 성립하므로 원칙적으로 임대차가 종료되면 전대차도 종료된다. 그러나 동의를 받은 전차인 보호를 위해 임차인이 일방적으로 임차권을 포기하거나 임차인이 임대인과 합의하여 계약을 종료한 경우에는 전차인의 권리는 소멸하지 않는다[19].

나. 해지통고

---

19) 제631조(전차인의 권리의 확정) 임차인이 임대인의 동의를 얻어 임차물을 전대한 경우에는 임대인과 임차인의 합의로 계약을 종료한 때에도 전차인의 권리는 소멸하지 아니한다.

임대차가 해지 통고로 종료된 경우 임대인은 전차인에게 그 사유를 통지해야만 해지에 따른 법률효과를 전차인에게 주장할 수 있다. 이 통지를 받은 경우 부동산은 6개월, 동산은 5일이 지나야 전대차 해지효과가 발생한다. 예상치 못한 임대종료에 대해 대비할 수 있는 시간을 주기 위해 전차인에게 별도의 해지통고 절차를 거치는 취지다.

다. 지상물매수청구권과 부속물매수청구권 인정

VI. 일시사용을 위한 임대차(전대차)의 특례

일시사용을 위한 임대차란 여관방을 하루 빌려 쓰는 것처럼 민법상 임대차 규정을 그대로 적용하기 곤란한 임대차를 말한다. 민법상 임대차는 비교적 장기임대를 전제로 규정되어 있기 때문이다. 따라서 그 성격상 일시사용 임대차에 적합하지 않은 규정은 적용을 배제하며, 그 내용은 다음과 같다.

① 차임증감청구권(제628조)
② 해지통고의 전차인에 대한 통지(제638조)
③ 차임지체에 의한 해지(제640조)
④ 임차인의 부속물매수청구권(제646조)
⑤ 전차인의 부속물매수청구권(제647조)

VII. 형성권

토지임차인의 지상물매수청구권, 건물임차인의 부속물매수청구권, 임대인의 차임증액청구권, 임차인의 차임감액청구권은 형성권이다. 일방의 행사로 법률효과가 발생한다.

주의할 것은, 지상물매수청구권의 전제가 되는 계약갱신청구권은 형성권이 아니라는 것이다. 지상물매수청구권을 행사하기 위해서는 지상물이 현존한 상태에서 계약이 종료되는 경우 임차인이 먼저 계약갱신청구권을 행사하고 이를 거부당해야 한다. 계약갱신청구권이 거부당한다는 말 자체가 형성권이 아니라는 의미이다. 형성권은 일방의 의사표시로 즉시 법률효과가 발생하므로 상대의 동의도 필요 없고 당연히 거부라는 개념이 없다.

반면, 특별법인 주택임대차보호법과 상가건물임대차보호법상 계약갱신청구권은 4년(주택), 10년(상가)의 범위에서 임대인이 거부할 수 없으므로 이 범위에서 형성권의 성격을 갖는다.

1. 임대인이 차임을 증액하지 않겠다는 특약은 가능하지만, 임차인이 차임을 증액청구 할 수 없다는 특약은 임차인이 적극 동의하였더라도 무효이다. [1]

2. 토지임차인의 지상물매수청구권은 임차인이 이에 갈음하는 충분한 대가를 받는 조건으로 포기하는 것은 가능하다. [2]

3. 전대차는 임대차에 종속되므로 전대에 대해 임대인이 동의를 얻었더라도 임대계약이 합의해지되면 전대차도 자동 해지된다. [3]

4. 임차인이 필요비를 지출한 경우 임대차계약이 해지되어야 그 상환을 청구할 수 있다. [4]

5. 임차인의 부속물매수청구권은 임대차 종료 전에도 행사할 수 있다. [5]

6. 건물 소유를 목적으로 한 토지임대차의 기간이 만료된 경우 임차인은 즉시 지상물매수청구권을 행사할 수 있다. [6]

7. 가액증가가 현존하는 경우 임차인은 임대인에게 투입비용(유익비)과 증가액 중 하나를 선택해 청구할 수 있다. [7]

8. 임차인의 비용상환청구권은 강행규정이므로 임차인에게 불리한 특약은 무효이다. [8]

9. 토지임대차가 종료된 경우 지상물이 현존하면 임차인은 계약갱신청구권을 행사할 수 있는데 임대인은 이를 거절할 수 없다. [9]

---

1) O : 차임증감청구권은 편면적 강행규정으로서 임차인에게 불리한 특약은 무효이다.
2) O : 강행규정이지만 임차인에게 그에 대한 충분한 보상이 있는 경우 포기한 것이면 유효하다.
3) X : 동의 받은 전대인의 권리는 임차인의 임차권 포기 또는 임대인과 사이에 합의해지로도 박탈할 수 없다.
4) X : 필요비는 지출 즉시 청구할 수 있다.
5) X : 부속물매수청구권은 계약종료 시 행사할 수 있다.
6) X : 계약갱신청구권을 행사했는데 거절당했을 때 행사할 수 있다. 계약갱신청구권은 형성권이 아니므로 임대인이 거절할 수 있으나 지상물매수청구권은 형성권이므로 이에 대해 임대인은 거부할 수 없다. 매수대금은 청구권 행사 당시 시세이다.
7) X : 임대인에게 선택권이 있다. 즉, 임차인이 청구하지만 선택은 임대인이 한다.
8) X : 임의규정이므로 배제특약이 가능하다. 특히 원상복구의 특약이 있으면 이는 비용상환청구권 포기 특약으로 본다. 실무적으로는 배제되는 경우가 훨씬 많다. 중개업소 등에서 사용하는 표준계약서에 원상회복 의무가 부동문자로 인쇄되어 사용되기 때문이다.
9) X : 이 경우 계약갱신청구권은 형성권이 아니다. 임대인은 이를 거절할 수 있고, 이때 임차인은 지상물매수청구권을 갖는다. 지상물매수청구권은 형성권이므로 행사 즉시 지상물에 대한 매매계약이 체결된다.

10. 기간이 정해지지 않은 부동산임대차에서 임대인이 해지통고를 하면 1개월 뒤에 해지의 효력이 발생한다.[10]

---

10) X : 6개월 뒤에 발생한다. 임차인이 해지통고를 하면 1개월 뒤에 효력이 발생한다.

I. 개요

위임계약은 다른 사람에게 사무의 처리를 위탁하는 것을 내용으로 한다. 사무의 처리는 일정한 능력을 전제로 한다. 고용계약은 사람의 손발을 보완하는 성격이라 하면, 위임은 사람의 머리를 보완한다고 생각하면 비교가 될 것이다. 타인의 노동력을 목적으로 하는 고용계약은 내 부족한 손발을 확장하는 역할을 한다. 반면 위임은 타인의 전문성이나 사무처리 능력을 목적으로 한다. 그렇다 보니 위임계약은 고용과 다른 여러 특성이 나타나게 된다.

먼저, 위임계약은 무상계약이 원칙이다. 물론 유상계약을 하는 것은 금지되지 않으나(계약자유의 원칙) 본질은 무상계약이다. 왜냐하면 처음 위임계약은 사무처리 능력을 가진 사람이 그렇지 못한 사람을 선의로 돕는 개념이기 때문이다. 사무처리자(전문가 또는 능력자)는 자신의 선의에 대한 대가를 원하는 것이 아니라, 타인을 돕는다는 명예심이 보상인 것이다. 그 흔적이 민법에 남아 현재와 같이 기본구조는 무상계약이 된 것이다.

두 번째, 위임계약의 저변에 흐르는 가치는 '신뢰'이다. 위임받은 사람의 능력에 대한 위임인의 신뢰가 바탕이 되어야만 성립하고 존속할 수 있는 특성이 있다. 수임인의 사무처리의 효과는 전적으로 위임인이 받기 때문에 위임인의 입장에서는 믿지 못할 수임인에게 사무처리를 맡길 수도 없다. 따라서 신뢰만이 위임계약의 절대적인 연결고리라고 봐도 지나치지 않다. 그래서 수임인은 다른 사람에게 자신이 위임 받은 사무를 대신하게 할 수 없고, 어느 한쪽이 파산하거나 수임인에 대해 성년후견이 개시 되는 등 신뢰를 유지하기 어려운 상황이 발생하면 위임관계가 자동 종료된다. 심지어 이러한 이유가 아니더라도 양 당사자는 언제든 위임관계의 종료를 선언할 수 있다.

위임사무의 처리에 있어서는 수임인의 독자성이 보장된다. 일정한 보고의무 외에는 사무처리 방법과 내용에 관해 위임인의 통제를 받지 않는다. 수임인의 전문성에 의존하는 계약의 특성에서 기인하는 현상이다.

반면 고용계약은 유상계약이 원칙이며, 머리가 아닌 손발의 보완을 위한 계약이므로 고용된 자는 고용한 자의 구체적인 통제를 따르며 계약의 해지도 일정한 제한이 따른다.

위임계약이 체결되면 총칙상 대리관계가 형성된다. 즉, 위임계약 내부에 대리인선임 행위(단독행위)가 포함 되었다고 해석한다. 대리인 선임은 단독행위인 수권행위로 이루어지는 것이 원칙이지만 실무적으로는 이러한 위임계약을 통해 포괄하여 이루어지는 것이 일반이다. 위임계약으로 대리관계가 형성되는 경우 위임인은 총칙상 '본인', 수임인은 총칙상 '대리인'이 된다.

II. 규정

제680조(위임의 의의) 위임은 당사자 일방이 상대방에 대하여 사무의 처리를 위탁[1]하고 상대방이 이를 승낙함으로써 그 효력이 생긴다.

제681조(수임인의 선관의무) 수임인은 위임의 본지에 따라 선량한 관리자의 주의[2]로써 위임사무를 처리하여야 한다.

제682조(복임권의 제한) ① 수임인은 위임인의 승낙이나 부득이한 사유없이 제3자로 하여금 자기에 갈음하여 위임사무를 처리하게 하지 못한다[3]. ② 수임인이 전항의 규정에 의하여 제3자

---

1) 노무의 제공을 내용으로 하는 고용계약과 다르다.
2) 남의 일이기 때문.
3) 당초 수임인에 대한 신뢰를 기반으로 위임계약을 하였으므로 제3자에 사무위탁은 새로운 신뢰확인이 필요하다.

에게 위임사무를 처리하게 한 경우에는 제121조⁴⁾, 제123조⁵⁾의 규정을 준용한다.

　　제683조(수임인의 보고의무) 수임인은 위임인의 청구가 있는 때에는 위임사무의 처리상황을 보고하고 위임이 종료한 때에는 지체 없이 그 전말을 보고하여야 한다.

　　제684조(수임인의 취득물 등의 인도, 이전의무) ① 수임인은 위임사무의 처리로 인하여 받은 금전 기타의 물건 및 그 수취한 과실을 위임인에게 인도하여야 한다. ② 수임인이 위임인을 위하여 자기의 명의로 취득한 권리는 위임인에게 이전하여야 한다.

　　제685조(수임인의 금전소비의 책임) 수임인이 위임인에게 인도할 금전 또는 위임인의 이익을 위하여 사용할 금전을 자기를 위하여 소비한 때에는 소비한 날 이후의 이자를 지급하여야 하며 그 외의 손해가 있으면 배상하여야 한다.

　　제686조(수임인의 보수청구권) ① 수임인은 특별한 약정이 없으면⁶⁾ 위임인에 대하여 보수를 청구하지 못한다. ② 수임인이 보수를 받을 경우에는 위임사무를 완료한 후가 아니면 이를 청구하지 못한다. 그러나 기간으로 보수를 정한 때에는 그 기간이 경과한 후에 이를 청구할 수 있다. ③ 수임인이 위임사무를 처리하는 중에 수임인의 책임 없는 사유로 인하여 위임이 종료된 때에는 수임인은 이미 처리한 사무의 비율에 따른 보수를 청구할 수 있다.

　　제687조(수임인의 비용선급청구권) 위임사무의 처리에 비용을 요하는 때에는 위임인은 수임인의 청구에 의하여 이를 선급하여야 한다.

---

4) 제121조(임의대리인의 복대리인선임의 책임) ① 전조의 규정에 의하여 대리인이 복대리인을 선임한 때에는 본인에게 대하여 그 선임감독에 관한 책임이 있다. ② 대리인이 본인의 지명에 의하여 복대리인을 선임한 경우에는 그 부적임 또는 불성실함을 알고 본인에게 대한 통지나 그 해임을 태만한 때가 아니면 책임이 없다.
5) 제123조(복대리인의 권한) ① 복대리인은 그 권한 내에서 본인을 대리한다. ② 복대리인은 본인이나 제3삼자에 대하여 대리인과 동일한 권리의무가 있다.
6) 위임계약은 무상계약이 원칙이다. 다만 특약으로 유상으로 계약할 수 있다. 변호사선임 행위는 대표적인 위임계약이며 대부분 유상계약이다.

제688조(수임인의 비용상환청구권 등) ① 수임인이 위임사무의 처리에 관하여 필요비를 지출한 때에는 위임인에 대하여 지출한 날 이후의 이자를 청구할 수 있다. ② 수임인이 위임사무의 처리에 필요한 채무를 부담한 때에는 위임인에게 자기에 갈음하여 이를 변제하게 할 수 있고 그 채무가 변제기에 있지 아니한 때에는 상당한 담보를 제공하게 할 수 있다. ③ 수임인이 위임사무의 처리를 위하여 과실 없이 손해를 받은 때에는 위임인에 대하여 그 배상을 청구할 수 있다.

제689조(위임의 상호해지의 자유) ① 위임계약은 각 당사자가 언제든지 해지할 수 있다[7]. ② 당사자 일방이 부득이한 사유 없이 상대방의 불리한 시기에 계약을 해지한 때에는 그 손해를 배상하여야 한다.

제690조(사망·파산 등과 위임의 종료) 위임은 당사자 한쪽의 사망이나 파산으로 종료된다. 수임인[8]이 성년후견개시의 심판을 받은 경우에도 이와 같다.

제691조(위임종료 시의 긴급처리) 위임종료의 경우에 급박한 사정이 있는 때에는 수임인, 그 상속인이나 법정대리인은 위임인, 그 상속인이나 법정대리인이 위임사무를 처리할 수 있을 때까지 그 사무의 처리를 계속하여야 한다. 이 경우에는 위임의 존속과 동일한 효력이 있다.

제692조(위임종료의 대항요건) 위임종료의 사유는 이를 상대방에게 통지하거나 상대방이 이를 안 때가 아니면 이로써 상대방에게 대항하지 못한다.

---

7) 신뢰기반의 위임계약에 있는 특수한 해지사유이다.
8) 위임종료 사유 중 사망과 파산은 양 당사자에 해당하고, 성년후견개시는 수임인의 경우에 위임종료 사유가 된다. 위임인의 성년후견개시는 위임종료 사유가 아니라 오히려 위임관계가 더 필요하다고 볼 수도 있다.
   민법 제127조와 연결해서 위임관계 종료를 정리해 둘 필요가 있다. 민법 제127조에는 본인의 사망, 대리인의 사망, 대리인의 성년후견 개시나 파산을 대리권 소멸사유로 들고 있다. 이와 제690조를 합해 보면 위임계약의 경우 대리권 소멸사유는, 본인사망, 대리인 사망, 본인파산, 대리인 파산, 대리인 성년후견개시가 된다. 한편, 대리권을 거두어들이는 수권행위 철회나 수권의 원인이었던 위임계약의 종료도 대리권 소멸사유가 된다. 외우지 말고 이해를 하기 바란다. 간결한 논리인데 생각이 복잡하면 자칫 혼란스러울 수 있다.

1. 위임은 당사자 한쪽의 사망이나 후견개시로 종료된다.[1]

2. 위임계약에 있어 수임인은 단순히 기분이 좋지 않다는 이유로도 위임계약을 해지할 수 있다.[2]

3. 수임인이 위임사무 처리를 위해 필요비를 지출한 경우에는 위임인에 대하여 위임사무가 종료한 날 이후의 이자를 청구할 수 있다.[3]

4. 위임계약은 대표적인 유상계약이다.[4]

---

1) X : 성년후견개시는 수임인에게 개시된 경우 종료사유가 된다.

2) O : 제689조.
변호사 선임계약은 대표적인 위임계약이다. 그런데 일부 의뢰인들은 이를 고용계약으로 오해하는 경우가 종종 있다. 법률사무의 처리는 전적으로 변호사에 대한 신뢰를 바탕으로 일임해야 한다. 의뢰인이 원하는 방식과 내용으로 법률사무를 처리하는 것은 위임계약 본질에 반한다. 손발의 보완인 고용과 달리 위임은 머리의 보완이다. 그 전문성에 전적으로 의존해야 하고, 만약 그러한 신뢰를 줄 수 없다면 위임계약이 유지되기 어렵다. 변호사의 입장에서도 의뢰인의 신뢰가 담보되지 않으면 정상적인 사무처리를 할 수 없다. 그러한 상황이 오면 사임을 하여 위임관계를 해소하는 것이 일반이다. 변호사가 위임관계 해지를 통보하면 의뢰인들은 자신과 계약을 체결했으므로 일이 끝날 때까지 계약이 유지된다는 주장을 할 때가 있다. 이럴 때는 부득이 변호사 선임은 고용계약이 아니라 위임이라고 설명하며, 위임관계는 언제든 해소할 수 있다는 민법 제689조를 제시한다.

3) X : 지출한 날 이후의 이자를 청구할 수 있다.

4) X : 원칙적으로 무상계약이다. 다만 유상계약으로 특약할 수 있다.

제3장

법률규정에 의한 채권발생

법률행위(계약)에 의한 채권발생에 이어 이번 장은 법률규정에 의해 채권이 발생하는 3가지 경우를 살펴본다. 법률규정으로 채권발생을 규정하는 것은 법률행위의 공백을 보충하는 의미가 있다.

계약관계가 아니지만 급히 타인을 도와야 하는 긴급한 상황에서 일일이 연락해 계약을 체결하자고 하는 것은 현실성이 없다. 비어 있는 옆집에 가스가 누출되거나 불이 났을 때 계약관계가 없으니 그냥 방치하겠다는 것은 상식적으로 납득하기 어렵다. 일단 급한 일을 처리하고 나중에 이에 대한 비용이나 손해정산을 할 수 있게 보완규정을 둔 것이 사무관리이다.

또한 의도치 않게 법률상 원인 없이 급부가 이루어진 경우 이에 대한 반환의 근거와 범위 등에 대해 규정하고 있는 것이 부당이득이다.

고의나 과실에 의한 위법행위로 타인에게 손해를 가했을 때 배상의무를 규정한 것이 불법행위이다. 피해자 보호를 위해 가해자 본인뿐 아니라 일정한 관계에 있는 당사자에게도 배상책임을 부여하는 규정들도 아울러 규정하고 있다.

이렇게 3가지 채권발생 원인은 그 근거가 법률규정이므로, 규정의 내용을 잘 살펴볼 필요가 있다.

제734조(사무[1]관리의 내용) ① 의무 없이[2] 타인을 위하여[3] 사무를 관리하는 자는 그 사무의 성질에 좇아 가장 본인에게 이익 되는 방법으로[4] 이를 관리하여야 한다. ② 관리자가 본인의 의사를 알거나 알 수 있는 때에는 그 의사에 적합하도록 관리하여야 한다. ③ 관리자가 전2항의 규정에 위반하여 사무를 관리한 경우에는 과실 없는 때에도 이로 인한 손해를 배상할 책임이 있다[5]. 그러나 그 관리행위가 공공의 이익에 적합한 때에는 중대한 과실이 없으면 배상할 책임이 없다[6].

제735조(긴급사무관리) 관리자가 타인의 생명, 신체, 명예 또는 재산에 대한 급박한 위해를 면하게 하기 위하여 그 사무를 관리한 때에는 고의나 중대한 과실이 없으면 이로 인한 손해를 배상할 책임이 없다[7].

제736조(관리자의 통지의무) 관리자가 관리를 개시한 때에는 지체 없이 본인에게 통지하여야 한다. 그러나 본인이 이미 이를 안 때에는 그러하지 아니하다.

제737조(관리자의 관리계속의무) 관리자는 본인, 그 상속인이나 법정대리인이 그 사무를 관리하는 때까지 관리를 계속하여야 한다. 그러나 관리의 계속이 본인의 의사에 반하거나 본인에게 불리함이 명백한 때에는 그러하지 아니하다.

---

1) 사무는 매우 넓은 개념이지만, 부작위는 사무가 되지 못한다.
2) 의무 판단은 객관적으로 한다. 따라서 의무 있다고 오신해도 사무관리는 성립한다.
3) 객관적으로 자기 사무는 타인 사무로 오신해도 사무관리가 되지 않는다.
4) 불리함이 명백하면 사무관리는 성립하지 않는다. 또한 처음부터 본인의 의사에 반하면 사무관리는 성립하지 않는다. 그러나 본인의 의사는 강행법규 또는 사회질서에 위반하는 것이어서는 아니된다.
5) 관리자의 채무불이행책임이 된다.
6) 책임경감 사유1.
7) 책임경감 사유2.

제738조(준용규정) 제683조 내지 제685조의 규정[8]은 사무관리에 준용한다.

제739조(관리자의 비용상환청구권) ① 관리자가 본인을 위하여 필요비 또는 유익비를 지출한 때에는 본인에 대하여 그 상환을 청구할 수 있다. ② 관리자가 본인을 위하여 필요 또는 유익한 채무를 부담한 때에는 제688조 제2항[9]의 규정을 준용한다. ③ 관리자가 본인의 의사에 반하여 관리한 때에는 본인의 현존이익의 한도에서 전2항의 규정을 준용한다.

제740조(관리자의 무과실손해보상청구권) 관리자가 사무관리를 함에 있어서 과실 없이 손해를 받은 때에는 본인의 현존이익의 한도에서 그 손해의 보상을 청구할 수 있다.

---

8) 수임인의 보고의무, 수임인의 취득물 등의 인도, 이전의무, 수임인의 금전소비의 책임.
9) 수임인의 비용상환청구권.

1. 사무관리에 있어 의무의 판단은 주관적으로 판단하므로, 의무가 없음에도 있다고 믿고 타인의 이익을 위해 사무를 처리한 경우에는 사무관리가 성립하지 않는다. [1]

2. 관리자가 타인의 생명, 신체, 명예 또는 재산에 대한 급박한 위해를 면하게 하기 위하여 그 사무를 관리한 때에는 책임이 경감되어 고의나 중대한 과실이 없으면 이로 인한 손해를 배상할 책임이 없다. [2]

3. 관리자가 본인의 의사에 반하여 사무관리를 한 경우에는 본인을 위하여 비용을 지출 하더라도 이를 청구할 수 없다. [3]

---

1) X : 의무가 있는지 여부는 객관적으로 판단한다. 객관적으로 의무가 없으면 사무관리자의 주관적 인식은 사무관리에 영향을 주지 않는다.
2) O
3) X : 현존이익 한도에서 청구할 수 있다.

I. 개요

부당이득 규정은 법률상 원인 없는 이익 불균형을 바로 잡기 위한 일반적 근거를 둔 것이다. 따라서 독자적인 채권발생 원인이라기보다 각종 이익불균형을 보충하는 보충적, 총칙적 규정의 성격을 갖는다. 민법의 구석구석 법률효과가 발생하는 곳을 찾아 법률행위로 처리되지 못한 이익불균형을 바로 잡는 숨은 일꾼에 비유할 수 있다.

여러분은 이미 무효나 취소, 해제 기타 여러 곳에서 부당이득 원리를 체험하였다. 이곳에서는 전체 규정을 보면서 이미 경험하였던 부당이득의 체계를 종합적으로 정리해 보자.

II. 규정

제741조(부당이득의 내용) 법률상 원인 없이[1] 타인의 재산 또는 노무로 인하여 이익을 얻고 이로 인하여 타인에게 손해를 가한 자는 그 이익을 반환하여야 한다[2].

제742조(비채변제) 채무 없음[3]을 알고[4] 이를 변제한 때에는[5] 그 반환을 청구하지 못한다.

---

1) 법률행위가 무효인 경우(불법원인급여 제외), 정지조건에서 변제 했으나 조건이 불성취로 끝난 경우, 무단 사용, 무권리자의 처분 후 수령된 금원, 채무자의 준점유자에 대한 변제로 채권자가 권리를 잃은 경우, 인접 토지의 과실이 자기 토지에 떨어진 경우
2) 불법행위의 목적은 손해의 보상이고 부당이득은 재산적 가치의 이동을 조절하는 것이다. 따라서 서로 다른 제도이므로 경합이 인정된다.
3) 무효·취소 등으로 처음부터 존재하지 않는 경우는 물론이고 일단 성립한 채권이 변제 등으로 소멸한 경우도 포함된다.
4) 비록 채무가 존재하지 않음을 알고 있었더라도, 그 변제를 합리적인 것으로서 인정할 만한 어떤 특별한 사정이 있는 때에는 부당이득을 인정하여도 입법취지에 반하지 않는다. 따라서 압박이나 강제집행의 염려를 피하기 위한 경우에는 알고 있더라도 부당이득의 반환을 청구할 수 있다. 모르는 이상 과실이나 이유는 묻지 않는다. 변제자의 악의는 변제 받는 자에게 입증책임이 있다.
5) 자유로운 의사에 위한 것이어야 하고, 강제집행 같은 것은 포함하지 않는다.

제743조(기한 전의 변제) 변제기에 있지 아니한 채무를 변제한 때에는 그 반환을 청구하지 못한다. 그러나 채무자가 착오로 인하여 변제한 때에는 채권자는 이로 인하여 얻은 이익을 반환하여야 한다.

제744조(도의관념에 적합한 비채변제) 채무 없는 자가 착오로 인하여 변제한 경우에 그 변제가 도의관념에 적합한 때에는 그 반환을 청구하지 못한다.

제745조(타인의 채무의 변제) ① 채무자 아닌 자가 착오로 인하여 타인의 채무를 변제한 경우에 채권자가 선의로 증서를 훼멸하거나 담보를 포기하거나 시효로 인하여 그 채권을 잃은 때에는 변제자는 그 반환을 청구하지 못한다[6]. ② 전항의 경우에 변제자는 채무자에 대하여 구상권을 행사할 수 있다.

제746조(불법원인급여) 불법의 원인으로 인하여 재산을 급여하거나 노무를 제공한 때에는 그 이익의 반환을 청구하지 못한다. 그러나 그 불법원인이 수익자에게만 있는 때[7]에는 그러하지 아니하다.

제747조(원물반환불능한 경우와 가액반환, 전득자의 책임) ① 수익자가 그 받은 목적물을 반환할 수 없는 때에는 그 가액을 반환 하여야 한다[8]. ② 수익자가 그 이익을 반환할 수 없는 경우에는 수익자로부터 무상으로 그 이익의 목적물을 양수한 악의의 제3자는 전항의 규정에 의하여 반환할 책임이 있다.

제748조(수익자의 반환범위) ① 선의[9]의 수익자는 그 받은 이익이 현존한 한도에서 전조의 책임이 있다[10]. ② 악의의 수익자는 그 받은 이익에 이자를 붙여 반환하고 손해가 있으면 이를 배

---

6) 채권소멸 시기는 변제 시가 아니라 본 조의 요건을 구비한 시점이다.
7) 수익자가 아닌 급여자에게만 불법원인이 있는 경우는 당연히 반환청구가 될 수 없다. 그리고 양 당사자에게 불법원인이 있는 경우, 그 불법의 정도가 수익자에게 현저히 큰 경우는 반환청구가 가능하다.
8) 원물반환 원칙, 가액반환 예외.
9) 선의에 과실은 묻지 않는다.
10) 가액반환에 적용 : 이익을 얻음으로써 증가한 재산 또는 감소를 면한 재산적 이익이 존재하는 때에는, 이들은 모두 현존이익이

상하여야 한다.

　제749조(수익자의 악의인정) ① 수익자가 이익을 받은 후 법률상 원인 없음을 안 때에는 그때부터 악의의 수익자로서 이익반환의 책임이 있다. ② 선의의 수익자가 패소한 때에는 그 소를 제기한 때부터 악의의 수익자로 본다.

　된다. 그리고 금전을 이득한 경우에는 반증이 있을 때까지는 현존하는 것으로 추정된다. 가액반환에서 과실이나 비용은 문제되지 않는다. 이익을 가산하도 비용을 공제한 것이 현존이익이 되기 때문이다.

1. 어떤 사안에 있어 불법행위가 성립하여 손해배상청구권이 인정된다면, 이와 별도로 부당이득 반환청구권은 인정되지 않는다. [1]

2. 공서양속위반으로 무효가 된 급부의 경우에는 반환청구권이 인정되지 않는다. [2]

3. 일단 성립한 채권이 변제로 소멸한 경우에는 비록 채무 없음을 알고 변제했더라도 반환을 청구할 수 있다. [3]

4. 불법원인이 수익자에게만 있는 경우뿐 아니라 양 당사자에게 불법원인이 있으나 그 불법의 정도가 수익자에게 현저히 큰 경우에도 반환청구가 가능하다. [4]

5. 수익자가 이익을 받은 후 법률상 원인 없음을 알았더라도 현존이익의 한도에서 반환하면 된다. [5]

6. 선의 수익자가 패소한 경우에는 패소 판결 시부터 악의 수익자로 본다. [6]

---

1) X : 두 책임은 서로 다른 제도이므로 경합이 인정된다.
2) O : 746조 불법원인급여.
3) X
4) X
5) X : 안 때로부터 악의 수익자가 되어 반환범위가 달라진다.
6) X : 소제기 시부터 악의인 것으로 본다. 만약 그렇지 않으면 악의 수익자가 소송을 부당히 지연시켜 반사적 이익을 얻는 부작용이 있을 수 있다.

I. 개요

민사분쟁을 해결하는 데 있어 마지막 단계라 할 수 있는 것이 '손해배상'이다. 손해배상은 마치 민사의 강 마지막에 위치한 하구언, 삼각주와 같은 것이다. 계약의 경우 그 내용대로 이행할 수 있는 방법을 강구하겠지만 그럼에도 남는 손해나 불이행의 결과를 금전으로 보상하는 것은 모두 손해배상의 영역이다. 손해배상이라는 삼각주는 계약책임의 강을 따라온 것과 법률규정에 의한 것이 모인 곳이다. 둘을 닮았지만 약간의 차이도 있다.

채무불이행의 효과로서 손해배상에 대해서는 [테마 13]에서 다루고 있다. 불법행위에 의한 손해배상에 공통적으로 적용되는 법리도 언급하였으니 이를 참조하고(제763조), 여기서는 불법행위 고유의 법리를 규정을 통해 종합적으로 살펴보자. 법률규정은 법률행위에 해소되지 못하는 공백을 보충하는 기능도 있다. 계약책임으로 해결되지 못하는 손해배상의 문제를 여기서 어떻게 보완하고 있는지 염두에 두고 규정을 살펴보자.

II. 부진정연대채무

1. 개요

불법행위를 논함에 있어 아울러 알아둘 필요가 있는 것이 부진정연대채무의 개념이다.

우리민법은 동일한 내용의 급부를 목적으로 채권자 또는 채무자의 수만큼의 다수의 채권관계가 성립하는 경우를 규정하고 있다. ① 분할채권·채무 ② 불가분채권·채무 ③ 연대채무 ④ 보증채무가 그것이다. 다수 당사자의 상호관계는 사실상 인적담보의 성격이 있다. 다만, 분할채권관계는 인적담보의 성격이 약해 그 적용범위를 제한하려는 것이 오늘날의 경향이다[1]. 반면 연대채무는 여러 채무자가 사실상 인적보증을 하는 효과가 있고, 우리 판례는 이러한 연대채무를 더 진화 시킨 '부진정연대채무'라는 개념을 인정하고 있다. 이를 통해 불법행위의 피해자 보호를 더욱 강화하는 효과를 얻게 된다.

2. 성격

수인의 채무자가 동일한 내용의 급부에 대해 각자 독립하여 급부 전부를 이행할 의무를 부담하고, 어느 1인이나 수인이 급부 전부를 이행하면 모든 채무자의 채무가 소멸하는 다수 당사자 채권관계로서 민법상 연대채무에 속하지 않는 것을 부진정연대채무라 한다. 우리민법의 연대채무는 공동연대적이라 담보력이 약화되어 있어 이를 보완할 개념이 필요하며, 특히 공동불법행위자의 배상책임에 그 필요성이 크다. 불법행위자 사이에 채무부담에 대한 연대의식이 약함에도 이들을 하나의 묶음으로 보아 상호간 연대적 효력을 인정하면 피해자 보호에 취약해질 염려가 있다. 따라서 비록 별도의 규정은 없으나 이를 인정하는 데 이견이 없다.

3. 발생원인

가. 계약책임과 불법행위 책임이 경합하는 경우

① 타인의 가옥을 소실케 한 자의 불법행위로 인한 손해배상채무와 보험회사의 계약으로 인한 보험금지급의무

② 임차물을 과실로 도난당한 수치인의 계약상 손해배상의무와 절취자의 불법행위 책임

---

1) (입법에 의한 제한) 공동사용대차(제616조), 공동임대차(제654조), 공동불법행위 연대배상(제760조), 법인 의결관여자 책임(제35조 2항), 일상가사채무의 연대책임(제832조)
   (판례에 의한 제한) 전세물건 소유자가 공유인 경우 전세금 반환의무, 공유자가 공유물에 대한 관계에서 부당이득 얻고 손해 입힌 경우 반환채무, 공동의 점유·사용으로 부담하는 이득반환

공인노무사 테마민법

나. 불법행위 책임과 법정배상책임이 병존

① 책임무능력자 법정감독의무자와 대리감독자의 배상의무
② 사용자책임에서 피용자와 사용자·감독자, 사용자와 감독자
③ 동물에 대한 점유자와 보관자의 배상의무
④ 법인의 배상의무와 대표기관의 배상의무(비법인사단 포함)

다. 공동불법행위(제760조)

4. 효력

가. 채무자 1인에 관하여 생긴 사유의 효력 : 변제의 제공만 절대효

나. 대내적 효력(구상문제)

① 부담부분이 없어 구상문제가 없음이 원칙이나, 공평의 이념상 과실정도에 비례하는 부담
부분이 있어 자기 부담부분 이상 변제하여 공동의 면책을 얻게 하였을 때에는 다른 공동 불
법행위자에게 구상권을 행사할 수 있다. 다만 주관적 공동관계가 없으므로 구상요건으로
서 통지에 관한 규정(제426조)은 적용되지 않는다.
② 구상의 상대방은 공동면책된 다른 연대채무자에 한하고, 그 연대채무자의 보증인은 아니다.
③ 금액이 많은 채무의 일부가 변제 등으로 소멸하는 경우 그중 먼저 소멸하는 부분은 당사자
의사와 부진정연대의 취지에 비추어 볼 때 단독으로 채무를 부담하는 부분으로 보아야 한다.

5. 연대채무와 구별

주관적 공동관계가 있는지로 구분한다. 예를 들어, 법률행위가 아닌 공동불법행위의 경우 불

법행위자 사이에 채무부담에 대한 연대의식은 약하다고 볼 수 있다. 그럼에도 이들을 하나의 묶음으로 보아 상호 간 연대적 효력을 인정하면 피해자 보호에 취약해질 염려가 있다. 실제적으로는 연대채무의 절대적효력을 인정한 규정(제416조~제422조)의 적용여부[2], 부담부분과 이를 전제로 한 구상관계의 존부에서 차이가 난다.

III. 불법행위 규정

제750조(불법행위의 내용) 고의 또는 과실로 인한 위법행위[3]로 타인에게 손해를 가한 자[4]는 그 손해를 배상할 책임이 있다[5].

제751조(재산 이외의 손해의 배상) ① 타인의 신체, 자유 또는 명예를 해하거나 기타 정신상고통을 가한 자는 재산 이외의 손해에 대하여도 배상할 책임이 있다[6]. ② 법원은 전항의 손해배상을 정기금채무로 지급할 것을 명할 수 있고 그 이행을 확보하기 위하여 상당한 담보의 제공을 명

---

2) 제416조(이행청구의 절대적 효력) 어느 연대채무자에 대한 이행청구는 다른 연대채무자에게도 효력이 있다.
   제417조(경개의 절대적 효력) 어느 연대채무자와 채권자간에 채무의 경개가 있는 때에는 채권은 모든 연대채무자의 이익을 위하여 소멸한다.
   제418조(상계의 절대적 효력) ① 어느 연대채무자가 채권자에 대하여 채권이 있는 경우에 그 채무자가 상계한 때에는 채권은 모든 연대채무자의 이익을 위하여 소멸한다. ② 상계할 채권이 있는 연대채무자가 상계하지 아니한 때에는 그 채무자의 부담부분에 한하여 다른 연대채무자가 상계할 수 있다.
   제419조(면제의 절대적 효력) 어느 연대채무자에 대한 채무면제는 그 채무자의 부담부분에 한하여 다른 연대채무자의 이익을 위하여 효력이 있다.
   제420조(혼동의 절대적 효력) 어느 연대채무자와 채권자간에 혼동이 있는 때에는 그 채무자의 부담부분에 한하여 다른 연대채무자도 의무를 면한다.
   제421조(소멸시효의 절대적 효력) 어느 연대채무자에 대하여 소멸시효가 완성한 때에는 그 부담부분에 한하여 다른 연대채무자도 의무를 면한다.
   제422조(채권자지체의 절대적 효력) 어느 연대채무자에 대한 채권자의 지체는 다른 연대채무자에게도 효력이 있다.
3) 위법성조각사유(정당방위, 긴급피난, 자력구제)가 없어야 한다.
4) 손해는 현실적으로 발생해야 하고 이를 구체적으로 증명·산정해야 한다(그렇지 않으면 손해가 있더라도 기각). 위법행위와 손해의 발생은 인과관계가 있어야 한다.
5) 계약책임(채무불이행 책임)이 성립하는 경우 불법행위 책임과 경합한다. 채무불이행에 있어 고의·과실이 없음을 채무자가 증명해야 하므로 채권자가 채무자의 고의·과실을 증명해야 하는 불법행위 책임과 근본적 차이가 있다.
   불법행위는 3년의 소멸시효가 있어 계약책임이 채권자에게 유리하고, 불법행위에서 가해자가 상계를 못하므로(제496조) 불법행위가 채권자에게 유리하다.
   손해배상의 범위, 과실상계는 양 책임이 동일하다.
6) 재산적 침해에도 정신적 고통이 따르므로 위자료청구가 가능함이 원칙이다. 다만 재산적 손해가 배상되면 정신적 손해도 회복된다고 볼 수 있다(통상손해). 그래서 실무상 재산적 손해에 대해서는 별도의 위자료 청구를 하지 않거나 부인되는 게 일반이다. 그 밖의 정신적 손해는 특별손해로 예견가능성이 있는 경우에만 배상을 인정하게 된다.

할 수 있다.

　　제752조(생명침해로 인한 위자료) 타인의 생명을 해한 자는 피해자의 직계존속, 직계비속 및 배우자에 대하여는 재산상의 손해 없는 경우에도 손해배상의 책임이 있다[7].

　　제753조(미성년자의 책임능력) 미성년자가 타인에게 손해를 가한 경우에 그 행위의 책임을 변식할 지능[8]이 없는 때에는 배상의 책임이 없다.

　　제754조(심신상실자의 책임능력) 심신상실 중에 타인에게 손해를 가한 자는 배상의 책임이 없다. 그러나 고의 또는 과실로 인하여 심신상실을 초래한 때에는 그러하지 아니하다.

　　제755조(감독자의 책임) ① 다른 자에게 손해를 가한 사람이 제753조 또는 제754조에 따라 책임이 없는 경우에는 그를 감독할 법정의무가 있는 자가 그 손해를 배상할 책임이 있다. 다만, 감독의무를 게을리 하지 아니한 경우[9]에는 그러하지 아니하다. ② 감독의무자를 갈음하여 제753조 또는 제754조에 따라 책임이 없는 사람을 감독하는 자도 제1항의 책임이 있다.

　　제756조(사용자의 배상책임) ① 타인을 사용[10]하여 어느 사무[11]에 종사하게 한 자는[12] 피용자가 그 사무집행에 관하여[13] 제3자에게[14] 가한 손해를 배상할 책임이 있다. 그러나 사용자가 피

---

7) 사망사건 소송의 경우 통상 가족들의 위자료 청구를 병합해 청구하는 것이 일반이다.

8) 제753조와 제754조는 책임능력의 근거조문으로 볼 수 있다. 입증책임은 책임을 벗으려는 책임무능력자가 책임무능력 사실을 입증해야 한다.

9) 책임을 일단 인정하고 이를 벗으려는 쪽이 감독의무를 게을리하지 않았다는 점을 증명해야 하므로 증명책임의 전환에 해당한다.

10) 형태에 제한이 없다. 보수의 유무나 기간의 장단을 묻지 않는다. 사용계약의 유·무효도 무관하고, 애당초 고용계약 없이 지휘·감독을 받아 사실상 피용자로서 한 불법행위도 적용된다. 판례에 따르면 명의대여자도 사용자 책임을 인정하고 있으며, 나아가 명의대여자는 그 명의를 빌린 자의 고용인 내지 피용자의 업무상 불법행위에 대해서도 사용자 책임을 인정한다.

11) 매우 넓은 개념으로, 영리적인 것에 한하지 않고 계속적이어야 하는 것도 아니다.

12) 지휘·감독관계 : 사실상 지휘·감독하고 있었느냐의 여부에 의하여 결정되는 것도 아니며, 객관적으로 지휘·감독을 해야 할 관계가 있었느냐의 여부에 의하여 결정되는 것이다.

13) 업무관련성 : 판례는 "그 피용자의 제3자에 대한 행위가 객관적으로 보아 그 피용자의 본래의 사무 또는 그와 관련된 것이라고 일반적으로 보여지는 사무를 행함에 있어서", "그 구체적인 사무가 피용자의 직무의 집행행위 자체에는 속하지 아니한다 할지라도 그 사무집행행위를 외형적으로 관찰할 때 피용자의 사무집행행위와 유사하여 그 범위 내에 속하는 것으로 보여지는 경우도 포함한다."고 하는 등 넓게 인정하고 있다(외형이론).

14) 여기서 제3자라 함은, 사용자와 직접 가해행위를 한 피용자를 제외한 그 밖의 자를 말하므로, 같은 사용자 아래의 피용자 간의

용자의 선임 및 그 사무감독에 상당한 주의를 한 때 또는 상당한 주의를 하여도 손해가 있을 경우에는 그러하지 아니하다[15]. ② 사용자에 갈음하여 그 사무를 감독하는 자도 전항의 책임이 있다. ③ 전2항의 경우에 사용자 또는 감독자는 피용자에 대하여 구상권을 행사할 수 있다[16].

제757조(도급인의 책임) 도급인은 수급인이 그 일에 관하여 제3자에게 가한 손해를 배상할 책임이 없다. 그러나 도급 또는 지시에 관하여 도급인에게 중대한 과실이 있는 때에는 그러하지 아니하다.

제758조(공작물등의 점유자, 소유자의 책임) ① 공작물의 설치 또는 보존의 하자로 인하여 타인에게 손해를 가한 때에는 공작물점유자가 손해를 배상할 책임이 있다. 그러나 점유자가 손해의 방지에 필요한 주의를 해태하지 아니한 때에는 그 소유자가 손해를 배상할 책임이 있다. ② 전항의 규정은 수목의 재식 또는 보존에 하자있는 경우에 준용한다. ③ 전2항의 경우 점유자 또는 소유자는 그 손해의 원인에 대한 책임 있는 자에 대하여 구상권을 행사할 수 있다.

제759조(동물의 점유자의 책임) ① 동물의 점유자는 그 동물이 타인에게 가한 손해를 배상할 책임이 있다. 그러나 동물의 종류와 성질에 따라 그 보관에 상당한 주의를 해태하지 아니한 때에는 그러하지 아니하다. ② 점유자에 갈음하여 동물을 보관한 자도 전항의 책임이 있다.

제760조(공동불법행위자의 책임) ① 수인이 공동의 불법행위로 타인에게 손해를 가한 때에는 연대하여 그 손해를 배상할 책임이 있다. ② 공동 아닌 수인의 행위 중 어느 자의 행위가 그 손해를 가한 것인지를 알 수 없는 때에도 전항과 같다. ③ 교사자나 방조자는 공동행위자로 본다.

제761조(정당방위, 긴급피난) ① 타인의 불법행위에 대하여 자기 또는 제3자의 이익을 방위하기 위하여 부득이 타인에게 손해를 가한 자는 배상할 책임이 없다. 그러나 피해자는 불법행위

불법행위도 본조의 적용을 받는다. 같은 사업장 내에서 작업자끼리 근무교대 문제로 다툼이 일어난 경우, 피해자는 사업주(비록 자신의 사업주이지만)에게 사용자책임을 물을 수 있다.

15) 실무상 사용자의 면책을 거의 인정하지 않아 사실상 무과실책임으로 운용되고 있다.

16) 사용자와 피용자의 책임은 경합하고 이는 부진정연대채무이다(제760조).

에 대하여 손해의 배상을 청구할 수 있다. ② 전항의 규정은 급박한 위난을 피하기 위하여 부득이 타인에게 손해를 가한 경우에 준용한다.

제762조(손해배상청구권에 있어서의 태아의 지위) 태아는 손해배상의 청구권에 관하여는 이미 출생한 것으로 본다.

제763조(준용규정) 제393조[17], 제394조[18], 제396조[19], 제399[20]조의 규정은 불법행위로 인한 손해배상에 준용한다.

제764조(명예훼손의 경우의 특칙) 타인의 명예를 훼손한 자에 대하여는 법원은 피해자의 청구에 의하여 손해배상에 갈음하거나 손해배상과 함께 명예회복에 적당한 처분을 명할 수 있다.

제765조(배상액의 경감청구) ① 본장의 규정에 의한 배상의무자는 그 손해가 고의 또는 중대한 과실에 의한 것이 아니고 그 배상으로 인하여 배상자의 생계에 중대한 영향을 미치게 될 경우에는 법원에 그 배상액의 경감을 청구할 수 있다. ② 법원은 전항의 청구가 있는 때에는 채권자 및 채무자의 경제 상태와 손해의 원인 등을 참작하여 배상액을 경감할 수 있다.

제766조(손해배상청구권의 소멸시효) ① 불법행위로 인한 손해배상의 청구권은 피해자나 그 법정대리인이 그 손해 및 가해자를 안 날로부터[21] 3년간 이를 행사하지 아니하면 시효로 인하여

---

17) 제393조(손해배상의 범위) ① 채무불이행으로 인한 손해배상은 통상의 손해를 그 한도로 한다. ② 특별한 사정으로 인한 손해는 채무자가 그 사정을 알았거나 알 수 있었을 때에 한하여 배상의 책임이 있다.

18) 제394조(손해배상의 방법) 다른 의사표시가 없으면 손해는 금전으로 배상한다.

19) 제396조(과실상계) 채무불이행에 관하여 채권자에게 과실이 있는 때에는 법원은 손해배상의 책임 및 그 금액을 정함에 이를 참작하여야 한다.

20) 제399조(손해배상자의 대위) 채권자가 그 채권의 목적인 물건 또는 권리의 가액전부를 손해배상으로 받은 때에는 채무자는 그 물건 또는 권리에 관하여 당연히 채권자를 대위한다.

21) 피해자측이 손해 및 가해자의 양쪽을 안 날부터 진행한다. 제166조 제1항의 예외이다. 피해자의 처지를 고려한 규정이다.
손해를 안다는 것은 손해의 발생뿐 아니라 그 가해행위가 불법행위인 것까지도 안 것을 의미한다. 불법행위 당시 예견할 수 없었던 후유증 등으로 새로운 손해가 발생하거나 확대된 경우에는, 그러한 사유가 판명된 때부터 그 손해를 알았다고 본다. 손해의 발생 및 가해행위가 불법행위임을 아는 것으로 충분하고, 그 불법행위로 인하여 법률상 어떤 손해배상청구권이 발생하는지의 법률적 평가문제까지도 알 필요는 없다.
불법점유와 같은 계속적 불법행위의 경우에는 나날이 새로운 불법행위에 의한 손해가 발생한다고 보아서, 나날이 발생한 새로

소멸한다. ② 불법행위를 한 날로부터 10년을 경과한 때에도 전항과 같다[22]. ③ 미성년자가 성폭력, 성추행, 성희롱, 그 밖의 성적(性的) 침해를 당한 경우에 이로 인한 손해배상청구권의 소멸시효는 그가 성년이 될 때까지는 진행되지 아니한다.

운 각 손해를 안 날로부터 각각 별개로 소멸시효가 진행된다.

22) 1항과 달리 피해자의 예견여부와 상관없이 가해행위로 인한 손해가 현실적인 것으로 되었다고 볼 수 있는 때부터 진행한다. 계속적인 불법행위는 역시 나날의 각각의 손해가 발생한 때로부터 기산한다.

공인노무사 테마민법

1. 계약책임의 손해배상에 관한 제398조(배상액의 예정)는 불법행위에 의한 손해배상에도 적용한다.[1]

2. 부진정연대채무의 다액채무자가 일부 변제한 경우, 그 변제로 인하여 먼저 소멸하는 부분은 다액채무자가 단독으로 부담하는 부분이다.[2]

3. 손해가 고의 중과실에 의한 것이 아닌 경우 배상의무자가 그 배상으로 인하여 생계에 중대한 영향을 받는 경우 법원에 배상액의 감액을 청구할 수 있고, 이때 법원은 반드시 경감을 해 주어야 한다.[3]

4. 불법행위의 피해자에게도 손해에 대한 일부 과실이 있는 경우 법원은 이를 참작하여 손해액을 산정할 수 있다.[4]

5. 불법행위에 의한 손해배상청구권은 피해와 가해자를 안 날로부터 10년 안에 행사하지 않으면 시효로 소멸한다.[5]

6. 불법행위 소멸시효의 기산점인 손해 및 가해자를 안 날이라 함은 손해의 발생뿐 아니라 그 가해행위가 불법행위인 것까지 아는 것을 의미한다.[6]

7. 불법행위 당시 예견할 수 없던 후유증이 발생 했더라도 소멸시효는 기존 손해배상청구권 발생 시부터 진행한다.[7]

---

1) X : 불법행위에 의한 손해배상은 손해배상을 예정할 수 없는 사건에 대한 배상책임을 규정한 것이다. 배상액을 예정한다는 것은 논리적으로 모순이다. 길에 나와 있는 모든 자동차 운전자와 여러분은 사고를 대비한 손해배상 예정을 할 수 있는가? 어림도 없다. 누가 가해자가 될 것인지 피해자가 될 것인지 미래를 예측하는 능력이 있다면 모를까.

2) O

3) X : 경감할 수 있는 것이지 반드시 경감해야 하는 것은 아니다.

4) X : 반드시 참작 하여야 한다(과실상계).

5) X : 안 날로부터 3년, 불법행위 시로부터 10년의 소멸시효가 적용된다.

6) O : 그렇지 않으면 자신이 피해를 입고도 그것이 불법임을 인지하지 못한 상태에서 시효가 진행되어 버리는 부작용이 있다. 불법행위를 당했다는 인지를 하여야만 권리행사를 할 수 있고, 권리행사를 할 수 있을 때부터 시효가 진행된다고 보아야 피해자에게 불합리한 결과를 방지할 수 있다.

7) X : 새로운 손해가 발생하거나 확대된 경우에는 그러한 사실이 판명된 때부터 새로운 소멸시효가 진행한다고 본다.

8. 어떤 상가의 간판이 바람에 흔들려 떨어지면서 지나가던 행인이 다치는 사고가 발생했다. 당시 그 상가를 임차해 영업을 하던 사람은 간판이 떨어지지 않도록 수시로 점검하며 관리하였음이 조사 결과 밝혀졌다. 이 경우 다친 행인은 건물 소유자에게 손해배상 청구를 할 수 있다.[8]

---

8) O : 이 경우 소유자의 배상책임은 무과실책임이다. 즉, 소유자의 과실여부와 무관하게 배상책임이 있다.

제5편

수험조언

I. 개요

자격증 시험이 단순한 학문연구와 근본적으로 다른 점은 '시간'에 있다.

학문은 평생을 들여 어떤 분야에 대해 깊이를 더하고 새로운 이론을 창조하고 여러 의견을 교류하며 사회적 현상과 실무를 선도하는 역할을 한다. 그러나 자격증 시험은 시험이라는 한정된 장에서 한정된 시간 안에 정해진 합격점을 넘어야 하는 기록경기와 같다. 지식이 많다고 그 기준을 넘는 것도 아니고, 공부가 부족해도 합격할 수 있는 것은 이렇게 단순히 시간의 변수 없는 지식을 논하는 자리가 아니기 때문이다. 학문은 그 나름대로 의미가 있다. 그러나 자격증을 획득하겠다고 나선 수험생이 학자가 보여야 할 태도를 보이는 것은 의미가 다르다. 자신이 선택한 길이 무엇인지 냉철하게 정립하고 그에 맞는 접근을 해야 할 것이다. 그것은 효율성과 실전훈련의 비중이다. 정작 합격을 위해 쏟아야 할 노력은 하지 않아 소중한 시간을 쏟고도 실패하는 경우가 많다. 특히 법은 이런 실패의 길로 들어서기 좋은 분야이다. 실무와 학문의 경계를 구별하기가 쉽지 않기 때문이다. 그래서 안내자의 역할이 중요하다.

지면의 한계로 최소한의 등대가 될 수 있는 내용을 담았다. 하지 않는 것보다는 도움이 될 수 있겠으나 수업이나 적절한 방법으로 보완의 기회가 있을 것이다.

II. 시간배분의 문제

공인노무사 1차 시험은 과목당 40문제이며, 민법은 2교시에 사회보험법 및 선택과목과 함께 배치되어 있다. 2교시 3과목 전체 문제 수는 120문제이며(각 40문제) 여기에 부여된 시험시간은 120분이다. 단순 산술적으로 1문제당 주어진 시간은 1분이다. 이러한 상황을 냉정히 분석해 보자.

40문제 모두를 1분씩 배분하는 것은 어리석다. 1분 안에 문제를 읽고 답을 선택할 수 있는 문제도 있지만, 문제를 읽는 데만 1분이 넘거나 읽은 후 해석하는 데 1분으로 부족하거나 1번만 읽어서는 답을 고를 수 없는 경우가 섞여 있기 때문이다. 따라서 단순히 문제당 1분을 배분한다는 접근은 현실과 거리가 멀다. 자칫 민법에서 시간을 소비하면 사회보험법과 선택과목에 투입할 시간을 확보하지 못하는 불상사가 발생할 수도 있다.

띠리서 문제의 유형에 대한 분석이 필요하다. 5분을 투입해도 풀기 어려운 문제도 있고, 기본기만 있으면 5초~10초에 답을 고를 수 있는 문제도 있다. 이 정도의 분석은 시험 전에 반드시 마치고 훈련을 해야 한다.

1차 객관식 시험은 시간과의 전쟁이다. 문제를 틀려서 불합격하는 것이 아니라 문제를 풀지 못해 백지 답안지를 내는 경우가 많다. 시험 종료를 알리는 방송이 나올 때 문제의 절반 이상이 남는 상황은 희귀한 경우가 아니다. 이는 평소 시험 자체에 대한 훈련이 되어 있지 않기 때문이며, 학습과 실전연습에 대한 시간 배분의 중요성을 간과하고 있기 때문이다. 즉 학습에 있어 시간 배분에 실패했고 실전까지 영향을 준 것이다. 자격증 공부는 처음부터 끝까지 시간 싸움이다. 한정된 시간을 어떻게 효율적으로 사용하는지에 대한 고민은 합격의 지름길이자 실패의 가능성을 줄여 주는 열쇠이다.

명심하라. 시험에 합격하기 위해서는 얼마나 많은 지식을 머리에 담는지보다, 한정된 시간에 내가 가진 자원을 얼마나 전략적이고 효율적으로 표출할 것인지에 집중해야 한다. 많이 알아도 낙방할 수 있고, 비록 공부가 짧아도 합격할 수 있는 것이 자격증 시험의 현실이다.

III. 기본에 충실해야 하는 이유

이러한 시간문제를 해결해 주는 것이 기본기이다. 기본기는 학습의 양에 대한 것이 아니라 질에 대한 것이다. 많은 수험생이 학습대상의 양을 실력으로 착각하는 경향이 있다. 두루두루 많이 공부했다는 것은 아무것도 공부하지 않은 것과 같다. 적어도 정확한 답을 짧은 시간에 찾아내야 하는 자격증 시험에서는 더욱더 그렇다. 학습의 양이 많은 것은 소중한 시간을 모두 허비한 것이다. 양을 줄이고 질에 집중하면 학습의 시간도 줄이지만 실전에서 답을 찾을 때 드는 시간과 에너지를 효과적으로 절약할 수 있다. 공부의 양에 현혹되지 않는 것이 기본기 향상의 시작이다.

본 교재는 학습에 있어 효율 낮은 부분을 과감히 배제하고 테마별로 구성하여 집중도를 높였다. 모르는 문제에 직면했을 때 해당 테마를 찾아 반복하면 각 테마에 대한 깊이가 더해질 것이다. 이로 인해 테마에서 배제된 내용이 시험에 나오면 당황할 수도 있겠으나 첫째는 이를 과감히 넘겨 버리라고 조언하고 싶다. 당당히 틀려야 목표하는 점수가 선명해진다. 물론 시간이 넉넉하게 주어진다면 본 교재로 훈련된 법적사고로 얼마든 도전해 보는 것을 권장한다. 고기 잡는 법을 배우면 고기의 종류는 큰 난관은 아니다. 다만 지금은 한정된 시간을 변수로 두고 설명하고 있을 뿐이다.

민법의 기본기는 무엇보다 공부 범위를 줄이고 반복을 높이는 것으로 완성된다. 호기심 또는 성취감 기타 그 어떤 이유에서든지 공부의 범위를 늘이는 잘못을 범하지 않기 바란다. 선명한 기본기는 실전에서 선명한 정답을 짧은 시간에 찾아내는 도구가 된다.

IV. 문제풀이 기법

1. 대상 문제의 정리

우선 실전에서 모르는 문제가 나오면 덤비지 말고 과감히 넘기길 바란다. 또한 배운 부분이지만 난이도를 높게 만든 문제, 즉 1~2번 읽어도 문제 파악이 되지 않거나 풀 수는 있겠으나 시간이 조금 필요한 부분은 보류하기 바란다. 그렇게 확보된 시간과 짧은 시간만으로 문제를 풀어 확보된 시간을 나머지 문제당 최소 3분 정도 투입하여 정확도를 높이는 것이다. 모든 문제를 모두 읽고 모두 생각하고 매달리는 순간 점수는 저공비행이 될 수밖에 없다.

점수를 주려고 낸 문제도 있다. 5초 내지 10초면 풀리는 문제가 있다. 기본개념만 묻는 문제, 조건과 기한처럼 기계적이고 도식적인 문제 등은 일정 부분 점수를 확보해 주고 있다. 이러한 문제에 시간을 추가로 투입하는 것은 어리석은 것이다. 이런 문제에서 확보된 시간을 기본형 문제(약 3분 정도 배분할 문제)에 투입해 정답률을 높여야 한다.

결국 풀지 않고 넘기는 문제에서 확보된 시간, 답이 간단해 짧게 풀고 확보한 시간을 합쳐 중간 단계 문제에 문제당 3분 정도 투입하면 적절한 배분이 될 것이다. 자체적으로 분석한 자세한 문제분포는 오해의 소지가 있을 수 있어 본 지면에는 언급하지 않는다. 본 교재로 같이 학습하는 기회가 있으면 상세히 안내할 예정이다.

2. 모든 지문을 읽을 필요가 없다

기본이 충실한 상태에서 많은 문제는 답이 선명하다. 이렇게 선명하게 답이 나온 문제는 다시 읽을 필요 없다. 한번 문제를 읽을 때 정확히 읽어 답을 고르면 그대로 넘어가야 한다. 기본에 충실하고 문제풀이 훈련이 되었을 때 얼마든지 가능하다.

또한 만약 지문을 위에서부터 읽어 나가다가 답이 나오면 나머지 지문은 읽지 않아도 된다. 예를 들어 답이 2번에 확실히 나왔다면 3, 4, 5번 지문을 읽지 않고 그 시간을 다른 문제에 투입하는 것이다. 물론 답을 검증하는 차원에서 나머지 지문과 대비해야 할 경우도 있겠지만 확실한 것까지 습관적으로 모든 지문을 읽는 것은 권하고 싶지 않다. 문제당 평균 1분밖에 없다는 현실을 결코 잊지 말라.

이는 문제의 구조와도 연관되어 있다. 모든 지문을 다 알아야 문제를 풀 수 있는 문제도 있겠지만 그렇지 않은 경우도 많고, 모든 지문이 공부 범위 내에서 의미 있는 내용으로 구성된 것이 아닌 경우도 있다. 이러한 경우에는 답을 제외한 나머지 지문은 읽지 않는 것이 유익할 수 있다. 왜냐하면 기본기가 완성되지 않은 상태에서는 나머지 지문에 대해 아래와 같은 착각을 하기 쉽기 때문이다. 그리고 이러한 착각은 결과에 있어 매우 해롭다.

"내가 공부를 못한 부분이 나왔네." "저거 나만 모르는 내용인가?"

"저것이 답일 수 있지 않을까?" "공부 더 열심히 할걸."

[참고로, 출제 문제는 말미마다 "(다툼이 있으면 판례에 의한다.)"라고 되어 판례 공부를 많이 해야 하는지 고민할 수도 있겠다. 위 문구를 넣는 이유는 판례를 출제한다는 의미라기보다 정답 시비를 대비한 기준을 명시한 것뿐이다. 어차피 정확한 기본기로 문제를 푸는 입장에서는 판례까지 동원해 이중정답을 주장할 일은 없을 테니 신경 쓰지 말자.]

다음 예를 보자. 이해를 위해 실제 문제의 원리를 그대로 가져와 비유적으로 표현하였다.

다음 중 계절에 대한 설명 중 옳은 것은?
① 우리나라 여름은 고온다습하다.
② 우리 집 강아지는 복슬강아지.
③ 영희야, 안녕.
④ 우리 집에 황금 송아지 있다.
⑤ 고추는 비타민C가 많이 들어 있다.

공부가 어중간하게 되어 있으면 저 위의 지문을 모두 일일이 읽으면서 옳은지 틀렸는지에 대해 고민하면서 시간을 보낸다. 그러나 기본기가 선명하면 그냥 전체 지문을 훑어보는 것으로 답이 나온다. 고추에 비타민C가 많이 들었는지 알 필요가 없다. 계절에 대한 이야기가 아니기 때문이다. 처음 보는 지문, 처음 보는 내용이 들어 있는 문제를 보면서 내가 공부가 부족해서 이것을 모른다고 생각할 필요가 없다. 몰라도 되고 몰라야 할 수도 있다. 아는 것만 확실히 알면 된다. 특히 모르는 판례가 등장할 수도 있다. 내가 판례 공부가 부족하다고 자책할 것이 아니다. 몰라도 문제 푸는 데 영향이 없는 경우가 많다.

모든 지문을 읽지 않아도 또는 문제 자체를 읽지 않아도 답을 고를 수 있는 경우가 있다. 문제의 대부분은 틀린 것을 고르거나 맞는 것을 고르기 때문에 선명한 답 하나를 알면 나머지는 문제 푸는 데 영향을 주지 않기 때문이다.

다음의 예를 보자.

다음 설명 중 옳은 것은?
① 2019년도 우리나라 1인당 국민소득은 5만 불이다.
② 형사재판은 변론주의가 적용된다.
③ 코로나바이러스는 고온다습한 기후를 좋아한다.
④ 얼음이 녹으면 물이 된다.
⑤ 꽃등심이란 소의 척추 등뼈 3번에서 8번까지 붙어 있는 근육이다.

답은 명백하다. 얼음이 녹으면 물이 된다. 답이 명백하므로 다른 지문이 옳은지 틀린지는 신경 쓸 필요가 없다. 혹시 다른 지문에 또 옳은 것이 있으면 어떤지 고민하는 것은 어리석다. 복수 정답은 될 수 있어도 얼음이 녹으면 물이 된다는 지문이 달라지는 것이 아니기 때문이다. 즉 내가 얻은 점수에 다른 지문은 아무런 영향이 없다.

여러분은 우리나라 1인당 국민소득을 알 필요도 없고, 변론주의니 처분권주의니 하는 복잡한 법리도 알 필요가 없다. 코로나를 몰라도 되고(손 씻고 마스크 쓰는 것을 알면 된다.) 꽃등심의 척추 번호를 모른다고 고민할 필요고 없다(그냥 합격하고 기분 좋게 사 먹으면 된다.). 시험에 나온 지문이 모두 여러분이 공부해야 하거나 여러분이 알아야 할 내용으로 구성되는 것이 아니다. 공부할 것만 공부하고 알아야 할 것만 알아도 답을 고르는 데 대부분 장애가 없다는 것이다. 저런 지문을 읽느라고 시간을 허비할 필요도, 내 공부가 부족한지 고민할 필요도 없다. 내가 가진 실력으로 현장에서 진검승부를 보면 된다. 시험에 출제된 모든 지문이 의미가 있거나 공부와 관련이 있을 거라는 생각은 모두 버리자. 낯선 시험문제에 의연한 태도를 갖는 것이 합격으로 가는 지름길이다. 그러기 위해서는 알아야 할 것만이라도 제대로 공부하고 이해할 필요가 있다. 양을 늘리지 말고 우선 기본에 충실해야 한다.

실제 문제를 보자.

다음 중 <u>위험부담</u>의 법리가 적용되지 않는 경우는?
① 교환계약의 일방 당사자의 채무이행이 그에게 책임 있는 사유로 불가능하게 된 경우.
② 교환계약의 일방 당사자의 채무이행이 상대방의 수령지체 중에 당사자 쌍방에 책임 없는 사유로 불가능하게 된 경우.
③ 소유권유보부 매매로 인도받은 동산이 제3자의 방화로 소실된 경우.
④ 부담부증여계약 체결 후 정부의 수입금지조치로 증여자가 목적물을 입수할 수 없게 된 경우.
⑤ 매매계약 체결 후 천재지변으로 목적물인 건물이 멸실한 경우.

위 문제를 모두 읽어 정답을 찾으려면 1분으로 부족하다. 그러나 위험부담이 쌍방 무과실의 후불적 이행불능에 대한 것이라는 기초 중의 기초법리를 기억한다면 10초 이내에 답을 고를 수 있다. <u>1번 지문에 보면 '**책임 있는 사유**'라는 표현</u>이 있다. 위험부담은 그 <u>누구의 책임도 없는 경우</u>에 적용되므로 명백히 틀린 지문이며 답이다. 나머지 지문은 읽을 필요가 없다. 시험은 공부하는 현장이 아니라 수확하는 자리다. 쓸데없이 낯선 지문을 읽는 데 시간을 허비하지 말자. 시험현장은 지식이 아니라 시간과의 전쟁이다. 결코 시간적 남용을 부릴 수 없는 현장이다.

3. 문제의 외모에 현혹될 필요가 없다

갑은 을 소유의 토지를 사고 싶어 을에게 이러한 내용을 담은 편지를 2024년 4월 5일 발송하면서, 4월 20일까지 답장을 요구하였다. 4월 7일 편지를 받은 을은 갑이 제시하는 가격에 토지를 팔겠다는 편지를 4월 12일 발송하였다. 그런데 우체국의 잘못으로 을의 편지는 4월 22일에 도착하였고, 갑은 이러한 연착에 대한 통지를 하지 않았다. 매매계약이 성립한 때는?

① 2024년 4월 5일
② 2024년 4월 7일
③ 2024년 4월 12일
④ 2024년 4월 20일
⑤ 2024년 4월 22일

위 문제는 매우 길고 어려워 보이나 난이도 최하이다. 문제는 계약의 성립 시기를 묻고 있다. 계약의 성립은 '승낙발송 시'다[테마 18]. 위 문제에서 승낙발송 시만 찾으면 되는데 "4월 12일" 승낙을 발송했다고 문제에 쓰여 있다. 문제에 답을 대놓고 주고는 병풍만 가득 세워 놓은 문제이다. 답은 ③번이다. 위 문제를 번역하면 아래와 같다. 문제가 길고 복잡해 보여도 한 겹 걷어내면 그냥 기본을 묻는 것이다.

계약은 언제 성립하는가?
① 청약 시
② 청약 도달 시
③ 승낙발송 시
④ 승낙적격 시
⑤ 승낙도달 시

5초 안에 푸는 문제이다. 문제가 길고 사례처럼 보여 부담스럽더라도 기본기만 있으면 달리 보인다. 실전에서 이런 문제만 놓치지 않아도 기본점수는 얻는다. 기본기에 잘 갖춰져 있으면 문제가 어떤 화려한 포장을 하고 나와도 현혹되지 않는다.

4. 당당하게 틀려라

그래도 공부가 부족해 틀리는 문제가 있을 수 있다. 그렇다면 당당히 틀려라. 자기 자신을 믿지 못해 문제 앞에 방황하고 나약해지는 것보다 훨씬 의미가 있다. 틀린 것을 당당히 틀리고, 아는 것으로 승부를 보겠다는 다짐이 필요하다. 잘 틀려야 발전이 있다. 내가 가진 무기가 무엇인지, 내가 약한 부분이 무엇인지 파악하는 것은 시간과 에너지를 상당히 절약해 준다. 내가 강점을 가지지 않은 것에 미련을 두고 자원을 소모할 필요가 없다. 내가 가진 무기를 활용하거나 내가 익숙한 환경으로 구도를 바꾸어 접근하는 훈련이 필요하다. 내가 틀릴 것을 구별한다는 것은 점수를 획득할 문제도 선명해진다는 의미이다.

모르는 것은 당당히 틀려라. 그것이 우리 공부 범위에 있는 것이면 학습의 질을 높여 보강하고, 공부 범위 밖이면 과감히 버려라. 자칫 공부 범위가 늘어나지 않도록 철저히 영역을 나누고 차별적으로 대해야 한다.

V. 학습과 실전훈련의 비중

다시 상기하자면, 우리의 공부는 학문탐구가 아니라 자격증 취득이다. 법학은 끊임없이 수험자를 이론의 바다로 유도하는 경향이 있다. 이러한 관성을 계속 깨고 이겨 내야 한다. 그러기 위해서는 이것을 기억해야 한다.

이론학습에 치우치지 마라.

전쟁터에 나가면서 사격을 책으로만 배우고 총을 쏠 수 있을까? 자격증 시험은 전쟁을 치르는 것과 같다. 순화하자면 운동경기를 하는 것과 같다. 축구선수가 책상에서 이론으로 축구를 배우고 월드컵에 출전할 수 있겠는가? 이론은 실습을 위한 도구일 뿐 결국 실전에서 결과를 가르는 것은 훈련이다. 자격증 시험에서 실전훈련은 문제 풀이다. 당연히 이론학습보다 문제 풀이에 비중을 두어야 한다.

문제 풀이 훈련을 하되, 학습범위 이외에는 과감히 배제하여 실전에서 시간을 확보하는 훈련을 겸하기 바란다. 시험장에서의 태도는 평소 훈련이 그대로 반영되는 것이다. 그렇지 않으면 문제 하나 붙잡고 아까운 시간을 허비할 것이다. 기억하자. 많은 수험들이 문제를 틀려서가 시간 부족으로 탈락한다는 것을. 절반도 풀지 못하고 시험장을 나서는 사람들이 많다는 현실을 직시해야 한다.

일단 시험장에 들어간 이상 내가 공부를 얼마나 했고, 어떤 책을 봤으며, 어느 정도의 실력을 갖췄는지는 아무런 의미가 없다. 눈앞에 있는 문제를 풀고 그 결과를 받아 볼 뿐이다. 내가 들고 들어간 자원을 기반으로 최대의 결과를 내고 돌아와야 하는 현장이다. 내 실력이 겨우 70점 정도라고 아쉬워할 것이 아니다. 70점의 실력을 갖추고 시험장 들어가 다른 변수로 그보다 못한 50점만 받아 나오는 것이 문제다. 70점을 그대로 받으면 합격이다. 내가 가진 것이 중요한 것이 아니다. 내가 받아서 나오는 결과가 핵심이다.

공인노무사 1차 시험의 합격점은 과목당 60점이다. 40문제 중 무려 16문제를 틀려야 받는 점수다. 16문제 틀리는 것이 쉬워 보이는가? 기본에 충실하면 여유가 생긴다. 현명하게 공부하며 실속 있게 합격하자.

공인노무사
테마민법

ⓒ 김성훈, 2024

초판 1쇄 발행 2024년 11월 23일

지은이   김성훈
펴낸이   이기봉
편집   좋은땅 편집팀
펴낸곳   도서출판 좋은땅
주소   서울특별시 마포구 양화로12길 26 지월드빌딩 (서교동 395-7)
전화   02)374-8616~7
팩스   02)374-8614
이메일   gworldbook@naver.com
홈페이지 www.g-world.co.kr

ISBN   979-11-388-3748-4 (03360)